山东省教育厅人文社科研究计划项目
基金及曲阜师范大学科研启动基金资助

高校社科文库 University Social Science Series
教育部高等学校
社会科学发展研究中心

汇集高校哲学社会科学优秀原创学术成果
搭建高校哲学社会科学学术著作出版平台
探索高校哲学社会科学专著出版的新模式
扩大高校哲学社会科学科研成果的影响力

身体的现代转型
——以近代中国城市休闲为中心(1840—1937)

Modern Transformation of Body
— a case study of urban leisure in modern China(1840—1937)

刘丰祥/著

光明日报出版社

图书在版编目（CIP）数据

身体的现代转型：以近代中国城市休闲为中心：1840~1937／刘丰祥著．--北京：光明日报出版社，2009.10（2024.6重印）
（高校社科文库）
ISBN 978-7-5112-0442-4

Ⅰ．①身… Ⅱ．①刘… Ⅲ．①城市—闲暇社会学—研究—中国—1840~1937 Ⅳ．①C913.3

中国版本图书馆 CIP 数据核字（2009）第 189428 号

身体的现代转型——以近代中国城市休闲为中心：1840~1937
SHENTI DE XIANDAI ZHUANXING——YI JINDAI ZHONGGUO CHENGSHI XIUXIAN WEI ZHONGXIN：1840~1937

著　　者：刘丰祥	
责任编辑：苑　琛	责任校对：邹皓丹　王　康
封面设计：小宝工作室	责任印制：曹　净

出版发行：光明日报出版社
地　　址：北京市西城区永安路 106 号，100050
电　　话：010-63169890（咨询），010-63131930（邮购）
传　　真：010-63131930
网　　址：http://book.gmw.cn
E - mail：gmrbcbs@gmw.cn
法律顾问：北京市兰台律师事务所龚柳方律师
印　　刷：三河市华东印刷有限公司
装　　订：三河市华东印刷有限公司
本书如有破损、缺页、装订错误，请与本社联系调换，电话：010-63131930

开　　本：165mm×230mm			
字　　数：220 千字		印　张：12.25	
版　　次：2009 年 10 月第 1 版		印　次：2024 年 6 月第 2 次印刷	
书　　号：ISBN 978-7-5112-0442-4-01			
定　　价：65.00 元			

版权所有　　翻印必究

目 录

绪论 / 1
  一、选题的意义 / 1
  二、国内外研究现状述评 / 3
  三、研究思路和创新点 / 5
  四、难点与不足之处 / 13
  五、本书结构 / 14

第一章 近代中国的社会转型 / 15
  一、政治上的民主趋向 / 15
  二、资本主义经济的不断发展 / 17
  三、思想文化上的解放运动 / 22

第二章 身体的商品化趋向 / 26
  一、主人的私有物——中国古代演员（优伶）的身体 / 26
  二、近代新式休闲领域中的商品化身体 / 32
  三、明星的身体形象成为人们的消费对象 / 38
  四、性的商品化 / 48

第三章 身体评价标准的转变 / 58
  一、划分身体等级标准的变迁 / 58
  二、身体美丽标准的变迁 / 69

第四章　身体时空观的转变　／ 85
　　一、时间与身体休闲　／ 85
　　二、休闲空间与身体　／ 100

第五章　国家对身体的管理　／ 112
　　一、对休闲身体的强制性管理　／ 112
　　二、对身体休闲取向的导引　／ 119
　　三、民国政府对身体休闲管理的特点　／ 132

第六章　民国时期新式知识分子的休闲生活　／ 135
　　一、知识分子在中国境遇的变迁　／ 135
　　二、新式知识分子休闲生活的基本类型　／ 136
　　三、新式知识分子休闲生活的特点与原因分析　／ 147
　　四、从新式知识分子休闲看当时的社会生活情况　／ 150

第七章　民国时期上海人的休闲生活　／ 155
　　一、民国时期上海人休闲活动的类型　／ 155
　　二、休闲活动的承办者以及承办目的　／ 159
　　三、休闲活动的受众　／ 160
　　四、休闲活动的特点　／ 163

余论：近代中国身体与西方的差异　／ 166

参考文献　／ 170

后　记　／ 186

绪　论

一、选题的意义

随着近年来中国社会经济的发展，"休闲"渐渐成为人们生活中的一个热门话题，然而在学术研究领域，虽然在近年来已经有人开始涉足对休闲方面的研究，但是总的来说，学者对这一新兴研究领域的研究显得相对薄弱，研究大有潜力可挖，在中国近现代史领域的研究中尤其如此。

那么何谓休闲？从不同的角度可以有多种解释。从字义的角度来看，"休"本意为"人倚木而休"，在《康熙字典》和《辞海》中被解释为"吉庆"、"欢乐"，《诗经·商颂·长发》中提到"何天之休"，郑玄注曰："休，美也"，即"休"字为"吉庆、美善、福禄"之意。《左传·襄公二十八年》中提到"以礼承天之休"。杜预解释道："休，福禄也"。"闲"通常引申为范围。多指道德、法度。《论语·子张》"大德不逾闲"；其次，有限制、约束之意。《易·家人》："闲有家。"孔颖达疏："治家之道，在初即须严正立法防闲，""闲"通"娴"，熟悉；从词意的组合上，表明了休闲所特有的文化内涵。而在传统的史书文章中，将"休"、"闲"合并使用的有以下几个意思：其一，与"赋闲"等词同意，代表一种脱离工作的生活状态；其二，为休息的意思；其三，是减免差役，与民"休养生息"的意思。

英文"Leisure"一词来源于希腊语，希腊语中为"Schole"，意为休闲和教育，认为发展娱乐从中得益，并与文化水平的提高相辅相成。可见"Leisure"休息的成分很少，消遣的成分也不大，主要是指"必要劳动之余的自我发展"。

在拉丁语中，我们同样能找到这种排斥关系，因为 Otium（休闲，闲逸）的反义为 Neg–Otium（字面意为事务、商业、劳动）[①]

[①] （法）罗歇·苏：《休闲》，商务印书馆1996年版。

对于人类而言，休闲具有多方面的性质和意义，市井文化可以从中找到乐趣和空闲；哲学家可以从中发现自由、美和人生真谛；社会学家可以从中发展消费、就业和新的产业，提出新的理论范畴；而文化学者把它看成一种思想或高尚的态度；神学家把它看成是寄托灵魂的地方。

休闲是一个国家生产力水平高低的标志，是衡量社会文明的尺度，是人类物质文明和精神文明的结晶，是文化的基础，是人的一种崭新的生活方式、生活态度，是与每个人的生存息息相关的领域。

休闲文化是将休闲上升到文化的范畴，指人在闲暇时间内为不断满足人的多方面需要而处于的一种文化创造，文化欣赏，文化建构的一种生命状态和行为方式。它通过人的个体或群体的行为、思维、感情活动等方式，创造文化范围，传递文化信息，构筑文化意境，从而达到个体身心全面完整地发展。休闲的本质主要体现人的一种精神生活，它不同于闲暇与空闲。休闲文化是人类文化的重要组成部分。它发端于物质文明，物质文明又为闲暇提供了条件，伴生了人对文化精神的不断追求。因此，休闲文化反映时代风貌，更能体现人的本质与本性，是整个人类文化精神的缩影。透过休闲文化可以了解其他文化形式，折射出人的追求与品味。休闲文化总是与一定历史阶段的政治、经济、道理、伦理水平紧密相连，并相互促进。

休闲作为一种特殊的文化形态，它往往以渗透、融合、感染、凝聚、熏陶、净化等多种形式影响人的行为方式和生活方式，从而改善人的生命质量。

因此，休闲较之生活中的其他领域而言，更有助于个体自我认同的实现。休闲为人们提供了广阔的自由选择的环境，人们试图通过休闲来寻求人生意义之所在，来更完整、全面、健康地发展自己。同时，在休闲中，个人实现了对社会的又一次重构，进而实现了社会的全面发展与进步。

社会学家把"休闲"看成一种社会建构以及人的生活方式和生活态度，是发展人的个性的场所。用社会学的理论和方法对有闲阶层和休闲时间与行为进行研究，使休闲成为社会学的重要分支。

综上所述，对休闲这一领域的研究具有重要意义，就本论文的具体研究选题而言，更是具有特别的社会意义。

休闲在中国源远流长的历史中曾占据重要的文化位置，并形成了一门博大精深的学问，特别是以士大夫为主的休闲方式具有深厚的文化意涵，是中国传统文化中的重要组成部分，她与自然哲学、人格修养、审美情趣，文学艺术、养生延年等许多方面有着极为密切的联系，是中国传统文化不断绵延的载体，在几千年的历史进程中形成了独特的休闲风格。

进入近代,特别是民国时期,在大城市中,西式休闲生活方式在人们的生活中占据了越来越重要的位置,甚至是代表了当时休闲的发展趋势。休闲作为社会生活的重要一部分,对它的研究对于我们全面认识当时的城市社会生活和市民价值观念的变迁有着重要作用,有助于我们准确把握历史发展的规律。

当代中国随着经济的不断发展,以及国家政策的引导,人们的休闲需求日益增强,休闲已经逐渐成为人们生活中不可或缺的一部分。然而,如何满足人们的休闲需求?什么样的休闲才是有利于人和社会的健康发展的?面对西方传入的休闲方式,中国应该如何对待?如何实现传统与现代休闲文化的良好结合?这些问题都能在晚清民国时期人们休闲活动的经验教训中得到不少启示。

从史学研究的角度来看,本论文的选题也是很有意义的。它是在传统的政治、经济、文化等研究领域之外的一个新的研究领域,一定程度上填补了国内相关研究的空白。从史学研究方法来看,本论文也有创新之处,本论文从身体的角度来阐释休闲领域的近代转变,是以前所少见的。关于这一点在后文中有较详细的阐述。

笔者以身体作为本书考察的对象是经过深思熟虑的,除了因为身体是一个新的研究领域,身体理论是一种新的研究方法之外,一个更深层次的含义是要探讨人的现代化问题,应该说人的现代化是现代化的根本,没有人的现代化,其他方面的现代化就是无根之木、空中楼阁。而时下许多做法是把现代化量化为一些死的指标作为考察的依据,这样做除了有把现代化简单化之嫌外,还恰恰忽略了人这个最重要的因素!谁能否认现代社会里仍然有许多"传统思想"的人呢?笔者在想,如果不能想办法实现人的现代化,楼盖的再高,车买的再豪华,甚至规章制度制定的再漂亮也不能实现真正意义上的现代化。但愿本论文对大家认识这一问题的重要性有所帮助。

二、国内外研究现状述评

在西方,休闲很早就引起了人们得重视。古希腊的亚里士多德就把休闲誉为"一切事务环绕的中心","是科学和哲学诞生的基本条件之一"。马克思也曾高度评价休闲时间对人类社会发展的作用,他认为,"整个人类发展的前提就是把这种自由时间的运用作为必要的基础"。一般认为,1899年美国学者凡勃伦(Thorstein. veblen)发表的《有闲阶级论》标志着近代休闲学的诞生。

他在该书中提出，休闲已成为一种社会建制，一种生活方式和行为方式。继凡勃伦之后，大批严肃的休闲研究著作不断问世。但是关于中国近代休闲史的研究起步较晚。（美）林语堂的《生活的艺术》（1937）是一部林语堂谈论生活休闲的最重要作品。在出版第二年便高居美国畅销书排行榜首长达52周。在这部书中，林语堂试图用哲学观点来观察、解析人生，字里行间贯穿着道家休闲精神。而中西文化对比的写作研究视角更加凸显了东方文化的精神与情趣。随着近些年来社会文化史研究在西方的兴起，许多著作对中国近代休闲生活的内容都有涉及，如（美）李欧梵的《上海摩登：一种新都市文化在中国（1930～1945）》，（美）卢汉超的《霓虹灯外》，（美）王笛的《街头文化：成都公共空间、下层民众与地方政治》。关于妓女生活的研究如（美）贺萧的《危险的愉悦：20世纪上海的娼妓问题与现代性》，（法）安克强的《上海妓女——19至20世纪中国的卖淫与性》等等。

在中国，对古代休闲的研究当推龚斌著《中国人的休闲》，他认为，中国人的休闲是一门博大精深的学问，特别是以士大夫文人为主的休闲文化是中国传统文化中很重要的组成部分，它与自然哲学、人格修养、审美情趣、文学艺术、养生延年等许多方面发生密切的关系。戈春源编著《吴地娱乐文化》，对自古至今吴地娱乐文化变迁作了介绍。（台湾）叶智魁的《休闲研究——休闲观与休闲专论》对中国历史上的休闲观与现代台湾的休闲状况进行了考察。

对近现代史上休闲状况的研究，在上世纪二三十年代，燕京大学、中央大学、金陵大学等都曾有一些社会调查类的论文，如燕京大学社会学系的《成都一百个工人的康乐生活》，《一个女子中学的学生生活研究》，《中国男青年会之社会事业》等论文；中央大学农学院的《农民娱乐问题》，中大学生的《选择正当的娱乐》等论文。这些论文对民国时期各阶层的休闲生活均有不同程度的反映。近些年来，对中国近现代休闲状况的研究有几部著作问世，如刘新平著《休闲中国》对自1900～2000年这一百年间中国城市时尚休闲生活作了生动形象地概括介绍。高福进的《"洋娱乐"的流入》，刘业雄著《春花秋月何时了》，罗苏文著《沪滨闲影》对清末民国时期上海的时尚休闲生活状况进行了介绍。李少兵的《民国节日节庆》对民国时期的节日休闲情况作了介绍。朱剑、汪朝光编著的《民国影坛》，陆弘石的《中国电影史（1905～1949）》，（台湾）胡平生著《抗战前十年间的上海娱乐社会（1927～1937）——以影剧为中心的探索》等对民国时期的电影状况进行了研究。另外还有张庆军等编著的《百年娱乐变迁》，戈春源编著《吴地娱乐文化》，孙晋云、王晓华主编的《吃喝玩乐在民国》等对近现代休闲状况作了生动的叙述。另外在一些研究近现代社会生活的著作中，也把休闲生活作为重要内容，如李长莉的《中国人的生活方式：从传统到近代》，严昌洪的《20世纪中国社会生活变迁史》，何一民的《近代中国城市发展与社会变迁（1840～1949年）》李明伟的《清末民初中国城市社会阶层研究（1897～1927）》，张静如的《北洋军阀统治时期中国社会之变迁》和《国民政府统治时期中国社会之变迁》，朱汉国的《中国社会通史·民国卷》等等。台湾学者吕绍理的《水螺响起——日治时期台湾社会的生活作息》中有专门章节探讨日本殖民统治时期台湾的休闲生活的变迁。

总的来说，近些年来随着国内外社会文化史研究的兴起，休闲生活成为许多研究中国近代社会著作的内容之一，而专门的休闲史作品以对当时休闲生活状况的具体描述为主，以大历史视角进行的史论结合的学理性探讨的著作较为缺乏。

本文所研究的休闲主要是指人们工作之余的空闲时间进行的活动，如玩耍休养、文化娱乐、体育运动、旅游观光等行为。

三、研究思路和创新点

（一）研究思路

本书主要研究近代以来的中国人在受到西方影响后由传统向现代转型的问题，而以晚清民国时期的中国大都市中休闲领域的现代变迁为考察的中心。通过对近代中国大都市休闲生活中引起市民现代转型的多个不同面向的分析，展现近代以来中国人经历现代性的过程，总结中国人在经历现代转型时的特点，凸显人的现代化在整个社会向现代转型中的重要作用。

晚清民国时期，在西方工业文明的影响下，在中国的城市中旧的休闲内容与空间为了适应新的形势而不断地进行自我改造，新式休闲方式与空间逐渐成为发展的方向。休闲作为对西式文明反应最为迅速的领域，率先使身体经历了商品化的过程；而身体在享受现代休闲方式时身份等级观念、审美观念发生了根本改变；国民政府在休闲领域推行的现代化的改革措施是有意识的对大众身体进行改造；人们为适应休闲方式的现代转型而进行的时间、空间观念的重新调整等等都使人们经受了现代性的洗礼，或者说现代性在人们的身体上留下了深深的烙印。

(二) 本文创新之处

1. 以身体为考察的中心

身体问题的重要性其实早在晚清民国时期就已经有人注意到，当时报纸上登载的一篇文章中写道：

中国最大的问题，是身体的问题。中国数千年的文化都偏向精神一方面发展；所以现在最重要的问题，不属于精神而属于身体。要想中国的农工商发达，非重生中国的身体不可。能重生身体，那自然科学，才有产生的机会。

有了以上的原因，所以中国最当注意的，就是"身体复活"的问题。要知身体的力量就是身体的动力。有了身体的动力，使外界的影响变成有意义的工作或思想。这种工作或思想都是由身体的原动力创造出来的。①

身体问题在社会中是非常重要的，尤其是进入近代社会以后，身体的重要性变得尤其突出。"自从资本主义社会18世纪正式形成以来，身体和性的问题就越来越以多样形式渗透于社会的所有领域，并以不断更新的多元形式将整个社会和文化进一步改造成为一个不折不扣的'身体和性的社会'。"②

当然身体作为一种学术研究的理论方法被提出来并加以应用是近些年的事。从20世纪80年代以来，"身体"已经逐渐成为西方社会科学研究的热点。"美国、英国、法国、德国、日本等国家的哲学、社会学、人类学、精神分析学以及女性主义等诸多学科领域的学者竞相涉足这一崭新的研究领域，进行了一系列卓有成效的理论探索，至今有关'身体'的研究仍然方兴未艾。"③ 身体理论作为一个新兴的重要研究方法，可以使我们从一个新的角度来观察中国的历史，我们多了一个不同于"以王朝、政治、经济或社会阶级等作为聚集的分析切入点"的研究方式。这样做"也可以让我们对许多过去视为零散、索然甚至不相关的史事有一份新的观察和警惕，警醒到期间可能存在的连续发展。"④

中国社会科学领域的学者近些年来也相继展开对身体的探讨与研究，取得了不少成果。但是就历史学而言，对身体的研究却是起步较晚，中国史学界的情况尤其如此。"迄今为止中国大陆史学界对身体史的研究是相对滞后的。

---

① 《体育与中国》，《北洋画报》1926年12月22日。
② 高宣扬：《流行文化社会学》，第275页，中国人民大学出版社2006年版。
③ 侯杰、姜海龙：《身体史研究刍议》，《文史哲》2005年第2期。
④ 黄金麟：《身体、历史、国家：近代中国的身体形成（1895～1937）》，第3页，（台）联经出版事业公司2001年版。

'身体史'的研究尚处于拓荒阶段。"① 之所以如此，学界长期形成的固定思维模式就是一个重要原因。有学者对这种情况进行了总结："在近代中国的历史发展格局里，身体的存在究竟处在一种怎样的景况，这个问题一直未有清楚的阐释。对许多研究近代中国史的学者而言，身体的存在是一个事实，但碍于各种条件的阻滞，这个议题一直没有成为他们著墨考究的对象。这种轻忽或低估并不能归咎于任何学者的偷懒，而是因为长期以来学界已经习惯以一些既有的典范来思考和观察问题。这种偏好虽然可以使我们对某些已经发生的事件、重要的个人、主流的思想、或区域化的政经发展有熟稔的了解，但它也使得我们无法再以一种新鲜的角度来观察世界的变化，以及人在其间所经历的种种命运变化。身体在汉学或中国研究领域中的低度显影，甚至处在一种存而不论，视而不见的状态，和这种既定思考的框架有一定的关联。虽然这种长期的轻忽最近已经随着女性主义，性别研究、医疗史和儒道身体观等的探讨而有些微的改善，系统性的讨论和规模性的反思仍处在萌芽的阶段。"②

近些年以来，随着社会形势的发展，身体渐渐成为西方学术界关注的热点，可是在中国学术界仍然无法成为一种受到重视的研究方面。"以身体这个议题而言，西方学术界也是到1980年代初期才因为女性主义运动的高涨、资本主义消费文化对身体的攻占、人口老化问题的焦虑以及福柯（Michel Foucaul）对遍布人身周遭的'生命权力'（bio – power）的揭露和批判，而开始对此问题有所觉醒。然而，在整个中国研究的领域中，特别在中文书写的世界里，这个问题却还是处在一个相对低度开发的境域里。之所以如此，主要是因为过去的认知习识依旧主宰整个学术研究领域，这个状态使身体研究迟迟无法成为一个检视历史走向和观察人身价值的着力焦点。"③

当然，最近几年这种情况已经大大改变，随着西方学术研究成果在中国的广泛传播，更因为中国社会的不断发展和与世界的融合，身体理论已经开始受到了中国学术界的关注。

本书中研究的身体指物质性身体（肉身），更指社会性身体（社会建构的身体形象）。这个方面早就为外国学者关注和研究。道格拉斯认识到身体作为自然物是被社会力量所塑造的。因此她提出有"两个身体"：物理的身体和社

---

① 详见侯杰、姜海龙：《身体史研究刍议》，《文史哲》2005年第2期。
② 黄金麟：《身体、历史、国家：近代中国的身体形成（1895～1937）》，第1～2页。
③ 黄金麟：《身体、历史、国家：近代中国的身体形成（1895～1937）》，第1～2页。

会的身体。她在《自然符号》一书中这样概括两个身体之间的关系：

社会身体制约着我们对物理身体的理解。我们对于身体的物理的经验总是支持某一特定的社会观点，它总是被社会范畴所修改，并通过它被了解。在两种身体经验之间，存在着意义的不断转换，这样，任何一种经验都强化着另外一种。因此，根据道格拉斯的说法，身体的物理特征是文化的特点，由此可以过渡和转化到有意义的象征……身体是受到高度限制的表达媒介，因此它受到文化的严密调节，表达社会加给它的压力。因此社会情景将自己加在身体上面，限制身体，使其只能以特定的方式活动。确实，身体变成了社会情景的象征。①

因此可以说社会性身体是社会的产物，他受制于时间、空间及其他各种力量的交互影响。其他学者也有类似看法："身体从来就不只是一个生物和自然的产品。它的发展和生成与它所处在的社会与历史情境有着因果性的关联。它是一个文化、权力、和自然交杂的产品。"②

福柯作品的问世对身体理论的盛行是一个重要的促进因素。福柯社会理论的核心是身体和权力的关系，在福柯的眼中，历史在某种意义上只能是身体的历史，历史将他的痕迹纷纷地铭写在身体上。"身体是事件被铭写的表面（语言对事件进行追忆，思想对事件进行解散）是自我被拆解的处所（自我具备一种物质整体性幻觉）是一个永远在风化瓦解的器具"③ 身体刻写了历史的印记，而历史则在摧毁和塑造身体，身体是权力纷争的核心场所，社会权力规训"最终涉及的总是身体，即身体及其力量，他们的可利用性和可驯服性，对他们的安排和征服。"在政治领域，身体更是无法逃脱被规训的命运。"权力关系总是直接控制它，干预它，给它打上标记，训练它，折磨它，强迫它完成某些任务，表现某些仪式和发出某些信号。"④

当然，福柯的身体理论也遭到了一些学者的批评。他们认为，福柯过于强调身体被规训的被动性，而忽视了身体的主体性。梅洛·庞蒂认为，身体不是"世界中的一个物体"，相反，身体形成了我们"对于世界的看法"。"我们的身体远远不只是世界中的一种工具或物体，而是向我们提供我们在世界中的表

---

① （英）乔安妮·恩特维斯特尔：《时髦的身体：时尚、衣着和现代社会理论》，第11~12页，广西师范大学出版社2005年版。
② 黄金麟：《身体、历史、国家：近代中国的身体形成（1895~1937）》，第124页。
③ Michel. Foucait. Language, CounterMemory, Practice. Bouchard, 1981. 148.
④ （法）福柯：《规训与惩罚》，第27页，刘北成、杨远婴译，三联书店1999年版。

达的东西,是我们的意向的可见形式"。"身体构成了我们在世界中存在的外壳;我们的自我意识就从位于身体的地方产生出来。因此在梅洛·庞蒂看来,主体性不是本质的和超越的,自我就位于身体之中,身体则位于时间和空间之中。"① 正如梅洛·庞蒂所主张的,承认"身体是主体在世的载体,而对于一个生命体来说,拥有身体就意味着被卷入到一个特定的环境中,以一定的投射行为来确认自己,以及不断地将自己交托给这些投射行为。"② 因此,恩特维斯特认为:"福柯的著作有助于我们进行社会学研究,但无视活生生的身体和它的实践,无视那作为自我的基点的身体是福柯的局限所在。"③ 这些批评一定程度上看到了福柯理论的弱点,使我们对身体主体性问题加以关注,这对更加深刻的认识身体是有帮助的。

就近现代中国的状况而言,身体受到的规约显得格外复杂。新式教育的实施,资本主义消费伦理的兴起,民族国家观念的深入人心,御侮图强的民族振兴意识的强化等等都使我们"看到身体正在经受一个内在和外在的约束与规制,或者说,一个理性与情欲,存有与工具性使用的争战。这些围绕在身体四周,随时企图使身体成为某种理念或建制对象的力量,是我们在观察身体生成时,不能忽视的部分。它们的事实存在也是身体所以能够以一种建构论的方式来加以观察的基础所在。"④

本文拟通过史料分析呈现清末民国社会转型时期的城市中,社会文化环境铭刻在身体上的印痕,以及身体适应这一环境的变化而主动接受现代性观念和实践的过程。按照舍勒的观点,"现代性不仅是一场社会文化的转变,环境、制度、艺术的基本概念及形式的转变,不仅是所有知识事务的转变,而根本上是人本身的转变,是人的身体、欲动、心灵和精神的内在构造本身的转变;不仅是人的实际生存的转变,更是人的生存标尺的转变。"⑤ 因此,本文希望通过对晚清民国城市身体在休闲领域演变的研究展现这一时期中国城市现代性的特征。

2. 以现代性视角来探讨民国时期城市休闲状况

本书探讨近代中国城市休闲领域的现代变迁,主要是探究近代中国城市经

---

① (英)乔安妮·恩特维斯特尔:《时髦的身体:时尚、衣着和现代社会理论》,第29~30页。
② (英)乔安妮·恩特维斯特尔:《时髦的身体:时尚、衣着和现代社会理论》,第32页。
③ (英)乔安妮·恩特维斯特尔:《时髦的身体:时尚、衣着和现代社会理论》,第43页。
④ 黄金麟:《身体、历史、国家:近代中国的身体形成(1895~1937)》,第15~16页。
⑤ 刘小枫:《现代性社会理论绪论——现代性与现代中国》,第19页,上海三联书店1998年版。

历的现代性问题。现代性是什么？现代性的定义很多，詹姆逊主张对现代性进行描述。他认为，现代性不是一个概念，不是哲学和任何别的概念，它不过是各种各样的叙事类型。现代性，只能意味着现代性的多种情景。① 而在波德莱尔的眼中，"现代性就是过渡、短暂、偶然，就是艺术的另一半，另一半是永恒和不变。"② 波德莱尔的现代生活和现代性指的是"大城市的风光"，"这个大城市有妖艳、神秘而复杂的女人，有冷漠、骄傲和挑衅的浪荡子，有雄赳赳、冷静和大胆的军人，有隆重的典礼和盛大的节日"，"有漂亮的装束，高傲的骏马，一尘不染的青年马夫，灵活的仆役，曲线尽露的女人，美丽的活得幸福穿得很好的孩子。"③

都市是现代性生活世界的空间场所，也可以说，现代性，它累积和浮现出来的日常生活只有在都市中得以表达。现代性必须在都市中展开，而都市一定是现代性的产物和标志，二者水乳交融。④ "正是现代性的都市动荡使得乡村那些固定的东西——固定的价值观，固定的生活方式，固定的时空安排，固定的心理和经验，固定的社会关系——都烟消云散了"⑤。现代性的发生其另一种表述就是现代同过去的断裂：制度的断裂、观念的断裂、生活的断裂、技术的断裂和文化的断裂。现代之所以是现代的，正是因为它同过去截然不同，它扭断了历史进程并使之往一个新的方向——我们所说的现代的方向进展。⑥

工业主义的机器特性和资本主义的商品特性一样，都促使传统社会向现代社会不可逆转的转变。

根据迪尔凯姆的方法论原则，休闲作为现代性条件下的一种"社会现实"，只能用其他社会现实来加以解释。现代性所具有的结构性条件和文化条件正可以充当前者的解释项。这就是为什么可以把休闲同现代性联系起来加以分析的原因所在。

休闲在传统社会中还只是零星的、偶发的事件，主要是上层社会的特权还不能为大众所普遍享受，休闲所必需的社会经济和文化条件也不具备。正如保

---

① （美）詹姆逊：《现代性、后现代性和全球化》，第74页，王丽亚译，中国人民大学出版社2004年版。
② 《波德莱尔美学论文选》，第483页，郭宏安译，人民文学出版社1987年版。
③ 《波德莱尔美学论文选》，第475页。
④ 汪民安等：《现代性基本读本（上）》，第5页，河南大学出版社2005年版。
⑤ 汪民安等：《现代性基本读本（上）》，第9页。
⑥ 汪民安等：《现代性基本读本（上）》，第12页。

罗·朗格让先生所说:"就闲暇的现代形式、范围、内容来说,它是大工业社会的产物。"① 正是现代性提供了休闲(特别是大众休闲)得以发生的社会条件,包括结构性条件(如由生产力的提高而带来的生活质量的改善和家庭可自由支配收入的增加,交通技术的进步,及其相应的休闲的产业化,工作时间的缩短,及带薪假制度的形式等等)与文化条件(如人本主义的文化、休闲公民权、个人解放、崇尚自然所价值观、怀旧和寻根情结、大众媒体文化的影响等等)休闲才构成为"社会事实",具有大众性(国民休闲时间同现代化程度成正比;休闲观念为普通平民所接受并看重)、客观性(国民休闲不以个人的意志为转移;国民休闲的权利有国家制度作为保障)和强制性(国民休闲需求的不可逆转;国民休闲的权利受到国家制度的保护)。现代性条件不仅提供了休闲产生的社会条件,而且逐渐使休闲成为大众的必需,成为被普遍接受和实践的一种生活方式;休闲在现代性中日益平民化,休闲产品也成为大众化了的消费品。

而现代休闲实际上也是"商业娱乐"企业家们的"发明",说明了现代休闲的商品性质。

民国时期的中国仍旧处于一个新旧转型的年代,城市社会生活也有这方面的特点。城市休闲生活新旧杂陈,但新式休闲生活已经占据优势地位,并且是一种有发展潜力的新式生活方式,代表了未来的努力方向。而所谓的新式休闲生活,在当时的中国,其实就是西方式的休闲生活。诚如李欧梵先生所言:在中国某种程度上,西方文明就意味着现代性。在李欧梵先生看来,LIGHT,HEAT,POWER!这三个词(光、热、力),再加上 NEON(霓虹灯)强烈暗示(在上海)西方现代性的到来……各种娱乐形式:跳舞(狐步和探戈),"轮盘赌、咸肉庄、跑狗场、罗曼蒂克的必诺浴、舞女和影星……它们象征着中国的现代性进程……那些标志着西方霸权的建筑:饭店、俱乐部……电影院、咖啡馆、餐馆、豪华公寓及跑马场,他们不仅在地理上是一种标记,而且也是西方物质文明的具体象征,象征着几乎一个世纪的中西接触所留下的印记和变化。"②

西方现代性的物质层面比它的精神层面更容易被中国人接纳,至于上海人

---

① (法)保罗·朗格让:《终身教育论》,第27页,华夏出版社1989年版。
② (美)李欧梵:《上海摩登——一种新都市文化在中国》,第4~6页,毛尖译,北京大学出版社2001年版。

对西方现代性物质形式的接受明显遵循一个典型步骤："初则惊,继则异,再继则羡,后继则效。"①

因而可以说,现代性的发展过程也就是中国逐渐融入世界的过程,而中国对西方文化的认同与追求也在展示着一种趋势,即世界各地在现代化过程中的趋同。20世纪之时,中国很多的思想家仍强调历史的规律性,而欧美20世纪的一些学者如海耶克也有类似的看法。无论对历史规律性或理性、客观性的重视均倾向于对于文化发展采取普遍主义的观点。这种看法也可以称之为"合流理论"(Convergence theory)。现代化理论即奠基于文化合流的观念之上。除了上述环绕着工具性、经济发展与社会组织的合流趋向以外,现代化也包括价值取向方面的合流,尤其是重视个人尊严、自律成就感、合作精神以及强调学校教育与教育内容的科学化等。这方面的发展与流行文化传播媒体的全球化有密切的关系。美国的娱乐产业,如好莱坞(Hollywood)的电影即有世界性的影响,也让其他地区的人们向往美国式的生活。在东亚,日本与韩国的影视节目,偶像明星,以及相关的产业,在许多国家造成轰动,也创造了巨额的财富。这涉及阿力克斯·英克尔斯所研究的一个特别重要的趋向,亦即是现代社会不但越来越类似,而且越来越相互影响而纠缠不清(interconnected)②

何谓现代化或现代性,其实是个较为复杂的问题。捷克学者哈布林(Vaclav Hublinger)认为:"企图弄清'现代'、'现代性'以及现代主义都是怎么回事,似乎是徒劳无益的。"但他将"现代性"解释为:"关于西方——与中产阶级、消费主义、市民社会,以及以民主为主导地位的政府形式相联系的'西方'的,具有高度意识形态性质的一种概念。"③

哈贝马斯(J. Habermas)则认为,现代性体现在现代自然科学、普遍道德和法律以及自主的艺术等文化形式中,也体现在技术和生产力的发展,社会民主制度的构建、个人和集体同一性的形成等社会现象中。④ 按照他们的解释,"现代性"所包容的诸种因素,我们多可以在近代上海找到其表现形式或相近形式,电影即可作为他们解释的"现代性"所包容的因素之一。

---

① 唐振常:《市民意识与上海社会》,《二十一世纪》(香港),1992年6月。
② 黄克武:《台湾近年来中国近现代史研究的典范变迁》,《史林》2006年第2期。
③ Vaclav Hublinger:《人类学与现代性》,引自王远义《对中国现代性的一种观察》,《台大历史学报》第28期(2001)。
④ 汪行福:《走出时代的困境》,引自王远义《对中国现代性的一种观察》,《台大历史学报》第28期(2001)。

现代化问题与现代性既有联系又有区别,与现代性的概念表述不同的是,现代化基本上是一个动态的发展过程。中国学者罗荣渠曾将现代化归纳为四种说法,即:一、落后国家追赶先进国家;二、从传统农业社会向现代工业社会转变;三、科学革命以来人类急剧变动的过程的通称;四、一种心理态度价值观和生活方式的合理化的改变过程。① 实际上,现代化是一个包罗广泛、多层次、多阶段的动态过程,从不同角度出发可以有不同的认识。

晚近以来,现代性和现代化问题成为后进国家关注的中心问题之一,尤其是中国这样有着悠久文明历史的古国和大国,面对近代列强入侵所致之"三千年未有之大变局",如何回应这样的挑战,实在是近代中国人面对的关键问题之一。正如有学者所论:"中国的现代性及其问题得因西力的到来而起,而出现,而变化";"复杂化的中国现代性,以及包含着超越冲动的中国现代性,以其特别的性质与面目,展现在中国历史与世界历史之中。"②

3. 研究方法的多元与创新

本书综合运用社会学、哲学、政治学、历史学等多学科的研究方法,如时间理论、空间理论、身体理论、权力、社会规训理论、休闲学、现代性等理论多角度深入剖析,力图从新角度、新方法等方面为休闲研究提供一个新思路。

4. 在篇章结构和叙述方式上宏观与微观的良好结合。

本书不但从总体上对近代中国人在休闲生活中经历的现代转型进行多个角度的考察,而且也选取了有典型意义的具体社会阶层和城市进行个案研究,从而达到宏观与微观的良好结合。

四、难点与不足之处

第一,前人研究与相关资料相对缺乏,对于中国近代城市休闲生活这个新的选题,已有的研究成果相对较少,为了本文的写作,笔者查阅的资料包括官方文献、档案、地方志、报刊、日记甚至当时的小说等,相关资料比较零散,搜集、整理都不容易,这都增加了研究的难度。

第二,近代中国城市之间差别很大,在研究过程中如何实现点与面,宏观与具体的良好结合需要认真的斟酌。而本文在写作过程中研究重点还是以沿海

---

① 罗荣渠:《现代化新论——世界与中国的现代化进程》,第8~16页,北京大学出版社1993年版。
② 王远义:《对中国现代性的一种观察》,《台大历史学报》第28期(2001)。

沿江的大城市为主，因为这些城市在中国近现代史上反映社会进步的状况比较典型，在中国由传统社会向现代社会转变的过程中，他们代表了中国社会发展的方向。

第三，本文为了更好地说明论题，对相关资料进行深入地分析，比较多的运用了社会学理论，这在开拓研究思路的同时，也对笔者的能力提出了很高的要求。论题需要具有坚实的理论基础和把握论题的宏观概括能力，在如何能熟练地把社会理论与史料分析结合起来等方面，还有很大的提高空间。笔者试图在保证学术著作的严谨与深刻的同时，力求论著的活泼与生动，以期引起更多人对本论题的关注，推动学术事业的发展。

五、本书结构

本书主要由三大部分组成：第一部分为第一章，是全书论述的背景介绍；第二部分由第二章、第三章、第四章、第五章组成，以休闲领域为论述范围分别从身体的商品化、身体评价标准的转变、身体时空观的转变、国家对身体的管理等四个方面对身体现代转型进行了考察；第三部分为个案研究，由第六章和第七章组成，分别以一个阶层——新式知识分子；一个城市——上海为考察对象，对近代以来身体经历的现代转型进行了具体分析。

第一章　作为全书论述的背景，主要对近代以来中国在政治、经济、文化等方面的社会转型情况进行了粗略的勾勒。

第二章　身体的商品化趋向，分别通过对中国古代优伶、现代舞女与电影明星等娱乐明星、性等几方面的分析，展现身体现代转变的过程。

第三章　身体评价标准的转变，主要探讨了随着社会变迁身体评价标准的现代转变。

第四章　身体时空观的转变，由近代以来新式休闲方式在大城市中的引入和普及引起的身体时间和空间观念的现代转变做了分析。

第五章　主要论述国民政府在休闲领域对身体管理中体现的现代特征。

第六章　以日记为基础对民国时期的社会阶层——新式知识分子的休闲生活状况进行了分析。

第七章　以《申报》广告为中心对民国时期中国最具现代特色的城市——上海人的休闲生活进行了探讨。

第一章

近代中国的社会转型

长达两千年之久的中国封建社会到了清代中叶已是衰相日显,"法律之实施,不惟不足以整齐夫风俗,又且驱天下之风俗而日益败坏之"。① 但是在没有外力的强大打击的情况下,中国社会处在一个相对封闭的状态里,仍然在维持着他的运转。然而,这一切在鸦片战争后都开始改变了。1840年爆发的鸦片战争是中国社会政治、经济、文化全面实行近代变革的开始,中国孤立于世界格局之外的局面被打破,开始走向世界。尽管中国融入世界的过程是被动的,进入近代社会转型的过程是痛苦而漫长的。但是传统的自然经济开始解体,近代工业兴办与近代化城市崛起;传统的封建专制政治向近代民主政治的转变;"西学东渐"使传统的儒学伦理文化受到前所未有的冲击,新式的思想文化产生与兴起;社会风尚受欧风美雨的浸润而渐起变化等等都成为不可遏制的潮流与趋势。这些变化昭示着整个社会由传统向现代的转型。中国再也不可能像以前那样存了,"与外界完全隔绝曾是保存旧中国的首要条件,而当这种隔绝状态在英国的努力之下被暴力所打破的时候,接踵而来的必然是解体的过程,正如小心保存在密闭棺木里的木乃伊一接触空气便必然要解体一样"。②

一、政治上的民主趋向

政治上,两次鸦片战争使清王朝"天朝大国"的迷梦破灭了,一些有识之士,包括开明官僚和知识分子为了应对这个"千古未有之奇变",开出了"师夷长技以制夷"的药方,后来的洋务派官僚实行"自强"、"新政",主张"中体西用",尽管没有触及封建专制体制的根本,但毕竟对封建专制制度是

---

① (清)刘蓉:《致某官书》,转见柳诒徵:《中国文化史》(下册),东方出版中心1988年版。
② 中共中央编译局:《马克思恩格斯选集》第2卷,第3页,人民出版社1995年版。

一次震动，并孕育产生了早期的维新思想。

甲午战争是中国近代史的重要转折点，战争的失败，北洋舰队的全军覆灭，使人们认识到，要战胜西方列强，实现富国强兵，仅仅通过洋务运动，学习西方的"船坚炮利"、"路矿工厂"是不够的，还必须学习西方的政治、经济制度等方面。甲午战争后，中国在列强掀起的瓜分狂潮中，面临"亡国灭种"的危险，促使康有为、梁启超等有识之士发起公车上书运动，并终于在1898年得到光绪皇帝的支持，掀起了自上而下的戊戌变法运动，维新派提出进行政治改革，实行君主立宪等许多改良措施，尽管戊戌变法最后被镇压，但它的影响是深远的。庚子之变以后，在国内政治形势的逼迫下，慈禧太后也不得不改弦更张，宣布实行新政。

清末新政是清政府推行的一项规模空前的社会改革运动，其中具有重大影响的举措，如废除科举制度，这使传统政治体制的根基坍塌了，此后新式教育在全国逐渐推广，留学教育迅速发展，人们的价值观念渐渐地开始发生改变，专制体制的合法性受到强烈冲击。而新政中"预备立宪"的宣布，更使改革传统的政治体制合法化，此后立宪运动的不断进行，得到了广泛的社会承认，成为必然的历史趋势。因而，清末新政已经使政府具有了许多现代国家的特征，在中国由传统社会向现代社会转变的过程中，具有不可忽视的意义。

尽管从洋务运动到清末新政，清政府采取了一系列改革措施来适应社会发展的需要，但是由于救亡图存、富国强民的目标并没有实现，相反的是，中华民族的灾难更加深重了，清政府的合法性受到了强烈的质疑，最终为辛亥革命的风暴掀翻。

1911年的辛亥革命推翻了260多年的满清王朝和两千多年的封建专制制度，建立了民主共和国，在政府组织层面上建立了民主制度。中国在走向近代化的道路上迈出了十分关键的一步。《中华民国临时约法》的公布对南京临时政府时期的政治成果进行了总结。辛亥革命的成功结束了几千年的封建统治，以民权、平等为核心的民主主义思想取代封建思想体系，在我国社会生活中占有了主导的地位。这一指导思想的确立，宣告了封建文化模式的终结，生活方式、伦理道德、等级序列一体化的结构解体。

北洋政府时期尽管发生了袁世凯称帝和张勋复辟的事件，但均以失败告终，民主制度最终得以维持，说明实行西方式的民主制度在当时得到了人们的普遍认同。

南京国民政府的建立，实践了孙中山先生"三民主义、五权宪法"的理论构想，政府组织形式实行五院制，抗战前的1936年公布了由立法院长孙科主持通过的《中华民国宪法草案》（即"五五宪草"）这部宪法具有资产阶级民主色彩。

二、资本主义经济的不断发展

鸦片战争后，列强就开始在中国投资建厂，到了1894年，外国在中国设立的工厂约100多家，投资总额达2800万元。此时，在各通商口岸出现了一批专为列强推销商品和收购原料服务的买办商人，逐渐形成了一支庞大的买办队伍。

随着外资侵略的加剧，中国的自然经济开始解体。自然经济解体的过程也是商品市场和劳动力市场扩大的过程，官僚、地主、买办、商人等通过各种途径积聚了大量原始资本，这些为中国资本主义的产生奠定了基础。

从19世纪60年代初开始的洋务运动，清政府开始创办近代军事工业，并在70年代又开始经营民用工业，这些洋务企业的出现顺应了社会经济发展的要求，发展了中国的社会生产力，开通了社会风气，刺激和促进了中国民族资本主义工业的产生，是中国近代化的第一步。

19世纪年代末、70年代初，一些官僚、地主和商人（包括买办）开始创办商办企业即民族资本主义企业。到1894年，民族资本创办的大小企业共有100多家。当然这些民族资本主义企业都是直接移植西方近代工业技术的结果，在地域分布上也主要是集中在上海、广州及其他通商口岸城市。

随着近代工业的产生，中国的资产阶级和无产阶级也随之而诞生。鸦片战争后受雇于外国资本主义在中国开办企业的工人是第一批近代产业工人。洋务运动及民族资本的兴起，使产业工人队伍不断扩大，到1894年约有9万人。

甲午战争后，大清帝国面对败于日本的刺激，朝野有识之士倡导变法自强、振兴实业以挽救民族危机的压力，清政府的政治经济政策也开始有了比较显著的变化，其中在经济上最重要的是提倡振兴工商，发展资本主义的政策，这一政策在清末新政时期得到了进一步的巩固和发扬。因此甲午战后中国资本主义经济有了较大的发展，洋务企业在甲午战后也仍在继续经营。

马克思主义认为："一切政府，甚至是最专制的政府，归根到底都只不过是本国状况所产生的经济必然性的执行者。他们可以通过各种方式——好的、坏的或不好不坏的——来执行；它们可以加速或延缓经济发展及其政治和法律的结果,可是最终他们还是要遵循这种发展。"① 因此可以说,无论是南京临时政府、北京政府还是南京国民政府都是当时中国社会经济的必然产物,他们的政策也基本顺应着当时社会经济发展的要求。

辛亥革命后,南京临时政府成立,临时大总统孙中山等人早就认识到在中国发展工商业的重要性,民国建立后,他认为:"现在民国大局已定,亟应振兴实业,改良商贷,方于国计民生有所裨益。"② 在孙中山的领导下,南京临时政府制定了一系列的经济政策和法规来促进工商业的发展,例如,明令保护工商业者的私有财产不受侵犯,确立其自由经营工商矿务交通运输等各种公司及企业的权利;颁布商业注册章程;制定银行条例;鼓励创办各类公司和企业;注重恢复市场经济;倡导兴农垦殖;支持成立民间实业团体等等。南京临时政府作为中国历史上第一个具有资产阶级共和国性质的革命政权,尽管存在只有短短几个月时间但它制定的这些先进的方针政策对后来的影响是深远的。

北京政府时期中国的资本主义经济继续发展,主要因为第一次世界大战爆发后,帝国主义放松了对中国经济侵略和压迫,使中国工商业获得了进一步发展的机遇以外,这一时期中国的资本、市场、技术和经营等等方面的变化与以前相比显然更有利于工商业的进步。诚如有人所言,这一时期中国资本主义的发展,"既有外部的原因,又有内部的原因,既有经济的原因,又有政治的原因,需要一一作出分析。"③ 有学者对北京政府的经济立法进行了肯定的评价:"这些经济法规的制定和颁行,使政府对社会经济的管理开始走上法制化的道路,也使企业和企业家趋于法人化,并促进了竞争的自由化和正规化,融资渠道的社会化和国际化以及市场的统一化。"④

北京政府时期工矿企业的数量和资本总额都有较大发展。据统计,1912年底全国十个主要行业主要工厂数为 698 家,资本 33082 万元,工人 27 万人。⑤ 到了 1920 年,全国工厂数增加到 1759 个,增长 152%。资本额 50062 万元,增长了 51% 还多,工人数为 56 万人,增长 107%。而据不完全统计,

---

① 《马克思恩格斯选集》第 4 卷,第 495 页,人民出版社 1972 年版。
② 《大总统批龙华制革厂股商叶韶奎等禀陈历办情形及现拟扩充办法请批准呈》,《南京临时政府公报》第 27 号,1912 年 3 月 25 日。
③ 杜恂诚:《民族资本主义与旧中国政府(1840~1937)》,第 137~138 页,上海社会科学院出版社 1991 年版。
④ 章开沅、罗福惠:《比较中的审视:中国早期现代化研究》,第 179~182 页,浙江人民出版社 1993 年版。
⑤ 陈真、姚洛:《中国近代工业史资料》第一辑,第 55 页。

1927年全国较大工矿数增加到2千家左右，其中铁矿11个，有色金属矿31个，煤矿22个，纱厂104个，缫丝厂173个，面粉厂123个，榨油厂280个，蛋品加工厂63个，卷烟厂182个，火柴厂180个，造纸厂11个，制革厂106个，钢铁厂11个，机械厂315个，发电厂219个，橡胶厂50个，化工厂8个，水泥厂8个。①

而北京政府时期，企业资本中外国与中国资本比例的变化也显示这一时期中国资本主义的发展。据统计，1913年中国工矿业总资本额为154095.6万元，其中外国资本为123709.4万元，占80.3%，中国资本为30386.2万元，占19.7%；到1920年，工矿业总资本额增加到236825元，增长53.69%，其中外国资本为166745.8万元，占总资本额70.4%；中国资本为70079.2万元，占总资本额29.6%，外国资本比重下降10%，中国资本比重上升了10%。在中国资本中，国家资本由1913年的14887.5万元，到1920年增加到27091.8万元，比重由9.7%增加到11.4%。民营企业资本由1913年的15498.7万元到1920年增加到42978.4万元，比重由10%增加到18.2%，净增长率为177%。② 这一时期，近代工业的比重已占国民生产总值4.9%③，表明了这一时期中国工业发展到了一个新的水平。

这一时期，民族资本工业的地区分布也扩大了不少，除边远地区外，各省都有了或多或少的近代厂矿企业。资本的积累和集中程度也得到了发展，资本在100万元以上的大公司增多，甚至出现了拥资1000万元以上的企业集团，如南洋兄弟烟草公司和荣家企业集团、大生资本集团等。

南京国民政府建立后，根据国民党中央确定的精神，开始筹划建立国家资本工业。1929年3月，国民党在南京召开第三次全国代表大会，在通过的《训政时期建设实施纲要方针案》中，把煤、铁及基本工业列入"建设国家强有力物质基础"的重要位置。《关于建设方针案》中确定"煤、铁、油、铜矿之未开发者，均归国家经营的方针"。确定"特种工业"则在"总理实业计划内所规定应新创立之厂，均应有政府计划办理，并得借用外资及人才。"④ 1933年，实业部制定《实业四年计划》，计划兴建中央机器厂、中央钢铁厂、

---

① 陆仰渊等：《民国社会经济史》，第119页，中国经济出版社1991年版。
② 吴承明：《中国资本主义发展略述》，《中华学术论文集》1981年版。
③ 吴太昌：《略论中国封建社会经济结构对资本主义发展的影响》，《中国经济史研究》1990年第1期。
④ 国民政府经济部档案，四（2）260卷，中国第二历史档案馆藏。

酒精厂、造纸厂和植物油厂，还拟利用外资兴建大型硫酸铔厂和一个炼糖厂，建设委员会也提出建立国营电厂计划。面对"九·一八"事变后，日本侵略脚步的加快，为了尽快建立国家资本工业基础，1936年3月，资源委员会拟定《重工业五年建设计划》，计划投资2.7亿余元建立国家经营的重工业工矿企业。1936年以后，国家开始对具有战略意义的某些有色金属进行统制。对接受北京政府经营的"旧有国营工业"，包括一批兵工厂和发电厂，进行整理，成立了中央钢铁筹备处，建立了中央机器厂、中央电工器材厂、中央无线电制造厂、中央炼铜厂，以及一批有色金属矿厂、煤矿、发电厂等23个国家资本工厂初步确定了以采矿、冶金、机械、化工、电气等为主体的国营重工业基础。①

国民政府对民营企业实行奖励扶持政策，国民政府于1929年7月及1930年2月公布了"特种工业奖励法"及"奖励特种工业审查标准"，以鼓励人民投资创办新兴工业。1934年4月又将此法修改为"工业奖励法"并扩大奖励范围。国民政府对民营企业的奖励和扶持客观上有利于工业生产的发展，工业生产的平均增长率由1921年~1928年的7.3%，到1928年~1936年增长到8.3%。1936年全国工业产值122.74亿元，比1927年的67亿余元增长83.3%。②

南京国民政府时期的一个重要举措就是颁布《工厂法》。近代工业的迅速发展和工人运动的勃兴，促使许多工业发达国家先后制定了工厂法，以协调劳资关系，维护社会秩序和现代人的基本权利，体现社会的文明与进步。南京国民政府建立后，鉴于中国近代工业的发展和工人运动的兴起，为了建设一个西方式的工业文明国家，学习西方国家的工厂立法，于1929年1月，在原北京政府制订的《暂行工厂通则》的基础上，拟定了《工厂法草案》117条，经国民党中央政治会议和立法院审议修订，于这年12月30日以国民政府名义正式公布《工厂法》，共13章，77条。主要内容包括如下几点：

（1）《工厂法》规定："凡用汽力、电力、水力发动机器之工厂，平时雇用工人在三十人以上者，适用本法"。工厂必须具有"空气流通、饮料清洁、光线充足、毒质防卫与盥洗所及厕所之设备"和"机器装置及预防火灾、水患等之设备"。

---

① 详见陆仰渊等：《民国经济社会史》，第345~346页。
② 中央文化工作会：《中国国民党与经济建设》上册，第29页，1984年版。

（2）工人劳动"时间最长原则上采用每日八小时劳动制，如因地方情形及工作性质之必要，可延长至十小时"，最长"每日不得超过十二小时"。工人"每七日中应有一日休息，作为例假，采用星期休息制"，"凡工人继续工作五小时应有半小时之休息"，法定纪念日"应给假休息"。

（3）工人工资"应以各厂所在地之工人生活状态为标准，工资之付给应以当地通用货币"，"至少每月发二次"。

（4）工厂与工人需订立工作契约，"对工厂或工人终止契约，均需提前预告"。如若"无故不按时发给工资，或虐待工人时，工人可不经预告终止契约"。

（5）"十四岁为男女工人的最低年龄，十四岁以上未满十六岁为童工；凡未满十四岁者，工厂不得雇用，亦不得收为学徒"。"童工只准从事轻便工作，凡有物理危险及风险上危险之各工种，禁止童工、女工及学徒工从事"。"童工不得在午后七时至翌晨六时之时间内工作；对年未满十六岁之女工，不得在午后十时至翌晨六时之时间内工作"。"工厂应让童工及学徒工受补习教育，并负担其费用之全部"。"女工分娩前后，应停止工作共八星期，工资照发"；工厂年终结算如有盈余，"对于全年工作并无过失之工人，应给以奖金或分配盈余"。

（6）工人因工致伤病者，"工厂应负担医药费。如暂时不能工作，应发给平均工资三分之二之津贴，或残废者，给一年至两年平均工资限度之津贴；死亡者，给五十元丧葬费，三百元遗族抚恤费并二年之平均工资"。①

根据当时社会的实际情况，国民政府又对《工厂法》进行了修订，于1932年12月重新公布。《修正工厂法》及《修正工厂法施行条例》删除适用范围仅限于"汽力、水力、电力"六字，以扩大适用范围。把延长工人工作之时间，由每月不得超过36小时，改为"不得超过46小时"；童工禁止夜间工作时间，改为"午后八时至翌晨六时"；女工分娩休假期内工资，"如入厂工作不足六个月，则减半发给"。②

尽管有种种的不足之处，但是《工厂法》的颁布毕竟为工人享有自己的基本人身权利提供了法律的保障，这是一个重要的民主成果，是南京国民政府文明进步的表现。

---

① 《国民政府公报》，1930年1月16日，转引自陆仰渊等《民国经济社会史》第348～349页。
② 《修正工厂法》，国民政府档案，一（2）1604卷，中国第二历史档案馆藏。

三、思想文化上的解放运动

随着与西方文化接触的不断深入，中国在清末民国时期经历了几次大的思想解放运动，对中国文化的近代化具有重要意义。

洋务运动开始了向西方学习的实践，实现了中西文化的初步交融。中国近代向西方学习的道路异常的坎坷，洋务运动期间，中西文化遭遇后的冲突非常激烈，他的外在表现形式是中学西学之争。在中学西学之争中，洋务派较为系统地论述了向西方学习的必要性、必然性，逐步完善了在物质层面输入西方文化的思想主张，形成了"中体西用"的文化观，确立了这个时期中西文化交融的基本原则。以此开启了文化输入的大门，中西文化在洋务运动期间开始了实质性的交流与融会，促使着中国近代新文化的萌生与发展。"中体西用"即"中学为体，西学为用"，基本含义是以中国封建专制主义为根本，以西方资本主义的科技为手段，二者相结合，用以维护清王朝的统治。作为文化观念，"中体西用"突出以儒学为核心的中国封建传统文化——中学在中西文化交融中的主导地位，强调传统文化中的道器观、本末观，把西学限定在中西文化交融中从属的位置上，仅仅是肯定它在中西文化交融中的辅助作用。"中体西用"文化观对于改变中国人盲目排外的心理，对于西方文化的输入发挥了重要作用。正是在中体西用观的指导下，中国开始了近代化的历程，近代民族工商业体系也初步形成，中西文化得以在物质层面交流、融会。中体西用文化观既是中国文化结构演变的结果，又在一定时期促进了中国文化向近代新文化方向演进，因此，它是时代进步的表现。当然，中体西用还是重道轻器，是要用西方资本主义的物质文明，来巩固中国封建专制主义之体。

戊戌维新运动对中国近代文化的发展产生了巨大影响。洋务运动时期，西方文化输入的主要内容是"格致之学"，即科学技术。江南制造总局在翻译西方书籍时，"专择有裨制造之书，详细翻出"。① 到了戊戌维新运动时期，人们认识到西方船坚炮利在于有格致之学做支撑，而西方格致之学之所以如此发达，"思其所以致此者，必有道德学问以为之本原"。② 这样，中国人对西方文化的认识更深入了一步，中西文化交流进入一个新阶段。戊戌维新运动时期，

---

① （清）傅兰雅：《江南制造总局翻译西书事略》，《格致汇编》第三年夏，上海格致书室1880年版。

② 梁启超：《康有为传》，《戊戌变法》（中国近代史资料丛刊）第4册，上海人民出版社1957年版。

通过创办报刊、组织学会、兴办新式学堂，不断使西方文化输入中国。据不完全统计，戊戌维新运动时期全国共有各种报刊 30 多家。① 在创办报刊的同时，维新派先后创办了强学会、南学会、保国会等各种学会 70 余个。此外，维新派把兴办新式学堂，废除科举制度作为推动维新变法的当务之急。新式学堂的设立对于培养维新人才，全面输入西方文化有很大作用。维新派和开明人士还兴办新的出版机构，翻译出版西学著作改变过去以自然科学为主的局面，开始宣传介绍一系列西方资产阶级的哲学、社会政治学说，从而把西学的传播推进到一个崭新的阶段。最有名的当属严复翻译出版了赫胥黎的名著《天演论》，宣传达尔文的进化论，为戊戌变法提供了理论依据。戊戌维新运动时期的先进思想家出于政治变革的需要，较为系统全面地介绍了西方近代政治、经济及有关学术思想，使西方文化开始全面输入中国。

戊戌维新运动也是近代中国第一次思想解放运动——一场空前规模"扫千载之秕政弊风，开四万万人之聪明才智"② 的资产阶级思想启蒙运动和近代新文化建设运动。维新派所进行的社会启蒙的主要内容之一，就是学习西方教民、养民之法，移风易俗，倡导西方资本主义社会新风尚。对于愚弄、束缚百姓的恶风陋俗要尽扫之，代之以"西法"、"与欧美同俗"。维新派所进行的以改革社会风俗为主要内容之一的社会启蒙运动，对中国近代文化的演进产生了重要的影响。它开创了中国近代移风易俗，系统变革社会风俗的先河，没有戊戌维新时期的"与欧美同俗"，便没有民初的"揖美追欧，旧邦新造"。

中国近代思想启蒙大师严复在中日甲午战争后，翻译出版了英国学者赫胥黎的著作《进化论与伦理学》中导言和本论两篇，并加入了许多案语和注释，取书名《天演论》，首次系统地把达尔文的进化论介绍到中国。从此，"物竞天择，适者生存"的进化论思想深入国人心中，进化论的介绍和宣传立即引起了中国思想领域的巨大变化，为社会改革家提供了思想武器，推动了戊戌维新运动的发展，推进了中国近代社会的发展。

广泛传播的进化论不仅表现在为社会变革提供指导思想方面，更重要的是它深入到广大国民的思想中，形成一种人们普遍接受的社会价值观，促进中华民族从几千年封建专制思想的禁锢中解脱出来，促进了全民族的觉醒，影响了

---

① 温启宝：《从邸报到现代新闻事业》，《新华文摘》1993 年第 1 期。
② 梁启超：《戊戌政变记》，《戊戌变法》（中国近代史资料丛刊）第 3 册，上海人民出版社 1957 年版。

19、20世纪的几代知识青年的成长。鲁迅在《朝花夕拾·琐记》中回忆他青年时在南京读书求学的情景时写道,当时"一有闲空,就照例吃侉饼、花生米、辣椒,看《天演论》",且"一口气读下去"。胡适在《四十自述》中回忆当时进化论对其整个社会的巨大影响时写道:

《天演论》出版之后,不上几年,竟做了中学生的读物了。读这书的人,很少能了解赫胥黎在科学史上和思想史上的贡献。他们能了解的只是那"优胜劣汰"的公式在国际政治上的意义。在中国屡次战败以后,在庚子辛丑大耻辱之后,这个"优胜劣汰,适者生存"的公式确是当头棒喝,给了无数人一种绝大的刺激。几年之中,这种思想像野火一样,燃烧着许多少年的心和血。"天演"、"物竞"、"淘汰"、"天择"等术语,都渐渐成了报纸文章的熟语,渐渐成了一般爱国志士的"口头语"。还有许多人爱用这种名词作自己儿女的名字。陈炯明不是号竞存吗?我有两个同学,一个叫孙竞存,一个杨天择。我自己的名字,也是这种风气底下的纪念品,我在学堂里的名字是胡洪。有一天早晨,我请我二哥代我想一个名字,二哥一面洗脸,一面说,就用"物竞天择,适者生存"的"适"字好不好?我很高兴,就用"胡适"二字。

可见当时人们对进化论的崇拜和进化论对有志青年的影响。

进化论为当时的中国人正确认识历史,认识时代,认清自己的历史使命,提供了理论指导。它初步论证了资本主义取代封建主义的历史必然性。它使人们从过去的王朝自救意识转变为社会变革意识。

辛亥革命结束了中国几千年的封建专制统治,也使文化发展出现了重大转折,中国近代文化发展到一个新时期。中华民国成立以后,民主共和的观念得以强化。《中华民国临时约法》明确宣布"中华民国主权属于国民全体",对人们自由平等之权利作了一系列规定,使之法典化。南京临时政府成立不久,即下令各省恢复人权。此外,南京临时政府还采取了一系列改革措施,推动了近代文化的发展。如改革教育、废除清末忠君尊孔的封建教育宗旨;促进各类文化设施的迅速发展;革除恶俗陋习;提倡妇女解放等。凡此种种,对中国近代文化的演进起到了强有力的推动作用。

辛亥革命后,新建的资产阶级民主共和国被袁世凯和北洋军阀专制统治弄得有名无实,其间还出现了"洪宪帝制"、"张勋复辟"的闹剧,文化领域尊孔复古的封建逆流沉渣泛起。为了改变"播共和之龙种,收专制复古之跳蚤"的严酷现实,以新知识分子群为主体的先进的中国人,掀起了一场旨在探求中国社会和中国文化发展之路的新文化运动。

中国近代新知识分子群是在近代中西文化的冲撞与交融中形成的。在19世纪末20世纪初，通过新式学校、教会学校、留学和其他的大众传播媒介的影响，中国的新知识分子开始出现，并逐渐在社会中形成了新的力量。他们的经历和所受的教育，使其一方面目睹了国内从维新改良到共和革命的政治变迁，另一方面又对西方文化有比较感性和理性的了解。他们对于近代西方文化的认识，已经透过表层的物质文化，深入到制度文化并进而深入到精神文化的层面，他们的知识视野和思考问题的深度，以及文化的审视、判别、选择能力，均已大大超过了他们的前辈。

新文化运动从一开始就高举"民主"和"科学"两面旗帜，把改造国民性，摆脱封建精神枷锁和小农经济观念的束缚作为主要任务，对封建伦理纲常和制度发起猛烈的进攻。新文化运动在中国历史上第一次真正地将西方现代化的"民主"和"科学"的文化意识融进中国文化之中，并且把资产阶级的人权观念注入到中国文化的体系之中，极大地开拓了中国先进知识分子的思维空间，提高了他们的思维层次，使之在对中国传统文化进行整体的反思中，形成一种崭新的思维方式、价值取向、行为模式和审美情趣，进而促使了国民心态的变化和文化意识发生了质的变化。

第二章

身体的商品化趋向

一、主人的私有物——中国古代演员（优伶）的身体①

传统的中国社会是一个等级森严的礼制社会，优伶处于社会的最低等级，他们甚至没有独立的人格和尊严，只能算是贵族和有钱人的私有休闲消遣物。这种情况从中国最早的等级社会——奴隶社会就开始了。有人研究认为，"奴隶社会的优伶是奴隶主以及贵族等少数人的专利品，他们的绰约身姿和美妙歌喉是作为奴隶主及贵族阶层用以享乐的奢侈品而存在的。他们在当时并没有独立的地位和人格，而是一种娱乐工具，是奴隶主豢养的歌舞奴隶，其地位之低贱是可想而知的，他们甚至还常常作为奴隶主的殉葬品被活活埋葬。优伶，作为奴隶社会的产物，确定了他们自身地位，这种境况一直延续在漫长中国古代社会之中。"②

进入封建社会以后，优伶的社会地位并没有获得实质性的提高，他们基本上仍然是权贵之家的私有消遣品，但是随着商品经济的不断发展，优伶的社会处境有变化的趋向，出路亦趋多样，愈到封建社会的后期，这种趋势愈是明显。

优伶在中国古代的存在有三种形式：一是属于官方的，包括宫廷、官府两种性质；二是民间职业性组织；三是属于个人家庭所有的"家乐"。宫廷中的优伶主要从事宫廷礼仪、宗教仪式活动以及宫中娱乐，其演出对象是皇帝和王公贵族。民间职业优伶一般是"走江湖"，在民间活动，他们的演出对象是众多的百姓。而"家乐"是少数官僚豪门的私有财产，是他们精神享乐的奢侈品，"家乐"是主人寻欢作乐的工具。从以上可以看出，优伶是一种私有财

---

① 本节的写作参考了谭帆著《优伶：古代演员悲欢录》的部分内容，特此声明。
② 谭帆：《优伶：古代演员悲欢录》，第10页，上海百家出版社2002年版。

产,很难有人身自由,宫廷艺人是皇帝的占有物,官伎则是官府的私有财产,而家乐艺人又形同于家庭主人的奴婢,即使是走南闯北的民间优伶,一般也是班主个人的私有品。

在唐代,官员们还可据官职的高低而获得配给的女乐,这在当时的法律中有明文规定,最能体现优伶在封建专制等级制度下的处境。《唐会要》卷三十四写道:"中宗二年九月敕三品以上职有女乐一部,五品以上女乐不过三人。""(天宝十载九月二日)敕五品以上正员清官、诸道节使及太守等,并蓄家乐听丝竹,以展欢娱。"这些家妓女乐由官府配给,费用也官给,于是一些官僚文士便乐此不疲。有些家乐主人对家妓随心所欲,还将其作为礼品馈赠他人,体现出优伶的私人消遣品的属性。唐代诗人刘禹锡在一次李司空的宴席上写了一首赞美其家家伎的诗,李司空即将刘禹锡赞赏的那一位歌伎赠给了他。

优伶往往是主人在其很小时作为"商品"购买来的,一旦被买入,他们便成了主人的私有财产,完全没有人身自由,生杀予夺全凭主人处置。

当然,历史的发展不会以封建专制统治者的政治理想为转移,随着商品经济的发展,在封建专制社会的夹缝中,优伶也在适应社会的需要,展现出商品化的一些迹象。据相关研究,到了汉代,这种苗头就已经出现了。"在汉代,优伶艺术已不再仅仅是君主和贵族阶层的专利品,他们的歌喉舞姿,他们的高超技艺已开始面对广大民众。"[①] "值得注意的是,由于汉代宫廷、贵族对优伶艺术的日趋痴迷,大量失地农民便以此为业,专门学习歌舞以供宫廷、贵族之所需,民间有以此为职业者,说明优伶及其艺术在当时已带有某种商业盈利性质。"[②] 而民间优伶的职业团体更是以商业性为其主要特色的,他们依赖艺术表演谋生,取悦的对象乃是广大的民众,尤其是城市市民。

显然,优伶的民间职业团体是都市商业发达的产物,商品经济的发展、都市的繁荣以及市民阶层的崛起是优伶民间职业团体赖以产生和发展的基础。在中国古代,这种机缘的来临大约在唐代"安史之乱"以后,中晚唐的商业经济有了一定程度的发展,市民阶层和市民娱乐也相应的产生了。到了宋代,商业都市非常兴盛,市民已成为社会上一个不可忽视的阶层,由此,适应市民需要的娱乐活动蓬勃发展,勾栏瓦舍的出现正是这种社会现状的一个直接产物。

宋代在社会经济形态上有一个显著特色:商业经济得到了迅速发展,随之而起的是大都市的兴盛和市民阶层的崛起与日益壮大。伴随着这种经济形态的

---

① 谭帆:《优伶:古代演员悲欢录》,第13页。
② 谭帆:《优伶:古代演员悲欢录》,第14页。

到来，人们对于文化与娱乐的需求也出现了变化，市民欣赏情趣在整个的宋代艺术中有了明显的提升。瓦子不仅是商品交易的场所，更是宋代市民的文化交汇之地。瓦子里面有许多用栏杆围起来的专供民间艺术演出的场所，称之为"勾栏"或"游棚"。北宋首都汴京（今开封）的几个瓦子里就有勾栏五十余座，有的能容纳观众数千人。南宋临安（今杭州）有一个著名的瓦子，更有勾栏十三个。不仅首都如此，当时一些著名城市都有这种游乐机构和场所。瓦子是宋代的民间游乐场所，其中的演出项目简直令人眼花缭乱：杂剧、杂技、讲史、说书、傀儡戏、影戏、鼓子词、诸宫调、舞旋、舞剑、嘌唱、唱赚，熙熙攘攘，热闹非凡。它融合了民间的各路技艺，也招徕了城市中的各色人等。

明清职业戏班除了承应官府和应富家之召外，最普遍的是在商业性会馆、寺庙和广场演出。①

优伶的一个重要的演出场所是戏园。古代的戏园随着时代的发展，大致有两种方式：一是酒楼兼戏场，这种方式实则是厅堂演出的一种扩大而已，喝酒宴客，观戏助兴。明清两代，这种形式有了很大的发展，并有了固定的戏台，观众席有池座、楼座之分；二是茶楼兼戏场，观众边喝茶，边看戏，其境况与酒楼兼戏场大致相仿。近代以来，中国才开始出现专营演戏的场所，上海率先出现，继之北京、天津、南京等地也随续开设，著名的有上海"满庭芳"戏院、北京"第一舞台"等。②（见图2-1）

图2-1　清光绪年间茶园演剧图

---

① 谭帆：《优伶：古代演员悲欢录》，第30页。
② 谭帆：《优伶：古代演员悲欢录》，第61~64页。

古代的剧场也并不是一个纯粹的演出场所，优伶演出常常与饮酒、品茶、聚谈、攀友等活动连在一起，优伶的艺术表演不是他们唯一的活动内容，在很大程度上仅是一种点缀而已。

茶园环境热闹，人员杂沓，是城市民众重要的休闲场所。

在清末民初，一种新型的剧场形式也在北京、上海等大城市出现了，这种剧场不仅规模大、容量大，而且整个剧场形成了一个相对静谧的有机整体，地面有斜坡，注意灯光和音响，取消茶座，秩序逐步走向井然，舞台也采取了镜框式。总之，中国古代常见的剧场氛围已开始变化，由此，优伶与观众在剧场中的关系也就发生了变更：优伶的主体意识在整个的剧场表演中有了明显的增强。① （见图2-2）

图2-2　清末戏园图

当然，应该特别强调的是，近代以前的中国封建社会中，尽管商品经济有了一定程度发展，但是由于封建专制主义的等级制度和封建的自给自足的自然经济都没有从根本上得到改变，所以优伶的从属性质并没有从根本上得到改变，人身自由无从谈起。

近代以后，社会以前所未有的速度变化着。诚如有学者所言："（进入现

---

① 谭帆：《优伶：古代演员悲欢录》，第65~67页。

代社会后）自我和自我的呈现依赖于风格和时尚，而不是固定的阶级标识或等级地位的象征物。城市空间成为以商业时尚和生活方式为基础的互不相让、竞相呈现的大赛场。可以感觉到自我变成了适当地包装起来的商品，因为我们不再仅用血缘和门第来界定自己。"①

文艺复兴以后，随着资本主义制度的发展，身体经历了一个商品化的过程。总的来说，身体商品化的过程是现代化社会的必然产物，是现代性的隐喻。波德里亚就认为："身体的地位是一种文化事实。现在，无论在何种文化之中，身体关系的组织模式都反映了事物关系的组织模式及社会关系的组织模式。在资本主义社会里，私有财产的普遍地位同样适用于身体、社会实践及人们因此而产生的心理复现表象。在传统秩序中，比如在农民身上，就没有对身体的自恋投入、戏剧性认知，而有的只是由劳动过程及与自然关系所导致的一种工具式／神奇视角。"②

西方如此，中国亦然。到了晚清时期，正是在封建社会的全面解体之际，社会风尚已经开始根本性的转折。这种变化已经不是传统的王朝更替带来的"量变"，而是在西力东渐的影响下，由传统农业型社会向近代商业型社会转变时文化价值观念发生的"质变"。"贵义贱利"、"安分守己"的传统观念渐渐失去了市场，崇尚竞争、进取、功利的商业文化价值观念在近代城市社会里开始得宠。有人不禁叹道："天下攘攘而往者何为也？熙熙而来者又何为？曰为利耳。富者持筹握算，贫者奔走驱驰，何为乎？曰为利耳。泰西之人惮万里之程，不顾重洋之险，挈妻孥偕朋友来通商于中国，何为乎？曰为利耳。中国之人渡重洋、习西法、购机器、聘教习，不以异言异服为憎，不以非我类族为异，何为乎？曰为利耳。利，时立义大矣！……中外通商以后，凡环附于地球者，无一不相互交易以通有无。当今之天下实为千古未有之利场，当今之人心亦遂为千古未有之利窟。"③

到了民国时期，中国的大城市受西方的影响更大，商业文化发展更为迅猛，身体经历着商品化的冲刷，休闲娱乐活动方面尤其如此。这一时期的情况正如波德里亚所说："身体被出售着。美丽被出售着。色情被出售着。"④ 这从一个方面显示着这一时期中国城市现代性特征。

---

① 杨儒宾、何乏笔：《身体与社会》第184页，（台）唐山出版社2004年版。
② （法）波德里亚：《消费社会》第140页，刘成富、全志钢译，南京大学出版社2000年版。
③ 《申报》1890年7月23日。
④ （法）波德里亚：《消费社会》，第147页。

身体的商品化趋向

有学者对现代社会的身体,尤其是女性身体商品化的现象进行了分析:"资本主义社会对于商品生产的重视、对于社会进步和科学技术发展的重视以及对于文化教育事业的多元化自由创作的政策,使有关女性身体的各种论述显现出资本主义现代性的特征。首先,女性身体也被纳入商品生产和流通的轨道,因而像商品一样具有其特殊的交换价值。同时,有关女性身体的论述也像商品一样无孔不入地渗透到商品流通的各个渠道。由于资本主义社会商品生产和流通的普遍性和一般化,女性身体及其论述也因此随着商品流通而普遍化和一般化。"① 尽管这是基于当今情况所做的分析。可是民国时期的中国大城市,尤其是上海等当时的国际大都市也完全适合上面的说法。有人在研究民国时期的上海时就谈到了此种现象:

我们能够注意到,当影视歌舞的女明星在银幕和舞台上出现的时候,当交际花在各种公共场合应酬着不同对象的时候,他们的美也成为了观众消费的一部分。观众在这些特定的场所所要消费的,不仅是娱乐节目的内容,诸如离奇刺激的电影情节,美妙悦耳的歌曲音乐,还包含了参与演出的演员的美。演员的肉体,演员的服饰,演员的神情举止,以及演员的气质,都成为他们他们消费的有机构成内容。很多观众对娱乐项目的选择,并不在娱乐本身,而在参与娱乐节目的演员。明星之所以能够为某些娱乐公司带来效用,其原因就在于明星本身成为了观众认可的消费品。观众们在特定的娱乐场所,可以享受由演员的美提供的视觉以及心理上的服务。这样的情形在电影行业中是如此,在歌舞行业中更是如此。由歌舞演员提供的娱乐,其中很重要的效果是由演员的身体来完成的。②

正如布希亚所言:"严格来说,消费广告里的模特的身体根本就不是身体,而是一种符号,一种形状,或一种身段;他们的身体被彻底空洞化、功能化和抽象化,和一件没有性别,纯粹为他人目光而设的商品没有区别。"③ 而这种现象正是现代性社会的必然产物。

本文利用当时的报纸、回忆资料、研究著作及其他材料描述,分析这一现象。

---

① 高宣扬:《流行文化社会学》,第287页。
② 王儒年:《欲望的想像——1920~1930年代<申报>广告的文化史研究》第250~251页,上海人民出版社2007年版。
③ 谢有顺:《身体伦理的变迁》,《作家》2003年第1期。

二、近代新式休闲领域中的商品化身体
——以清末民国上海舞厅中的舞女为例

身体的商品化趋向是近代以来中国资本主义发展的结果,正是因为资本主义的发展使身体发生了异化,变成了赚钱的工具——商品。诚如有学者所言:"在论及身体在近代时期的演变时,资本主义的发展与民族国家的兴起,是两个我们必须特别加以留意的历史形势。"以资本主义的发展形势而言,这个在目前以全球化(globalization)面貌呈显于世,跨足产业分工、资本流动、消费形式、与文化品味的发展局势其本身是一个历经百年才积累出来的结果。韦伯对西方理性化的探讨,声言资本主义的发展已经令工具性理性在西方世界得到凌驾性开展,所关切的其实就是人在这个生产过程中所遭遇到的工具性对待问题。理性化、科层化、智识化的开展,最终所意味的是人的自由度的减少,以及身体被纳入于资本主义的生产体系中,成为一种被管理与经营的生产工具的问题。①

作为近代新式休闲产物的舞女对反映身体的商品化表现有比较典型的意义,因此本节就以舞厅中的舞女为例来分析近代新兴休闲领域中身体的商品化特征。

跳舞可以运动筋肉、调节精神、表达情感,在古代曾作为宗教仪式,同时跳舞也可表达男女之间的爱恋之情等。后来跳舞渐渐作为一种娱乐活动,在世界各民族都较盛行。惟有中国的汉民族未能保持跳舞的传统。其实,汉民族在古代也曾有过广泛的舞蹈活动,直到宋代,仍见"凡百户之乡,有市之邑,歌谣舞蹈,触处成群"的景象。② 有学者研究认为,汉民族失去舞蹈传统,出于宋明理学"存天理、灭人欲"的礼教对人的束缚与封建宗法制的强化,它扼杀了以人体造型为基本手段表达情感的舞蹈艺术。宋以后,汉民族舞蹈逐渐走向了衰落,致使近代汉民族百分之九十以上的人既不会舞蹈,也很少参加舞蹈活动。③ 跳舞在中国漫长的传统社会里主要是作为统治者娱乐的对象,对于跳舞者而言未必有多少快乐可言。与此迥然不同的是,西方的交谊舞"完全是一种自娱性的活动。它所进行的目的就是为了让跳舞者本人在舞蹈过程中得

---

① 黄金麟:《历史、身体、国家:近代中国的身体形成(1895~197)》,第38页。
② (梁)沈约:《宋书·良吏传序》,中华书局1974年版。
③ 参见王元麟:《汉族何以中断中国舞蹈传统?》,《中国社会科学》1987年第6期。

身体的商品化趋向

到一种精神上的愉悦和享受"。另外，西方的交谊舞有鲜明的社交色彩。"它主要通过男女之间的动作配合和对音乐的感受，帮助人们建立一种起融洽的交际关系，进行一种感情上的沟通。"①

于是，当交谊舞作为一种在西方非常流行的娱乐方式传入中国之时，中国人看见西方人跳舞，男男女女搂搂抱抱，认为这是非常猥亵的动作，根据非礼勿视、非礼勿为的传统伦理观念，这是很不成体统的行为，因而许多中国人是反对跳舞的。时至民国初年，在跳舞活动已为国人所熟识和实践的时候，章太炎还建议由警察禁止在公共场所仿效外国人跳舞，因为他认为跳舞"男女杂沓，大坏风纪"，与中国美俗良法有所背离。②

然而，西方娱乐方式对近代中国人休闲观念的渗透和改造却是不可阻挡的。就在章太炎呼吁禁止跳舞之时，有的人正为外交部茶会上的跳舞兴奋不已："西洋礼法最佳，此等社交，乐而有礼，男女和合，故最能怡悦心情；较之中国人每会必为牧猪奴等戏者大异矣，故必此等社交发达，而后风俗移易。"③ 到了20世纪20~30年代，北京灯市口古老灯市娱乐风俗"已随世变——衰息，代兴者，电影跳舞，穷欲疲神，方不限于岁时佳节。"④

到舞厅跳舞完全是近代以来西方传入中国的休闲方式之一。舞厅是上海在向现代消费社会和休闲社会发展过程中出现的一种娱乐场所。它为中国的社会学家提供了一个考察大城市环境变化的机会。舞厅是现代技术发展的产物，像上海有名的百乐门舞厅号称"远东第一乐府"（雅号本身就体现了时人以西方为正宗的观念），成为"十里洋场"的代名词。外部设计完全按西方现代标准要求，"百乐门舞厅的外部整体设计气势恢弘，线条讲究简洁流畅，而且具有巴洛克建筑风格，三层楼面建造成一座层层收缩的四节圆形玻璃银光塔，顶加旗杆，刺向天空，形成了大楼状的雄伟轮廓，顿时有了豪华的气派。大门上方两边竖着的是高'PAPAMOUNT'，'百乐门'是它的音译，意思是'至高无上'，当然，也可以像那家美国好莱坞大电影公司那样被译成'派拉蒙'。大门顶端有一座6米高的圆柱形玻璃灯塔，由180块雕花板拼装而成，灯塔上由无数灯泡组成各种数字，华灯初放，相映辉煌。"⑤ 而它的内部装饰也是极其

---

① 蔡丰明：《上海都市民俗》，第288页，学林出版社2001年版。
② 章太炎：《中华民国联合会第一次大会演说辞》，见《章太炎政论选集》下册，中华书局1977年版。
③ 黄远庸：《喜日记》，见《远生遗著》卷5，商务印书馆1984年版。
④ 黄濬：《花随人圣庵摭忆补编》，山西古籍出版社1999年版。
⑤ 刘业雄：《春花秋月何时了——盘点上海时尚》，第291页，上海人民出版社2005年版。

豪华和先进的,"百乐门位于静安寺路终端,四方辐辏,闹中取静,一塔矗然,入夜放其异彩,缦立远视,气象巍峨,登其楼廊腰缦回方疑无路,忽见灯光灿烂,另是一种境界,而楼之上,更有楼,左右垂梯,拾级可登,其上更有舞池,界以栏杆,敷以雅座,舞罢小坐,凭栏外观,别具幽致。百乐门之舞池,楼下为弹簧地板,其妙用在使人起舞时,如践柔波,舒适无比,楼上舞池为玻璃地板,光滑如镜,净不容唾,玻璃地板下置灯光,灯光由下反射其上,入舞时灯有各色,绚丽夺目,别具异致。"每一句描述无不显示了李欧梵先生所说的'声、光、电、热'为特征的现代性。百乐门是这样,其他一般舞厅亦是如此,这一时期《申报》上舞厅广告中都是这种夸示现代性的描述:如夸自己的舞厅"装饰华丽、音乐动听、地板光滑、舞女婀娜。"大和舞厅的广告称:"北四川路上海大戏院后面 大和跳舞厅 从新布置,极尽富丽,今晚九时正式开幕。时代舞厅,摩登铺陈,独具匠心,美哉轮换,夸金阙玉堂之贵,怡乎心目,占人间天上之春。舞女婀娜矫健,音乐铿锵悦耳,地板全新光滑,饮料精美上等,并于每晚表演欧美各种最新舞蹈,以佐客兴,爱舞士女曷兴乎来,不胜欢迎之至。注意!空前盛举!集德意俄三国艺术精华音乐、歌舞、大会 十一月三日在夏令配克举行。"① 这种为了赚钱而开设的舞厅体现了一种商品化的特征。

20世纪30年代营业性舞厅在上海有大中小型舞厅50多家,高级舞厅如"巴黎"、"百乐门"、"维也纳"、"大都会"、"丽都"等;其他中小舞厅如西藏路上的"远东"、"爵禄"、"大美"、"东方";福煕路上的"福煕舞厅",北京路上的"惠灵顿舞厅"等等。

有人认为"舞厅是一种中间场所,介于交谊性娱乐和卖淫之间,他们与社会生活的转变相对应,尤其是与中产阶级的出现有关,并以休闲活动的日益商业化为标志。舞厅提供了一个中介空间,在那里,人们可以表达一种以肉欲为主而并非是纯粹性欲的情感,并从中得到满足。"②

舞女是舞厅的招牌之一,上等的舞厅里舞女也是打扮最时髦,舞技也是一流的,比如一些有名的舞厅如百乐门、仙乐斯等里面的舞女都是特别出色,好多舞客也是冲他们而来的。(见图2-3)

---

① 《申报》1932年10月29日。
② (法)安克强:《上海妓女——19~20世纪中国的卖淫与性》,第123页,上海古籍出版社2004年版。

身体的商品化趋向

图 2-3 民国时期的舞女

舞女终归是舞客的消遣品，是舞客们花钱买来的娱乐对象，也就是一种商品。李欧梵先生在评论描述上海一些艺术家以舞女为题材的卡通画时说："……最常用的形象是跳舞的一男一女（有时是一男两女），男的或老或年轻，穿中式长袍或着西装，但女人却无一例外地穿'旗袍'。这副肖像无意中暴露了性别歧视：女人永远是各个阶层男人的固定欲望对象，她的旗袍展示着她身体的轮廓。换言之，这一对对舞者题材都取自舞厅，表现了舞女和她们的各色顾客……"而一些文章中的描述更是直接在感叹女人肉体作为商品的魅惑力，特别是在低等舞厅中的舞女。"小舞厅因为舞场小，所以跳起来是分外感觉着肉的弹力……在这小舞场里，跳舞时间的长是比大舞场里有时会长上二倍，而很稀淡的几对红绿紫灯，却会很多次关着，这是要你更热心一点啊，因为你可以去摸舞女的奶，吻舞女的颊，甚至香舞女嘴，这些尽是随便的。"①

在《时代漫画》中提到摩登女子服装的问题，服饰中"春装的估价（摩登女子最低生活费用）"就有十六项：

春装的估价

摩登女子最低的费用

---

① 丁白告：《话小舞场》，《时代漫画》1934 年 2 月。

35

身体的现代转型

深黄色纹皮皮鞋	一双	六·五〇元
雪牙色蚕丝袜	一双	一·二〇元
奶罩	一只	二·二五元
卫生裤	一件	〇·八〇元
吊袜带	一副	三·〇〇元
扎缦绉夹袍	一件	八·二〇元
春季短大衣	一件	一六·〇〇元
白鸡牌手套	一副	二·八〇元
面友（Face Fruend）	一瓶	〇·七五元
胭脂	一盒	〇·五〇元
可的牌（Coty）粉	一匣	一·四五元
唇膏	一匣	〇·五〇元
皮包	一只	二·五〇元
电烫发		五·〇〇元
铅笔	一支	〇·二〇元
蜜	一瓶	〇·四〇元

共计上海通用银元五十二元另五分。

服饰的高消费不仅表明了上海城市生活的一般商品趋势，也说明了人们对某些商品的迷恋——商品似的昂首阔步的女人体她们是男人注视和欲望的物质对象。①

在当时许多上海作家笔下，舞女被描绘成了现代城市物质文化的载体，"她们一个个显得活力四射，对她们自身的'主题性'也更有信心，甚而还与男人周旋在舞厅、咖啡馆、跑马场这样的公共休闲场所耍弄男人。"② 看来，作为商品的女人体不同于一般商品，是有其特殊性与主动性的，从另一个角度来看，这些女人刻意打扮，做出某种姿态，只不过是吸引男人的注意，使自己能够卖出去或者卖一个高价的商品而已，也即是为了增加自己的交换价值而已。在穆时英的小说《骆驼、尼采主义和女人》中，男主人公在一家叫NAPOLI的咖啡馆，遇到一个神秘女郎（交际花性质的女郎）"她绘着嘉宝型的眉，有着天鹅绒那么温柔的黑眼珠子，和红腻的嘴唇……她的咖啡里放了五块糖，甜酒似的喝着……她吸的是骆驼牌香烟。""在调情斗智的晚餐期间，

---

① 李欧梵：《上海摩登——一种新都市文化在中国1930~1945》，第33~34页。
② 李欧梵：《上海摩登——一种新都市文化在中国1930~1945》，第35页。

身体的商品化趋向

她还教了他三百七十三种烟的牌子,二十八种咖啡的名目,五千种混合酒的成份配列方式。"这个交际花性质的女郎所熟练掌握的知识技巧,只是为讨得有钱男人欢心的方法罢了,她可以说是男人的高级消遣品。

李欧梵先生把这些活跃在咖啡馆、舞厅和跑马场的尤物形象看成是"城市物质魅力的载体,也因此加速了城市中不可避免的商品化进程。"①

诚如商品有价钱高低之分,上海的舞女也分几个等级,依次为:红舞女、一般舞女、低级舞女等几类,几种舞女因为身价不同,待遇差别很大。舞女多在16岁至20岁之间,30岁以上的极少,文化程度普遍较低,中学程度已经少见。

对老板来说,舞女是赚钱工具(商品)。舞女必须与老板签订合同,合同期内不管舞女个人生意如何,即使每晚要做几个钟头的冷板凳,收入如何微薄,都不得到别的舞厅伴舞,而且收入必须和老板拆帐(分成)。红舞女一般长相出众,舞技较好,而且善于交际,是舞客争相追逐的对象,是著名舞厅的摇钱树,因而身价高,舞票三元一张,还有固定薪水,而且一出场就有人请舞,与老板拆帐也能得到收入的七至八成,而一般的舞女,特别是小舞厅的舞女,伴舞时1元钱可以跳五六次,更有的舞女因为无人请跳,连一张舞票也收不到,和老板拆帐也要四六开或五五开。

而在舞厅唱歌的歌女又何尝不是商品!百乐门的知名歌手金妮原来是在国际饭店唱歌,因为歌唱的好,外文字咬得准确,被百乐门老板郁格非看中,挖到百乐门,受到追捧,被誉为"金嗓子金妮",大幅照片被冠以"常驻歌手"的字样挂在大门口,成为百乐门的招牌,自己也是身价倍增。而为了从商品中获得更大的利润,百乐门利用华人对外国女子的崇拜心理,经常雇佣外国女子特别是俄国女子演唱(因为她们比较廉价)。一个在上海的外国人描述了此中情景,"出了戏院,我们就去百乐门……我们到的时候,恰逢表演开始,表演合唱的也是俄国女子,有些是金发美人。她们穿戴很少:帽子、浅帮鞋、非常细的腰布。和美国的合唱队姑娘相比,她们演得不算好,常用不流畅的英语唱最新的美国歌。一个英国朋友告诉我,雇俄国女子比雇中国女子便宜多了,而中国人又非常崇拜金发白人女子。"②

---

① 李欧梵:《上海摩登——一种新都市文化在中国1930~1945》,第35页。
② 德尔:《上海1935》,第49页,转引自李欧梵:《上海摩登——一种新都市文化在中国1930~1945》,第31页。

37

三、明星的身体形象成为人们的消费对象

清末的高级妓女曾是当时时髦身体形象的象征，在这一时期也已经出现商品化趋势。"有些高级妓女除了照片之外，还印刷名片。另外一些高级妓女则更有商业头脑，将她们的肖像拿出来去销售。"①（见图2-4）

图2-4　清末的名妓

民国时期的大城市中，人们买票进电影院或其他放电影的空间看电影是那一时期市民重要而普遍的休闲活动方式。很多人进电影院观看电影是为了欣赏屏幕上的身体形象，特别是自己喜爱的电影明星的身体，而许多电影明星也成为"大众情人"，成为影迷们追捧的对象。这一时期，《申报》上的电影广告中，也大多通过图画的形式，以电影明星诱人的身体形象和动作，再加上大写的主演人的名字来吸引观众的注意。这时，电影明星已经代替清末以来的妓女成为时尚的标杆，摩登的标志，身体现代性的承载者。明星们的谈吐举止，穿着打扮，甚至只是身体形象均成为人们，特别是追求时尚的年轻人模仿的对象，自然也成为精明的商人赚钱的商品。（见图2-5）

月份牌美女就是这样的产物，月份牌的诞生源于近代中国被迫开放后外商为了倾销洋货而进行的广告宣传。在画面上配上人们喜爱和寓意吉祥的景致，并在适当位置标有商品、商号与商标，并配有中西对照的年历或西式月历（由

---

① （法）安克强：《上海妓女——19～20世纪中国的卖淫与性》，第53页。

图 2-5 《申报》1933 年 5 月 30 日刊登的电影广告

此产生"月份牌"的称谓），赠送给顾客，这种形式新颖，别具韵味的艺术表现形式很快赢得了大家的喜爱，于是精明的中外商人趋之若鹜，乐此不疲。

　　色艺俱佳的当红电影明星是月份牌的宠儿，20 世纪 30 年代是月份牌创作的高峰期，当时的电影明星如胡蝶、阮玲玉、黎莉莉等都曾被作为模特走入月份牌画中。月份牌中的美女是当时都市女性时髦的代表，他们穿最流行的时装；用最新潮的物品：电话、电炉、钢琴、话筒、唱片；有最时髦的消遣：打高尔夫球、抽烟、骑马、游泳、航空。在月份牌发祥地上海，其美女月份牌素有甜、糯、嗲、嫩之标榜。月份牌中的美女，可谓代表了当时社会审美的整体趋向与追求，成为社会的理想形象。（见图 2-6）

图 2-6　当红明星成为许多月份牌美女原型

由月份牌的起源可知，它有浓厚的商品宣传性质。在月份牌画家中赢得"半壁江山"称誉的杭稚英先生，创作过大量旗袍美女。他笔下的广生行"双妹"旗袍姐妹亭亭玉立、娇嫩欲滴。烫发、短袖旗袍衣长及地，都是30年代的时尚，时髦的装扮暗示出她们所使用的"双妹"化妆品也最时髦。消费与品味超前的时髦女郎，无形中使商品获得了更高的可信度。特别是到了月份牌盛行的中后期，出现较为明显以画中人直接传达的商品信息，如当时的名品"阴丹士林色布"（见图2-7）、南洋兄弟烟草有限公司的香烟等。

商家借用胡蝶、陈云裳等当红女性的形象和签名大做广告，平民妇女们争相购买。

从某种意义上来看，月份牌美女的

图 2-7　阴丹士林色布广告
阴丹士林布是我最喜欢的衣料

"秀色"是作为商品的一部分被消费了。有学者研究认为:"事实上,电影女星在当时经常是这些商业月份牌的模特。电影明星在屏幕上是被展示的客体,但她们无疑在单独的观看者身上激起了'主体性'的视觉冲击。……月份牌上的女子是决定顾客选择的关键因素(就像当时和现在的风俗一样,如果这选择不是由公司作为新年礼物给出的话),而烟草公司的'传奇'声誉也许也会和他们所招贴、所设的偶像女子有关。因此画中的女子就像香烟一样成了商品。"①(见图2-8)

图2-8 月份牌哈德门香烟广告美女(1930年代)

相片镜中体现的身体商品化特征也是明显的。在水银镜子背面镶嵌照片的习惯始于清末。镜子店为了使镜子更加美观,便在镜子背面镶上美女照片,称作"相片镜"。这些从清末至民国时期的老照片就镶在当时的镜子背面,"它的特点是,不仅有照片,而且在衬纸上还印有镜子店的字号和广告等,精明的商家可谓一举两得。"② 这样,"照片成为镜子的一部分,成了娱人的商品,而不再是照相者自娱的私人物品。"③ 而相片镜中的美女照片也从清末的妓女相片成为商家主要的广告用具,到20世纪20、30年代电影女明星成为商家的新宠,也反映了随着时代变迁,人们审美观念的变化过程。(见图2-9)

20世纪30年代,著名的电影明星胡蝶在大中城市里可谓家喻户晓,受到影迷们热烈爱戴。她在回忆录中说道:"从影以来,特别是拍了几部有影响的影片,最感穷于应付的是热情的观众,尤其是影迷了。""很多影迷来要照片,这笔开销就够浩大了。""人说上海人脑筋动得快,这话一点不假。那时就有沪江影相馆找上门来,愿意给我拍照,并免费代我向影迷寄照片,条件是我一

---

① 李欧梵:《上海摩登——一种新都市文化在中国1930~1945》,第93~94页。
② 《老照片》第43辑,第131页,山东画报出版社2005年版。
③ 《老照片》第43辑,第132页。

身体的现代转型

图2-9 相片镜中的美女

年去'沪江'照几次相,由他们印成明信片出售,我也不收取任何费用。"① 胡蝶的身体形象被印在明信片上直接作为商品出售,是明星形象商品化的最直接证明。

电影明星的身体成为人们关注的焦点,他们私生活的一举一动都成为报纸特别是小报追踪的对象,成为市民们消遣的谈资,自然也是这些报纸的重要卖点。中国早期著名电影演员王汉伦在当时影响很大,是许多影迷心中的偶像,商业性报纸自然不能放过对她一举一动的报道。据称,上海一家报纸记者冒着隆冬凛冽的寒风,在王汉伦的窗口下苦苦守候了数小时,目的只是为了写一篇有关王汉伦唱《马赛曲》的报道。

作为民国时期最为有名的电影演员,胡蝶也一直处于传媒的关注下,许多有关其隐私的传闻都构成了重大社会新闻,成为大众娱乐品。

民国时期电影皇后的评选,许多人竞争"卖几钱一斤"的影后。1933年,《明星日报》在每日报端付印选举票,把收到的选票放入特制的选举箱,并且郑重其事,当众开票,这一次胡蝶得票最多,选得了"电影皇后"的称号,自然其身价也是倍增。(见图2-10)

有的商家报纸为了增加卖点,千方百计使明星的私生活曝光,甚至恶意炒作,伤害了不少电影明星。其中阮玲玉的自杀就是一个典型的例子。阮玲玉是中国"无声电影的骄傲",号称"大众情人",观众"每片必看","死讯既布,社会震动,报章竞载,哭声遍闾,瞻谒遗容者,万人空巷,陆续于途。"可见她在人们心目中的地位和影响,可

图2-10 1933年"电影皇后"胡蝶

---

① 胡蝶:《胡蝶回忆录》第103页,北京新华出版社1987年版。

是就其本质来说。她也只是"一鬻艺女子"而已。① 阮玲玉死后，商家利用人们对她的怀念，把她的故事拍成电影，赚取金钱。而其带血毛巾等私人物件也被商家拿出来放在柜台上公开展览，作为吸引人的商品道具。《申报》上登载的"荣记共舞台"的广告宣称："阮玲玉血迹围巾，亲笔情书，陈列本台，任人参观。"还有电影"玲玉香消记"，称："戏中加映阮玲玉亲自主演自杀电影。本片演出阮玲玉女士死前之种种悲痛，写遗书之愤恨，服毒后之痛苦流涕。当时情景历历在目。如有人能指出本片非阮女士亲自摄制者本台愿俸酬洋一万元。"②（见图2-11）

图 2-11　著名影星阮玲玉

美国学者的研究指出，广告要靠给人带来美好感觉的标准时代魅力身体形象作用，使消费者"爱屋及乌"，也产生对被广告商品的好感，从而促进商品的销售。由此观之，广告中的标准美丽身体形象也成为了商品的一部分了。印刷品广告是广告世界中的重要组成部分，……首先让我们来看一看一些香烟的广告，包括主要是针对男性吸烟者的万宝路的广告和针对女性的维吉尼亚苗条烟的广告，后者竭力使女性确信，吸烟是潇洒的举动，而正在广而告之的产品也正是"现代"女性的最佳选择。这些烟草行业中的公司所作的宣传就是把它们的产品与积极的、理想的形象与性别榜样联系起来。因而在20世纪50年代，万宝路的宣传就是把它的香烟和男子气联系在一起，把抽万宝路与变成一个"真正的男子汉"相提并论……由于西部牛仔的形象提供的是一种人们所熟悉的男子汉，独立和豪放

图 2-12　《申报》1937年2月21日，胡蝶牌擦面牙粉广告

---

① 梁赛珍：《悼阮玲玉姊》，《时报》1935年3月11日。
② 《申报》1935年4月26日。

等的标志，它就成了宣传中受宠的符号。随后，"万宝路男人"就变成了美国民间文化中的一部分，成了人们欣然认同的文化符号。

广告中的这种符号化的形象试图在提供的产品和社会所欲求的含义丰富的特征之间建立某种联系，以造就这样的印象，即如果人们想成为某一类的人——比如，成为"真正的男人"——那么他就应该买万宝路香烟。……在后现代的图像文化里，个人就是从这样的形象中获取认同性的，因而，广告在控制消费者的需求的同时，也成为了一种举足轻重而又被人忽视的社会化的机制。

广告形成了各种文本系统，设法用一些相互关联的基本因素来肯定其产品。① 反而观之，广告中用明星的身体作为广告的形象，正说明了明星在当时社会中是得到大家广泛认同的标准美好形象。

以演艺界明星形象和名字为品牌的商品更是明星身体形象商品化的最好体现。这些在报纸广告中随处可见。因为胡蝶是当时中国最当红的电影明星，受到大众的广泛喜爱，商家趁机推出胡蝶牌牙粉，把胡蝶的照片放在广告中，利用人们对胡蝶的喜爱，引起对牙粉的好感，愿意掏钱购买（见图2-12）。王汉伦出名前曾在英美烟草公司工作过，在她出名后，上海的一家烟草公司便乘机生产出"汉伦"牌香烟在市场上大量销售。

身体形象的商品化本身就是现代性的表现，非但因为广告本身就是现代社会的产物，而且广告中的身体形象经常是展示了一种进步的生活，美国香烟中的美女形象就有这样的作用。所有的广告都是社会的文本，是对所处时期所显现的重要发展作出的回应。……1983年的维吉尼亚苗条烟的广告就试图以相似的方式将自己的产品与社会所悦纳的特征联系起来，同时提供女性可以认可的主体性立场。……文字说明和香烟边上的维吉尼亚苗条烟女郎都意味着一种进步的信息，改头换面地将维吉尼亚苗条烟女郎变成了"进步的女性"和现代的生活。在这一广告里，部分与部分之间的连接和关联使得维吉尼亚苗条烟与进步息息相关。广告告诉女性，吸烟是进步的，也可以被社会所接受；广告将维吉尼亚苗条烟与现代性、社会进步以及苗条这一社会所渴求的特征等联系在一起。② 中国月份牌上的美女形象也是同样道理。（见图2-13）

---

① （美）道格拉斯·凯尔纳：《媒体文化——介于现代与后现代之间的文化研究、认同性与政治》，第248~249页，商务印书馆2004年版。
② （美）道格拉斯·凯尔纳：《媒体文化》，第250页。

身体的商品化趋向

图 2-13　穿着旗袍打高尔夫球的摩登女子（1930 年代）

话剧是舶来品，20 世纪初话剧刚刚传到中国时，人们就将其称作"新戏"和"文明戏"。1928 年前后，田汉、欧阳予倩、洪深等人在一起聚会，讨论给"文明戏"的命名问题，洪深提出用"话剧"一词，得到了大家的赞同。① 话剧也受到观众的热烈追捧"话剧明星与女戏迷的爱情故事和种种绯闻是彼时报纸娱乐版长盛不衰的主题，也是读者们最津津乐道的。"②（见图 2-14）

图 2-14　话剧舞台照

---

① 刘新平：《休闲中国》，第 114 页，中国工人出版社 2002 年版。
② 刘新平：《休闲中国》，第 116 页。

民国时期有句话流传甚广,曰:"听戏要听梅兰芳,看球要看李惠堂"。李惠堂是20世纪20、30年代名震足坛,号称"球王",是上海的足球明星。他在比赛时穿9号球衣,在国际上的几次比赛取得佳绩后,他在世界上的影响越来越大。菲律宾酿酒商人从他身穿9号球衣出发,以"第九号健身酒"做品牌商标,结果使普普通通的瓶装酒成了菲律宾销量最大的名牌酒,可见李惠堂身体形象的价值之大。(见图2-15)

图2-15 《北洋画报》1929年2月2日,中国足球大王、华东足球队队长李惠堂君及其赛球胜利所得之奖品。

据笔者所见,《申报》、《北洋画报》等报纸中更有把明星照片制成精美的书籍出售的广告,这也是明星身体形象商品化的一个标志。

阮玲玉作为无声电影时代的"无冕影后",其杰出的表演才能使其成为那个时代的宠儿,受到大众的青睐,其身价也是当时最高的。据当时曾与阮玲玉共同在联华影业公司做演员的黎莉莉后来回忆:阮玲玉"各种角色都能演……阮玲玉为什么能演得那么好?我认为:一个是天才,一个是肯学习。她中外小说看的很多,没事儿的时候,她不跟人聊天,她总在看小说。另外,她自个儿的生活比较波折,所以用她生活方面修养方面的积累。"[①] 自己的天赋加上生活的阅历使阮玲玉成长为一名优秀的电影演员。在联华厂里,她是许多导演乐于与之合作的演员,因为她理解人物最为准确,领会导演意图最快,是全厂公认的重拍次数最少的演员。吴永刚曾用"感光最快的底片"来夸赞阮玲玉,对她这种艺术功力给予了高度评价。在观众中,阮玲玉是享有最高信誉、最大号召力的演员,许多观众对有她演出的影片"每片必看",有的一部

---

① 陆弘石:《中国电影史(1905~1949)》,第214~215页,文化艺术出版社2005年版。

影片还要看三四次,并急不可耐地等待着她下一步影片放映。这在当时国产片与外国片的竞争中确是难能可贵的。她被人们亲昵地称为"中国的嘉宝"。那时,阮玲玉的薪水在联华是最高的每月500大洋。

而阮玲玉的最终消沉,除了报纸上的攻击以及张达民的侮辱迫害这些重要原因以外,还有一些其他原因。"过去的电影界星海沉浮,你走红了,你就'上去了',你不成了,你就'下来了'——随时淘汰,就是这样一种情况。"① 演员的身体形象就如一件商品被观众消费,而随着时代的发展,观众的欣赏口味在不断变化,演员要生存下去就要迎合观众的要求,不断重新包装自己,使自己再次获得商品的消费价值,就是要适应新的社会条件下,观众对演员身体形象的要求,而恰恰就是在这一点上阮玲玉显得有点力不从心。首先,"她和胡蝶是平起平坐的两个大影星,但胡蝶当时与梅兰芳一起去国外,声势很大。胡蝶还会说国语,因此好像显得很活跃。""另外,有声电影发达起来了,阮玲玉不会说国语,她的身材又很孱弱"。②

当时以健康活泼的形象出现的新一代女性受到大众的欢迎。像黎莉莉和王人美都是从歌舞界转入电影界的,因而能歌善舞,而游泳、骑马、赛跑等都学。

图 2-16　王人美成了运动鞋的形象代言人

---

① 陆弘石:《中国电影史(1905~1949)》,第 215 页。
② 陆弘石:《中国电影史(1905~1949)》,第 215~216 页。

也正因为自己青春和健美的形象受到大众的追捧和欢迎，王人美成了运动鞋的形象代言人（见图2-16）。黎莉莉还主演"体育皇后"（见图2-17），而这些对阮玲玉都是冲击，所以黎莉莉认为，"她（阮玲玉）之所以自杀，除了客观的原因，主观上失去信心也是一个方面——她在电影界有那么高的地位，可有声电影一来，对她来说就存在着一种威胁。"① 她的身体的消亡，正如一件过期的商品最终被淘汰。利用化妆品对身体的修饰成为必要，说明身体逐渐成为工业化的产物。

图2-17 中国第一个"体育明星"黎莉莉

女性上封面的传统是因晚清名妓报刊的风行而确立的，而30年代女影星上封面可以被视为商业和美学行为。电影史家杰·莱达也谈到："只有在中国月份牌的现代美人身上，才能找到30年代那些'进化'到吸引通商口岸电影观众的女性影子，这种美学标准后来甚少变化。"②

四、性的商品化

性是身体的重要组成部分，甚至有人认为，性是身体的核心。有研究认为：现代社会积极地管理、改造和培训个体，惩罚朝着一个积极的方向充满策略地运转……现代社会权力的想象和激情酝酿在后代、种族、整体性的人体健康等方面，将这些东西统摄起来的就是性，性既位于身体的核心，也位于整体性人口的核心。性，被唤醒成为目标和靶子，被管理，被描述，被刺激，被控制。现代社会，性成为象征。古典社会和现代社会的差异就在于此："如果说有什么东西属于法律、死亡违禁象征和绝对王权，那就是血，而性则是属于规范、知识、观念训练与调节。"③ 因此要谈身体自然避不开性的问题。近代以

---

① 陆弘石：《中国电影史（1905～1949）》，第216页。
② 参见莱达：《电影：中国电影和电影观众之观察》剑桥：麻省理工学院出版社，1972，86。转引自《上海摩登》，第110页，小注（3）。
③ 杜小真：《福柯集》，第380页，上海远东出版社1998年版。

来,性也经历了一个逐渐现代化的历程,而商品化是其中很重要的一个方面。

随着人类社会的不断发展,性文明也在不断进步,由原始状态下群体强者以自然方式占有或驱使异性,到农耕文明以制度方式强迫女性奉献肉躯和色艺,再到工业文明以金钱方式支配女性、性意识和性行为,都体现了性权力不断扩充和变化的历史文化特征。①

在中国,妓女这种以提供男人性娱乐为主的群体古已有之,但是性消费的商品化特征或者说是以商品化为主的特征却是近代以来的事。

中国古代的妓女以官妓为主,体现了专制主义强权对人身的束缚。官妓制度在中国维持的时间很长,从管仲在齐国设'女闾'开始,一直延续到清代。在中国古代,关于娼妓的一整套制度,一般是以服从专制政治的性规则为目的,所以,它既要满足贵族玩弄女性的要求,还要符合等级制度的规范,以达成性欲与秩序的统一。

家妓是专制政治的特定产物。中国的等级制度也对家妓的存在做了详细的规定,如唐代法令明确规定:"三品以上听有女乐一部,五品以上女乐不过三人。"可见,官家养妓是按官阶大小来分配的,官做的越大,家妓数量和舞乐规模就越大,官位不到的,如果蓄妓,便要受贬斥或处罚,所以,蓄家妓算是封建文明的一种特权和秩序。相对于官妓制度而言,家妓仍然改变不了为达官贵人提供性服务的命运,但身份已开始慢慢向私娼转化。②

官妓制度的衰落,是到清代前期,康熙朝诏令废止官妓,表明国家在名义上已不再供养娼优,因而教坊中的娼优多流散于民间,妓女身份关系的松弛,也使娼妓业成为自谋生存的一种行业。这样,娱情声色的娼与优,开始融入百姓的生活当中,她们往往成为市井生活时尚的示范,她们的服饰、口味、喜好都是会对人们产生影响,官商士庶也都能接受她们,妓女们自然地要承担起社会转型所需要的重构公共关系的责任。

在晚清,社会心态虽然依旧鄙视妓女出卖肉躯的行为,但同时达官贵人、文人雅士却迷醉于声色之娱,而歌舞、戏剧表演开始从专制社会的性服务体系中分离出来,成为独立的大众艺术范畴。③

在中国古代,官妓、家妓等大多能歌善舞,甚至还懂琴棋书画,因而受到主人宠爱而提高地位的例子比比皆是。官妓出身的卫子夫就是因为能歌善舞而

---

① 郭洪纪:《颠覆——爱欲与文明》,第140页,中国社会出版社2000年版。
② 郭洪纪:《颠覆——爱欲与文明》,第134页。
③ 郭洪纪:《颠覆——爱欲与文明》,第139~140页。

且惯于妩媚取宠,而得汉武帝的宠幸,被立为皇后。

唐宋以后,随着科举制度的实行,文人地位渐行提高,文人进青楼与娼妓饮酒作乐,吟诗唱和成为常事。"停车访艳,载酒看花"成为文人的日常生活的重要组成部分。可能是文人,特别是失意文人与妓女处境多有相通之处,他们相互交往,不仅使失意潦倒的文人能得到恰爱,也能让那些心灵苦楚的女性有所寄托,所以,妓女无不争与文士交往,陈情吐愫,应答唱和,被誉为美谈。而成为名妓者,不但要有相貌才情,而且还要依靠与文士交往的声势。妓女要得到文士的青睐,其才艺的出众是非常重要的。文人更多是作为知心朋友,精神伴侣等,因而出现"卖艺不买身"的妓女。

进入近代以后,随着封建专制主义对妓女人身控制的松弛,在欧风美雨的西方文明浸润下,妓女的性活动商品化特征越来越明显,体现了现代性对妓女的影响。有人说,"对于经济和社会的变化,娼妓界是极其敏感的。她们的反应速度和适应速度都要比社会上其他群体快得多。就上海来说,卖淫可以被视为1842至1949年间这座城市现代化加速发展的晴雨表。"①

在19世纪的上海,高级妓女仍然维持着在传统社会中诸多特点,高级妓院作为上流社会人士的一个重要休闲空间,高级妓女陪伴客人们尽情地享受,客人们在妓院里可以过生日,庆祝金榜题名,甚至进行商业贸易,对当时有钱有势的中国人来说,光顾妓院是一种正常的社会生活,赤裸裸的性交易并不是主要的目的。而高级妓女们也以向客人展示自己的才艺为主,比如陪客人饮宴,以及以弹奏或歌场给宴会助兴等。(见图2-18)

图2-18 文人与妓女

---

① (法)安克强:《上海妓女——19~20世纪中国的卖淫与性(导言)》。

身体的商品化趋向

可是这种在传统社会供有修养的男人取乐的高雅形式，随着中国向西方的开放和现代化的影响，逐渐变成了历史。到了20世纪，社会形势的变化，带来社会需求的极大改变，渐渐地传统的以才艺展示为主的高级妓女的生存空间越来越狭小，各种妓女的作用变得越来越趋同，即趋向以性交易为主。

有国外学者对20世纪20年代上海的妓女进行研究认为，当时作为中国古代才艺型高级妓女的地位已经受到了现代性的极大威胁。因为中国的高级妓女是一种文化传统和社会结构的产物，而这种文化传统和社会结构在现代性的冲击下已经慢慢瓦解了。这"归因于中国社会所经历的总的变化和休闲活动的日益商业化。"① 高级妓女从根本上讲是消费者的商品，是为社会提供漂亮的小妾、情妇的蓄水池，是一群特别容易受到社会巨变影响的女子。随着士大夫阶级的消失，中国的上流人士开始重新组合。"在上流人士的队伍中，那些在价值观的影响方面占主导地位的文人学士，被人数众多、种类繁杂但对古典文化并不怎么了解的商人所取代。尽管这些新来的嫖客对自己的形象颇为关心，但他们在"精神"方面的作用已不像前者那样重要。"② 这样一来，它去除了卖淫业中这层带有士大夫文化印记的外表上的粉饰，铺就了一条纯粹以商业赢利为目的的两性关系道路。就这样，现代化的进程破坏了高级妓女得以生存的条件，高级妓女也由那种被人称赞、受人尊重的为人们提供娱乐的对象，变成像在西方一样，还原为一种纯粹的商品交易对象。

不但是高级妓女，随着现代社会的发展，城市面貌的改变，经济活动的转变，以及人口的增长，导致了卖淫市场的相应变化，适应现代消费观念的变化，妓女——这种"美丽的商品"普遍"降级"和"同质化"。最终完全成为了赤裸裸的性商品的提供者。"金钱正是这种以赢利为目的的性生活的核心。"③

适应现代社会的需要，妓女形式变得日趋多样化，一些新式的休闲空间成为妓女完成性商品交易的所在，对性要求直接满足的需求使一个新的空间——旅馆开始在20世纪20年代后变得十分重要，并取代其他空间成为了高级妓女与顾客约会的地方。从此以后，这些高级妓女成了"高级的应召女郎。"她们的陪伴对于有钱付给她们的人来说，代表了一定的社会地位，但是她们已不再

---

① （法）安克强：《上海妓女——19~20世纪中国的卖淫与性》，第9页。
② （法）安克强：《上海妓女——19~20世纪中国的卖淫与性》，第395~396页。
③ （法）安克强：《上海妓女——19~20世纪中国的卖淫与性（导言）》。

与上流人士的各种休闲空间联系在一起。她们曾经参与的文化已不复存在。这个文化已随着旧政权的崩溃和传统的上流社会人士的消失而毁灭了。①

在20世纪，以获利为目的的性行为极度商业化的另一种表现是向导社的成立。它是对日益加剧的性的商品化以及它在机动性和速度方面提出的更加多样化的要求的适应，有学者对此种现象进行了研究：

最初，向导社的确是一种向旅游者推荐女导游的机构。第一家向导社开业于1922年至1923年间，但很快就歇业了。到20世纪30年代初，开设向导社的想法，又以一种不同的方式重新出现，即试图为来上海的游客提供女陪伴，就像女主人一样，将他们带到这座城市中他们感兴趣的地方去，同时迎合与旅行无关的其他需求。这是一种现代化的做法，也是这座商业都市的生活方式正在发生变化的表现。它最初需要的投资无非是一间房间，并简单地放上一张沙发，几把椅子，一部电话机，一个话务员，以及一打左右的姑娘。这些机构都设在市中心，或就设在它们自己的旅馆……鸨母的责任也因此被减少到了最低的限度。她所要做的只是从收入中提取50%的分成。顾客付给向导社每小时一元钱的租金，并直接向向导女支付其提供性服务的酬劳。

这种组织形式有助于松懈鸨母及其"女儿"之间有时十分紧密的关系。尽管它没有让这些女子获得自由的，但向导社制度不再拥有妓院一贯使用的旨在使妓女始终处于奴隶或准奴隶状态的监视手段。就这方面而论，出现了一种使妓女获得解放的变化，但是，这种解放是相对的，因为这些女子在经济上还没有独立，在某些情况下甚至还完全没有独立。但尽管如此，她们的生活环境已不再都是肮脏可恶的了，她们也不必再整天向鸨母卑躬屈膝了。在向导社卖淫的女子，有来自娼妓界的野鸡，有试图求得收支平衡大舞厅舞女，甚至也有良家妇女（包括学生、上班族和教师）。②

而女按摩师、女招待、舞女三种职业是现代性的表现，这三种力量曾是芝加哥休闲活动发展的基础，也是所有现代城市休闲活动发展的基础。这种现代性正在对经济和社会生活的各个领域产生影响。与这些职业有关的娱乐形式的增加，表现了民国时期中国的大都市在日常生活方面所经历的剧烈的社会变动。

综上所述，从性的商品化的角度来看，从古代到近现代的线索可以勾勒如

---

① （法）安克强：《上海妓女——19~20世纪中国的卖淫与性》，第38页。
② （法）安克强：《上海妓女——19~20世纪中国的卖淫与性》，第93~94页。

下（以妓女为主体）：

首先，妓女从古代以人身依附为主，受封建专制主义等级制度控制的官妓、营妓、家妓，到近代以来，人身政治控制的逐渐松弛，代之以商品经济的原则。把妓女作为"美丽的商品"，按顾客出价多少，待价而沽。对顾客而言，只要有大量金钱便可以买到商品的使用权。而能够与高级妓女在一起或出游、看戏、看电影等是显示了自己财富拥有的身价和社会地位。

其次，妓女从古代能歌善舞，甚至舞文弄墨——可能表达文人某种理想化形象，到近代以来越来越失去这些特征，以卖艺为生的高级妓女也逐渐减少，适应社会商品化的趋势。妓女越来越趋于赤裸裸的性交易和趋向于从高级妓女服务的文人小圈子走出来而服务于大众。

最后，适应现代社会发展需要，兴起许多新的娱乐场所，适应这种需求，以及规避政府管理的风险，许多女招待员，女引导员等应时而生，甚至还有舞女，他们都有正当的职业而并不完全以卖性为生，但她们靠出卖自己的肉体赚钱却是不争的事实。这反映了整个社会色情化的趋势，以及现代社会中性商品化的泛滥。

流传坊间的黄色书刊或许古已有之，但是以赢利为目的，大量发行于大众，形成一种市井庸俗文化却是由于近代以来人的身体、思想的解放和商品经济不断发展，解构了原来的社会结构之故。这种以满足民众感观刺激为主导的带色情意味的书刊适应了近代以来社会商品化发展趋势，是大众文化的表现形式，亦是性商品化的表现，是现代性的表征。

电台也不例外，为了赢利也迎合大众的需要，以展现"性"的一面来吸引听众。"中国的广播电台已经商业化了。它以宣扬货物为主要任务，而把原来的使命——传递重要新闻——成为附属品了。各电台为了替各商号作广告，不得不利用娱乐节目来吸引听众。所以他们所广播的节目都是迎合小市民所低级趣味的污秽俚俗的……节目。这种靡靡之音，对于市民的思想、行动都有妨碍。"①

这些所谓种类众多的"荒诞不经、鄙俚粗俗、诲淫诲盗"的作品，② 从某种意义上来讲，其实是通俗文化的一部分，是进入现代以后，现代性的表现之

---

① 赵玉明：《中国现代广播简史》，第25页，中国广播电视出版社1987年版。
② 1937年4月12日交通部公布施行：《民营广播电台违背＜指导播送节目办法＞之处分简则》，载《电信法令汇编》（上册），第三类，交通部电信总局1937年编印。

一,是商业文化的负面效果的表现,亦是无可避免的现代性的副产品。

与描写"性"有关的报刊是通俗文化中的很大一部分,"性"成为大众消费文化中的商品,满足了现代大众的一种需求。因为"通俗文化,亦即大众文化或平庸文化,则只追求被大多数欣赏者在当前所接受,她几乎完全是为了娱乐,它只受制于这样的信条,即生产者对什么才会导致轻松愉快的刺激的猜测。高雅文化要求其欣赏者想象的参与,要求一种在感受力光谱上深刻而机敏的反应。通俗文化则是无要求的,它只需要欣赏者最低限度的注意,以一种通常只限于喜欢或喜欢的表浅反映为满足。"①

图 2-19 《北洋画报》1934 年 10 月 18 日,林先生:今天你怎么一个球也打不着了?这幅漫画体现了现代娱乐中身体展示的色情意味。

有人认为:"(20 世纪 20~30 年代)受商业文化环境调教的上海人,对于含蓄高雅的传统文化形式兴趣日减,这种文化消费的选择驱使通俗文化的基本主题及其基本成份与功能,无不围绕着'色、食、财'等市民闲暇生活的娱乐文化与世俗生活而运行,从而赋予文化以浅白、通俗、赤裸、直截了当的特征,表现出一种斑驳杂乱,光怪陆离,轻松和谐,风趣夸张等与传统文化相悖的文化性格。"② 由此可见,与"色(即性)"有关的描述是通俗文化中重要方面,在文化成为商品的环境中,性描述也可以说变得商品化了。作为通俗文

---

① (美)R·威尔逊:《商业社会中的高雅文化和通俗文化》,载《国外社会科学》,1990 年第 8 期。
② 忻平:《从上海发现历史——现代化进程中的上海人及其社会生活(1927~1937)》,第 452 页,上海人民出版社 1996 年版。

化代表之一的小报也反映了在现代性影响下,特别是现代工作制度提供了休闲时间,性的商品化,其中消闲报自述宗旨,有其代表性:"今之西人,休息有期,则以七日一来复,而晨昏歇息之时,亦有定位,既歇息,则闲矣,既闲,则当有消闲之法矣。……要皆希奇可笑,艳冶娱情。盖(本报——引者注)名曰消闲,真可以遣愁、排闷、醒睡、除烦也。"① 作为依靠迎合大众需求来扩大销售量的商业性小报,对于大众的需求反应最为灵敏,其中对色情的大量描述作为报纸的一大卖点,也正体现了性的商品化。而小报的畅销也正说明了市民对此类需求的渴望和对性的商品化的认可。有人专门在报纸上谈了上海小报的发展过程,名为"海上小报谈",其中写道:"海上小报肇始于李伯元之游戏报,其所著南亭笔记,南亭四话各书至今尤为世人所推重。然游戏报所载,则除游戏文章外,亦不过妓女作起居注而已,则因游戏报之投人所好也,于是繁华笑林,相继出版,此为海上小报之最初时期……及晶报发刊,以注重社会新闻为号召而刺探材料,收集稿件,在在具能振作精神,使阅者之信仰力骤增,于是小报遂又渐为人所重……去年骆大荒之荒唐世界出版。其文字则舍社会新闻而注重于嫖赌吃看之门槛与黑幕。其格式则改直式为横式。蹊径别开,读者之目光为之一新,于是销量大增。竟破了小报界之记录。小报界之风气亦为之一变,继起纷纷,有五六十种之多,一时有横行之喻,此为小报界之革命时期……"②

虽然古代书籍中亦有性的描述,但把对性、色的描述作为商品性质的东西以赢利为目的进行大规模生产,是在现代性影响下才出现的。

在电影、戏曲和舞台表演中,受近代以来商品社会的影响,也发生了很大的变化。在这些靠取悦观众以赢利为目的的娱乐项目中,"性"成为他们重要卖点,这从他们所做的广告中一目了然。如电影《春潮》的广告词为:"性的生活,肉的享受,爱的至上,美的结晶。"③《申报》广告中有关歌舞、电影的广告充满"性"的诱惑,"性"成为他们吸引大众的重要商品。如一则名为"健美表演"的广告称:"今天 日场三时起,夜场九时起,专门表演 只演两次 福煦路南成都路口九星大戏院 轰动西欧与马格斯媲美之集团今天日夜假座 五十位健美少女的美底结晶 蒙脱卡罗舞团,一百条玉腿大运动 健

---

① 阿英:《晚清文艺报刊述略》,第66~67页,古典文艺出版社1958年版。
② 《申报》,1927年9月9日。
③ 忻平:《从上海发现历史——现代化进程中的上海人及其社会生活(1927~1937)》,第441页,上海人民出版社1996年版。

美表演今日最后一天,有意想不到之眼福(今天五时半无电影)美女如云,玉腿似林,抑扬的音乐　灵活的表演,使你魂飘,今天表演只有两次,日场三时起,夜场九点一刻,今天廿大节目……"① 还有"百老汇大戏院　海花艺术团　今天三时一刻　五时一刻　七时一刻　九时一刻　东区首次公映登台表演伟大　节目温香艳腻,肉感销魂艳舞　健康美　座价一律大洋三角　四角　五角　幼童半票,上下一律大洋二角。"②

《申报》中一则名为"卡尔登大戏院　百丽皇家歌舞团"的广告更是赤裸裸的把"性"作为重要卖点:(见图2-20)

图 2-20　《申报》1935 年 4 月 12 日刊登的百丽皇家歌舞团广告

这些令保守人士感到惊骇不已的"污秽不堪"的语言甚至图片,光明正大的出现在中国当时第一大报的广告中正是商品社会对人的观念的改变。

当然,这种现象使一些把休闲活动作为对民众实施社会教育的手段的人士大为忧虑,就拿电影来说,有人在报纸上写道:

假使要说电影也是社会教育之一种,则现今各地所上映的影片,很少是给人一点好的教育的。

---

① 《申报》,1934 年 11 月 20 日。
② 《申报》,1934 年 11 月 9 日。

国产片技巧不免幼稚,题材不免歪曲;即我们影界所奉为师承的外国片,又有几部是使人很有此裨益的呢?自然要举名字也有几个,但大多数则是奇怪与肉感占领了影坛。国产片所以要师承外国片者,因为他们更为大胆而已。"肉感"用在某种意义上,也许并不是坏的句子,可是一提到这两个字,我们就要觉得它与性感是相去几希的。

我们不能说看影戏的人都是登徒子之流,一看艳片就三月不知肉味,但我们也不能说这类片子不给人以影响。但现在的影业者,仍拼命摄这类影片,可见最近的将来是不会消灭的。即使抛开教育观点而论,"为艺术而艺术"这也不是好现象。①

尽管这种题材的影片不符合社会教育的规范,但是却适应了现代社会商品化趋势的要求,满足了广大小市民阶层的心理需求,是对传统社会把谈身体和性作为禁忌的突破。

有人认为,当时的上海已经不但把休闲而且把整个文化都商品化了,"……特别是华侨大资本把握了经营南京路百货公司的历史好时机,即在清末上海以华人社会财富积蓄和消费能力为基础的大众社会化进程中正式开始商品的销售。造一座大楼也好,设一处电梯,冷暖空调也好,那些都是百货公司的新文化,成为招徕顾客的手段。他们一边提供文化,一边销售商品。或者将文化商品化或者将游玩也商品化。"②

由以上分析可知,近代以来的中国随着资本主义商品经济的发展,各个领域都在受到前所未有的冲击,发生质的变化,休闲领域的身体也不例外,正在走向商品化,而这是中国社会由传统向现代过渡的表现。

---

① 罗儒:《谈肉感影片》,《北洋画报》1934年10月2日。
② (日)菊池敏夫:《战时上海的百货公司与商业文化》,《史林》2006年第2期。

第三章

身体评价标准的转变

一、划分身体等级标准的变迁

封建社会士农工商等级森严，不同的社会政治等级享有不同的权力，相互之间不可僭越，否则就是违制，会受到严惩。休闲方面亦是如此，不同的社会等级享有不同的休闲标准，如有违犯甚至被认为是"犯上作乱"，惹来杀身之祸。在这里，政治权力的大小是身体等级划分的唯一标准。

尽管封建统治者尽力维护封建等级秩序，但是商品经济的发展是不以人的意志为转移的，它在渐渐瓦解着封建礼制对社会的统治，有学者对这种封建礼制的规训与商品经济的发展之间的矛盾进行了分析：

礼制用以区别生活消费的标准，是以尊卑贵贱的政治身份为依据，强制不同身份者遵照礼制的规定过着不同的生活方式。庶民即使腰缠万贯也不能享用不该享用的生活消费品，有财有势的达官贵人也不例外，都要按照等级名分安排自己的衣食住行，不得恃富越分。这种制度反映中国封建社会是权力统治财产的社会，私人可以拥有财产的所有权，却不能随意购买消费品，政治权力凌驾于财产所有权以上，从分配领域直接干预各阶层的物质生活，由权力的分配决定器用消费的分配，超经济的强制渗透社会生活。但是封建社会又存在商品、土地自由买卖的财产私有制，人们可以自由积聚财富，当财产积累到一定程度，要求相应的消费和享受，是物质生活发展的必然趋势。商品经济的发展又无时无刻不在刺激人们的消费欲望，有权能享用的，有钱也能购买，财产虽然受制于权力，财产也可腐蚀权力，使高贵者的享用品沦为商品，包括公侯将相的衣冠。每当物欲泛滥，金钱横行之际，就要出现僭礼逾制的浪潮，这种现象一旦涌现，就意味着礼制失控，衣冠器用更新，所以商品经济的发展是与礼制相离异的力量。①

---

① 薛君度、刘志琴：《近代中国社会生活与观念变迁》，第125页，中国社会科学出版社2001年版。

身体评价标准的转变

尽管如上所述，在传统社会里，商品经济的发展，一定程度上分化瓦解了封建统治秩序，但是封建统治秩序大体还是能够维持的。进入近代以来，情况发生了根本性的改变，城市生活发生了很大变化。受西方文化和生产方式的影响，出现了许多新式职业，特别是进入民国以后，封建等级制度废除，社会分层依然存在，不过划分标准已有明显变化。个人从事的职业和是否受到良好的教育，特别是新式教育，以及收入状况成为阶级划分的重要考量。这一时期，随着新式商业性休闲的兴起和普及，金钱和品味成为身体休闲的重要标准。

以当时在中国受西方影响最显著的上海为例，上海在近现代史上因其特殊的地理位置和政治地图，它的城市发展和人口变迁的过程最能体现近代以来西方文化对中国城市发展和人口思想影响的过程（也即是接受现代性的过程）。

近代中国第一大城市上海是近代开埠后因商立市而崛起的城市。作为近代经济、文化中心和政治重镇，东西方文明在此交汇、碰撞，上海在近代城市的发展始终处于传统与现代，东方与西方，民族主义与殖民侵略等多重关系的冲突、对立、纠缠及转化的矛盾运动当中。这使得上海的城市发展和现代化进程具有了特殊的复杂性和多样性，一市三治、行政多元、法律多元、人口多元、文化多元、道德多元。在世界城市史上，尤其引人注目。①

总而言之，上海是民国时期西化最深的城市，是当时中国最具现代性的城市。上海形成的政治、经济、文化多元格局与租界的形成密切相关，这使租界成为中国观察和模仿西方现代性的窗口。

上海一市三治的现状（公共租界、法租界和华界），租界相对宽松的政治环境及其特殊的庇护作用又使得西方先进的市政管理模式及方法能引入租界并继而为华界地区仿效，使其很快进入了城市化的发展过程中。近代工商业、金融业、公用事业、房地产业以及教育事业等率先在此出现。此后上海经济的发展很快，取得了全国经济中心地位，这里不仅聚集了当时中国最大量的资本和工商业，而且还汇集了中国最精明能干的企业家，金融家和商人；不仅拥有国内最优秀的工程技术人员，管理人员和熟练员工而且还建立起国内最先进的企业制度。到了20世纪30年代中期，上海已是有380万人口，中外银行及其他金融机关200余家，进口贸易占全国半数以上，专科以上学校达30余所，中外报馆多至百余家，独步远东商港及世界五大都市之一。②

---

① 熊月之、周武：《海外上海学（序言）》第2页，上海古籍出版社2004年版。
② 《上海市年鉴》1937年（上），上海中华书局1937年版，（总）1。

经济的增长和社会的变迁使上海的社会结构发生了重大变化，"在解体的社会结构基础上，新的社会结构的重建，及至1927年已经基本完成。上海社会出现了由官僚、绅士、买办、民族资产阶级中地位、身份、收入显赫者所构成的上层和由商人、小企业家、小店主、职员、知识分子、自由职业者所构成的中层以及由工人、苦力等构成的下层之间的分化和重组。上海移民城市的特质以及由社会分工带来的职业分化直接造就了一个新兴的中产阶层。"①

上海开埠之初的舞厅基本上是为西洋人开设的，那些装饰豪华的大型舞厅是洋人休闲享乐的好去处，而中国人对这种"男女同舞，脸儿相偎，手儿相持，腿儿相挟，脚钟儿随乐声而旋转"②的景象尚难接受。最初，上海的营业性舞厅只是在周六、周日开放，举行所谓的"交际茶会"，一般不对外售票，也无舞女伴舞，参与者大都是洋人，华人入内需要经由洋人介绍方可参与，并且还得带上舞伴。如外白渡桥北堍的"礼查饭店"，大厅可以容纳500多人，是上海洋人最早开设的交谊舞场所，最初只对外侨开放。1897年11月4日，为了庆祝慈禧太后六十大寿，上海道蔡钧在当时的静安寺路的洋泾局行辕内举行"圣宴"时，安排了一场规模盛大的舞会，专门从香港请来40人的乐队，共发出请柬600余份，被邀请的外宾包括各国领事，水师提督及旅沪绅商士女。一般的中国官吏与百姓不可能入内，这是一场官办的大型舞会。一品香旅社，1922年开办，是华人自己办交际茶舞最早的地方，最初不向外公开售票，只对达官贵人这些"高等华人"开放，一般市民无从涉猎。这种现象的出现不能完全以民族主义与意识形态的眼光来看待，要考虑到上海当时的现实情况：开埠之初的上海，虽然受了许多西方文化的浸润，但她毕竟是中国的一个地方，以华人为主体的上海，传统文化的影响是根深蒂固的，对西方的休闲方式，特别是男女之间"肌肤之亲"的接触，更与中国传统的差别过大而不能一下子接受，所以即使洋人有意吸引中国人参加，中国人也未必有心参加。另外，刚开始兴办的一些专对外侨开放的舞厅在某种程度上更多是身在异国的外侨之间联络感情、进行社交的一个空间，如法国的夜总会，因而未必有特别强的商业性质。同样的道理，一些专为"高等华人"服务的舞厅，也是为达官贵人们之间的社交活动提供一种方式与空间。普通市民只为娱乐而进舞厅，没

---

① 连连：《1949年前的上海中产阶层》，周晓虹主编《中国中产阶层社会调查》，社会科学文献出版社2005年版。

② 陈伯熙：《上海风土杂记》，第61页，上海信托有限公司编辑部1932年。

有金钱和必要进这样的舞厅。

随着租界面积与影响的日益扩大，西方休闲方式的影响也日益深入人心，跳舞的人多起来，各式商业性舞厅也应运而生。

当然，根据当时的价值标准，不同的人会出入档次不同的舞厅。在上海的外国人和有钱有势的中国人不会到一些便宜的小舞厅去。"外国人和有钱的中国人经常出入那些头等舞厅和卡巴莱舞厅（有歌舞表演）像华懋公寓顶楼、国际饭店的天台、百乐门戏院和舞厅、大都会花园舞厅、圣安娜、仙乐斯、洛克塞、维娜斯咖啡馆、维也纳花园舞厅、小俱乐部等等"。①

这些高档舞厅内外装饰豪华、先进，直追西方发达国家大城市中豪华舞厅的气派。到这种舞厅消费本身就显示了客人的身份与地位，当然价格也是昂贵的，说是一掷千金也不为过。这些舞厅的宣传一般都强调自己如何华贵，如何独一无二等，如百乐门的广告称："百乐门大饭店　气概无比　东方独步　走遍上海城　谁如百乐门　游艺最好　音乐最优　地板最滑　装潢最美　八时晚餐舞　美尽江南春。"②

1933年建成的百乐门舞厅以拥有玻璃弹簧地板而独步春申。舞池宽大，内部设施全是欧美风格，冷暖设备俱全，不仅在中国而且在远东也享有盛名。仙乐斯舞厅建成于1936年，整个建筑优美富丽，进口处有喷水池，显得清新幽雅，厅内没有一扇窗，全靠机器调节气温，并配以柔和灯光，使人有别有洞天之感。丽都舞厅，设有瑰丽的饭店，又附设游泳池。大都会以花园舞厅著称，有古典式的舞池、露天的青苑舞场、曲折的花径，以及高尔夫球场等等。

当然，这些上等的舞厅的消费者都是有经济实力和地位的。这里名流云集，到这里跳舞是一种身份，一种荣誉，当时的明星周璇、白光、吴莺音等常常来百乐门跳舞，著名歌星黎明晖得过百乐门交谊舞比赛冠军。张学良每到上海，必定携赵四小姐到百乐门一游。1936年，电影喜剧大师卓别林到上海，仅停留一天，也慕名光顾百乐门。盛宣怀的孙子盛毓邮娶宜兴大户任家的长女任芷芳为妻，就包下了整个百乐门举行婚典。陈香梅和陈纳德的婚礼也是在百乐门举行的。

杜月笙虽然不会跳舞，也不时来到百乐门光顾，而此时，乐队会停止进行的演奏，立即高奏迎宾曲，他也会频频向宾客挥手致意。

---

① 李欧梵：《上海摩登——一种新都市文化在中国1930~1945》，第30页。
② 《申报》，1934年11月20日。

据1937年的统计，全市各类舞场已超过50家，当时舞风盛行，有人对此描述道：

最近二三年间，跳舞潮流又风起浪涌，盛极一时，跳舞场的开设虽不及电影院之多，然也有三十多家。到舞场去的朋友，不但是摩登少女，惨绿少年，而白发盈头，长袍马褂的老头儿也很多很多。最普通的代价，一块大洋可以跳三次，每次只费三角三分（更有开设的小场子为招徕起见，一块钱可以买六张舞券跳六回），就可和半裸的粉香扑鼻的，婀娜多姿的舞女搂抱接触了。喜欢跳舞的人，大家视为最便宜的娱乐消遣，但是一开香槟，吃些茶点，那就要耗去几块钱或几十块钱，更视为常事

……

舞场主顾，当然依靠本国舞友，而穿制服的外国水手也有光顾的。这跳舞的玩意，平情而论，如果逢场作戏，目中有舞，心中无欲的偶一为之，消遣消遣，原无不可；倘使入了迷魂阵，心旌神摇不能自主，沉醉舞场不能自拔，那就要身败名裂，堕落到万丈深渊，不可救药呢！①

从上面时人的叙述中可以看出，跳舞是上海人的普遍休闲方式，但也可以读出，此文的作者在上海至多算是一个中产阶级品味的人物，因为他喜欢和介绍的都是在相对便宜的舞厅。这些中小舞厅因为价格便宜，一元钱甚至可以得到五张舞票，甚至十张、十五张，成为中产阶级消费的对象。当然还可以看出，去舞厅跳舞消遣在当时人的眼中，一方面是时髦、摩登的新式休闲方式象征，另一方面又是易于名誉受损，甚至吃亏上当的场所。其实跳舞在西方是家常便饭，是非常普遍的娱乐方式和交往方式，应该没有什么道德的成份在里面，传到中国的情形反映了西方文明传入中国发生的扭曲与变形，以及对人心理、思想的复杂影响。

一般来说，出入高级豪华舞厅的是洋人和华人中上流社会人士。舞客们在那里常常一掷千金，而三流的小型舞厅则是以中产阶级为主要消费对象，"舞票的价格从最好的三张一元到低等的八、十、十五张一元。"② 茶资也就几毛钱。中产阶级因为追求西式休闲的欲求和品味使然，主要又由于经济原因来到小型舞厅，满足了自己追求西式休闲的欲望。小型舞厅讲的是经济实惠，舞厅

---

① 郁慕侠：《上海鳞爪》，第137～138页，上海书店出版社1998年重印本。
② 玛林尼·卡斯、帕特·帕特逊：《上海：亮光、暗光、银光》第27～29页，上海：Tridon 出版社，转引自李欧梵《上海摩登》，第31页。

身体评价标准的转变

装饰和舞女都没有上等舞厅那么奢华。据说,"一个典型的中国舞厅"是装修到每一个角落的,常常用不得体的风格碰撞的西式布置来赢得声名。而乐队是无一例外的菲律宾人,从八点到两点、三点或四点,不停的每一分钟打击一下;但其实他们是很无精打采的,"客人,基本是男的,但显然很不懂舞女,那些女子坐在离他们一臂远的地方,吵闹地嗑着西瓜籽,这些西瓜籽是送的,放在每一张台子上。而最有意思的是,那些舞女,苗条、漠不关心又自给自足的样子(如果是冬天,就抱着她们精致的暖水壶。)摆出一副全然等街车的姿势,似乎再多的舞票也不可能把她们拉向舞池。"①

据说,作家穆时英(《上海狐步舞》的作者(1912~1940))就是在"月宫"舞厅苦苦追求一个舞女,并最终把她娶到了手。许多具有中产阶级情调和品味的都市作家都把舞厅作为自己作品的描述背景,如穆时英、刘呐欧等。

在作家刘呐欧的眼中,舞厅中的情景是:"一切都在一种旋律的动摇中——男女的肢体,五彩的灯光和光亮的酒杯,红绿的液体以及纤细的指头,石榴色的嘴唇,发焰的眼光。中央一片光滑的地板反映着四周的桌椅和人们错杂的光景,使人觉得,好像入了魔宫一样,心神都在一种魔力的势力下。"② 这是否是都市作家观察到的现代都市中人们的欲望之魔呢?

有人说:"其实以顾客的人数计,上海舞厅绝对比咖啡馆受欢迎,当咖啡馆主要还是上等华人、外国人和作家艺术家光顾的场所时,舞厅却已经进入各个阶层,成了流行的固定想像,这可以在无数的报导、文章、卡通画、日报的照片(尤其是小报)和流行杂志上看出来。"③ 正因为如此,所以通过对进入舞厅休闲的不同人群的分析可以展现出自清末进入民国后,身体休闲划分等级标准的变迁与多元化。

不少有钱之家,特别是有买办背景的人,自己有私人拥有的休闲场所,极尽奢华之能事,使人想到过去王侯的生活,有今非昔比,世道变迁之感。

刘子敬是汉口阜昌洋行的买办,自任买办以来,他的私生活包括休闲消费豪华奢侈。为了结交洋人,他经常邀约各国领事馆、银行、洋行、教会中的负责人或高级职员到金口、沌口等处打猎,以联络感情,巩固自己的地位。他自己的住宅富丽豪华,宅内有球场、汽车间,设有门房、帐房,请有西餐厨师,

---

① 李欧梵:《上海摩登——一种新都市文化在中国1930~1945》,第31页。
② 刘呐欧:《都市风景线》,转引自《春花秋月何时了——盘点上海时尚》,第145页。
③ 李欧梵:《上海摩登——一种新都市文化在中国1930~1945》,第31~32页。

63

雇有养花（每年九、十月间在公馆举办一次菊花展览会招待亲友赏菊），养狗等专艺人员和男女佣人。其中，每年农历五月端午节前后，至八月中秋节前后，全家三分之二的雇佣人员，都要随同刘家主人前往庐山公馆避暑。①

这一类的买办、工厂主，凭借自己的财力建造各种高级西式休闲场所，进行各种新式休闲活动。一方面是为了满足自己的奢侈欲求。另一方面也是为了与洋人、官员、商人等应酬，疏通关系，从而为自己打通财路的需要，因此又与封建时代官宦之家的奢侈休闲有相当差异。另外，他们的休闲方式有迎合洋人需求的趋势，体现更多的功利性和时代特点。

到了民国时期，划分等级身份的标准多元化，新式职业的兴起，各阶层品味的不同，收入的差异都起一定作用。就拿民国时期蒸蒸日上的新式休闲——看电影来说，各阶层人士就有不同的需求。

从晚清到民国，电影放映在上海已然成形，电影消费已经成为一种时髦而有趣的消费方式。上海的报纸广告版面的变化，充分说明了这一点。从1920年代起，上海报纸的娱乐广告版逐渐从以往以戏剧和游艺为主，改变为以电影广告为新宠。当我们打开当时上海任何一家报纸的广告栏，就会发现电影广告占据着越来越大的版面。诚如时人所论，电影在上海很快引起了"极多数人的爱好与欣赏，所以电影商业随时俱进，迄今不特与中国旧剧分庭抗礼，并且有驾而过之的趋势。"② 据不完全统计，上海在清末有3家电影院，2250个座位；1926年以前又新增14家电影院，11600个座位。③

"看外国电影成为时髦的象征，从外国电影中除了可以得到娱乐的享受之外，还有一种接近现代文化的快感。摹仿电影人物的行为举止，穿着打扮，跟朋友谈论时髦，是快感的主要来源。"在不知不觉中，观众从电影上学到了现代生活经验，早就有学者研究认为："人们在被动、放松以及漫不经心当中，从电影获取了某种生活经验（库贝与契克森米哈顿《电视与生活品质：观看是如何形塑每天的经验》，Television and the Quality of life：How viewing shapes

---

① 董明藏：《汉口大买办刘子敬的兴衰》，载《武汉文史资料》1985年第4辑。
② 程季华：《上海电影院的发展》，载《上海研究资料续集》第532页。
③ 《影戏院总表》，程树仁编，《中华影业年鉴》，中华影业年鉴社1927年版，第33章，第1~37页；另据载，当时上海的电影院已有23家。参见王瑞勇《上海影院变迁录》，《上海电影史料》，第5辑，第82~88页。两者合计有17家电影院约近14000个座位。如果按每家电影院每天放映三场，每天平均上座率50%计算，上海的电影院每天约有2万名观众，则每年的观众数量约可达到700万人。这样的观众数，已经可以和当时世界其他大城市相较而无落伍之处。

Everyday Experience Hillsdale，NJ：Lawrene Erlbaum. 175）"。①

到首轮影院看好莱坞电影，是一个时间性的问题：这已经不只是对娱乐的需求，更大意义上成为一种身份的象征。从电影院的区位分布及放映轮次三级制，可以看出接近流行的速度的快慢和地点的好坏直接受到金钱多少的影响。②

就电影的物质层面而言，电影在上海开拓了一个广大的市场空间，创造了一个完全新兴的产业，在生产消费两方面，都逐渐发展成为上海经济重要的有机组成部分，为上海经济带来了独有的活力。电影还刺激了相关周边领域的消费与生产，如电影报刊的出版发行、电影院建筑、电影与时尚等等。上海的电影消费刺激并促进了电影生产，而电影生产又进一步培育了电影消费，两者之间的良性互动，创造了以东方好莱坞闻名于世的上海电影产业。就电影的精神层面而言，电影在上海创造了一种新的文化环境，并发展成为城市生活的一种新习惯，形成了一种新氛围，并成为上海城市文化的一个有机组成部分。例如在外商、洋行做事的职员以及不少家庭经济条件较好的学生，往往以看美国影片作为一种与众不同的生活方式的表现，作为赶时髦的谈资；而放映美国影片的电影院也较为讲究，如规定职员必须穿着整齐，容貌整洁，忠于职守，会用英语，甚至于不能吃带味的东西，不能喝酒等等；这就为上海市民个人交往与人际关系创造了新的公共空间，形成了新的生活习惯，由过去的茶馆文化转变为看电影文化。

电影再现生活的能力，更由于电影的都市性（放映集中于城镇）、大众性（观众之多远时于其他艺术形式）、集合性（共聚一堂的观众易产生群体意识），故而电影可以产生强大的辐射作用与示范效应。

选择怎样的休闲方式显示了身体的价值观，对现代休闲方式（例如看电影）的选择展现了身体对现代性的认同，因为休闲"是从文化环境和物质环境的外在压力中解脱出来的一种相对自由的生活，它使个体能够以自己喜欢的本能地感到有价值的方式，在内心之爱的驱动下行动，并为信仰提供一个基础。"③

担任洋行、公司职员等受新式教育的新兴中产阶级人员，其教育背景、职

---

① （美）理查·桑内特：《肉体与石头：西方文明中的人类身体与城市》，第21页，（台）麦田出版社2003年版。

② 姜玢：《凝视现代性：三四十年代上海电影文化与好莱坞因素》，《史林》2002年第3期。

③ （美）杰弗瑞·戈比：《你生命中的休闲》，云南人民出版社2000年版。

业关系等在观赏电影时,出入豪华影院,专看美国好莱坞大片,欲展示的是自己的身份和品味,当然其不菲的收入是其能够进行此类休闲的基础。

不但是上海,其他大城市也是一样,出入什么档次的休闲场所,展现了自己的身价和品味,就拿当时的北平来说,尽管在现代休闲娱乐的方面逊于上海,但也已经很有现代气息。对于北平市民休闲的层次差异,有人进行了描述:

从文化的角度注视1933年的北平,也与"民国十年"时有了明显的变化。电影院已经成为"洋派"年轻人的向往之所,头轮影院有平安、光陆等两三家,二、三流影院有真光、中央等四五家。看电影在当时是时髦事,同时也不是件便宜事,美国片在头轮影院上映,票价由七、八角直至一元。舞场作为一种高层华人的娱乐场所,也在北京饭店、六国饭店及东交民巷等处开设了。①

当时一些作家适应时代需要而写的通俗小说也很受欢迎,这种商品化的通俗文化对市民休闲影响的扩大,也是身体现代转变的一个表现。有人写道:

1933年的京剧界及京剧观众,所能接触和感受到的,则是底一层的通俗文化,张恨水、陈慎言反映市井生活的小说对他们是有影响的,甚至一些谈侠论怪的小说也受到欢迎,否则尚小云在三十年代中期就不会排演《青城十九侠》及《虎乳飞仙传》了。②

因为职业和品味的关系,民国时期的上海,崇尚西方文化的年轻都市作家们成为咖啡馆的常客。有学者认为:"咖啡馆在30年代的上海,被证明为同样流行。像电影院一样,它成了最受欢迎的一个休闲场所——当然,它是西式的,一个男男女女体验现代生活方式的必要空间,特别是对作家和艺术家来说。"③ 法租界里一个咖啡馆的常客这样说,在霞飞路上,"没有摩天大楼,没有什么特别的大建筑",但"醉人的爵士乐夜夜从道路两侧的咖啡馆和酒吧里传出来,告诉你里面有女人和美酒,可以把你从一天的劳累里解放出来。"④

这些崇尚西方文学艺术的上海作家和艺术家把咖啡馆当成了他们和朋友之间聚会的场所。这正符合他们的身份和职业特点及品味、情调。作家张若谷写道:"除了坐写字间,到书店渔猎之外,空闲的时期,差不多都在霞飞路一带的咖啡馆中消磨过去。我们只爱同几个知己的朋友,黄昏时分坐在咖啡馆里谈

---

① 徐城北:《梅兰芳与二十世纪》,第27页,北京三联书店1990年版。
② 徐城北:《梅兰芳与二十世纪》,第28页,北京三联书店1990年版。
③ 李欧梵:《上海摩登——一种新都市文化在中国1930～1935》,第23页。
④ 中国图书编译馆编:《上海春秋》第88页,(香港)南天书业公司,1968年,第2卷。

话，这种享乐似乎要比绞尽脑汁作纸上谈话来得省力而且自由。而且谈话时的乐趣，只能在私契朋友聚晤获得，这决不能普度众生，尤其是像在咖啡馆谈话的这一件事。大家一到黄昏，就会不约而同地踏进几家我们坐惯的咖啡店，一壁喝着浓厚香淳的咖啡以助兴，一壁低声轻语诉谈衷曲。——这种逍遥自然的消遣法，'外人不足道也'。"①

在张若谷眼中，咖啡馆不但是"现代城市生活的点缀"和"一个很好的约会地点"，而且是现代性的重要标志。在他看来，自己崇敬的一些作家像莫莱亚·戈蒂耶、侣德·雷彦，他们都是顽固的咖啡瘾者。② 在这些年轻作家心里，崇拜对象已不再是中国的古圣先贤，而是西方的这些作家，乃至提到他们的嗜好加以模仿都感到荣幸，这些都是现代性影响的结果。

张若谷在文章《俄商复兴馆》中提到：三个打扮入时的年轻男人，就像"都会三剑客"那样，开一辆车，带着一个时髦的女子，现代女子，她看上去就像吉士香烟广告上的美人，一个南方姑娘，有一双又黑又大的眼睛，长睫毛，纤手指。其中一个男人就咖啡馆发表看法：

坐咖啡馆里的确是都会摩登生活的一种象征，单就我们的上海而言，有几位作家们，不是常提倡"咖啡座谈"的生活吗？大家一到黄昏，便不约而同踏进他们走惯的几家咖啡馆。这里的"俄商复兴馆"和那边的"小沙利文"，是他们足迹常到的所在，他们一壁慢吞吞的呷着浓厚香淳亚拉伯人发明的刺激液质；一壁倾泻出各人心坎里积蓄着的甜蜜，彼此交换快乐的印象，有时在红灯绿酒下，对面坐了一个十七八岁的少女，向他们细细追诉伊的以往的浪漫事迹，轻听一句两句从钢琴和提琴上发出来的旋律……③

而进咖啡馆消费的时间也体现了这批人的经济特点："下午茶时间的选择经常是出于经济的考虑，因为两手空空的作家和艺术家常去的几家咖啡馆都在饭店里，那里在下午时卖的咖啡、菜和点心都比较便宜。"④

而一般工人要想享受一下现代休闲的乐趣，也就只能到大世界游艺场这样的价格便宜而又包罗万象的地方。

由此可见，进入各种休闲场所的身体是以身价与品味来划分的。比如进入

---

① 张若谷：《咖啡座谈·序》，第6页，上海真善美书店1929年版。
② 张若谷：《现代都会生活象征》，《咖啡座谈》，第8页。
③ 张若谷：《俄商复兴馆》，《战争·饮食·男女》，第143、146页，上海良友出版公司1933年版。
④ 李欧梵：《上海摩登——一种新都市文化在中国1930~1945》，第25页。

大世界的大部分是普通小市民及部分商人；出入高档舞厅的只能是达官贵人和大企业家、大商人等有钱有势者，笔者所见《申报》广告中高档舞厅或其他综合高档休闲场所也均是以所谓的高尚人士为目标顾客的；中产阶级人士只能光顾中低档舞厅或豪华影院以显示自己的身份。而一般的下层阶级的人只能是到价格便宜，但环境较差的低档（三流）影院甚至是露天电影场一饱眼福了。

正如李欧梵先生所言："在一般中国人的日常想象中，上海和'现代'很自然就是一回事"；"城市文化本身就是生产和消费过程的产物。在上海，这个过程同时还包括社会经济制度，以及因新的公共构造所产生的文化活动和表达方式的扩展，还有城市文化生产和消费空间的增长。"① 因此上海尽管存在这样严重的差别，可是相对于其他地方的民众来讲还是先进一些的。例如当时的首都南京的下层民众就相对差许多，对于他们来说，进舞厅跳舞，或到电影院看电影几乎也是一种奢望。下面是在1928年国民政府首都南京的报刊的报道，展示了下层民众由于贫穷而无法享受现代社会商业性娱乐的情形：

……我们可以请求当局多开办些平民娱乐场所，取费低廉，可以供给一般平民的消遣。据经济学家马尔塞斯人口论上讲，人口的增加劳动阶级里的人居多，因为在劳动的民众，每天自朝到晚的工作，到晚来才有休息。他们每天能挣多少钱；要进什么茶馆里听戏；化三角钱当然不合算。既没有相当的娱乐场所给他们消遣，他们唯一的泄欲，就是两性间的娱乐，结果是增加人口。我们试看，劳动的家庭，多是儿孙绕膝，富贵人家，连子女都没有，这就是一个明证。现在首都调查户口，已经告一段落。这种办法于人口问题亦是很有关系，可以明了生产和消费的实在情形。然而根本的限制人口，还是要多添设民众娱乐场所，这是刻不容缓的。我们要求社会的安宁，要希望物价的稳定，谋大众生活的舒服，我们应该是大众起来提倡提倡，督促当局来实践我们的请求。我想现在的大人先生们终可以容纳我们主张的吧。②

这段话中不但展示了穷人与富人因为经济状况的不同而享有不同娱乐的状况，而且隐含了阶级矛盾和社会矛盾的尖锐，作者（显然是知识分子）对社会稳定的忧虑跃然纸上。

---

① 李欧梵：《上海摩登——一种新都市文化在中国（1930~1945）》，第4页、第7页。
② 《人口增加与民众娱乐场所》，《民众周报》第53期，第1版，1928年11月13日出版。

二、身体美丽标准的变迁

马克思和恩格斯曾经指出:"随着每一次社会制度的巨大历史变革,人们的观点和观念也会发生变革。"① 在社会生活中,外部条件发生变化以后,人们的风俗习惯与人们的思维、人们的世界观等等一道,也都要相应地发生变化。②

社会心理学家认为,流行是一种大众性的社会心理现象,是指社会上许多人在一段不长的时间中都去追求某种生活方式,从而导致了人们彼此间发生连锁性的感染。它既体现在人们物质生活(衣食住行)方面,也体现在人们的精神生活(文化娱乐)方面,总是折射出一个时代的风尚与社会面貌。时髦(摩登)则是流行的一种表现,它包含了对某些被认为是有待改进的行为规范与价值观的叛逆,也体现了偏离传统行为而倾向于当前新颖入时的生活方式。③

有人说:"人类在其发展的过程中,始终伴随着性和美的意义的演变。在任何时候,身体性感和美感的内容及其表现形式,都伴随着社会文化的变迁而发生变化。不同的历史发展阶段,人类有不同的身体性感和美感,也就有不同的文化内容和形式。"④ 不同的社会里,对美丑、健康的概念定义是不一样的。儒家身体观视肉体为"小体",精神为"大体",传统身体是儒家伦理观的载体,但中国进入近代后,对身体美的评价标准承载了许多西方价值观。

从清朝末年开始,在欧风美雨的浸润下,在中国,特别是一些沿海大城市中市民的价值观念已经渐渐远离传统而倾向于西方式审美标准。谁接受西方习俗,谁就是文明维新。着西装成为认同西方文明的表现,被时人热烈追捧,有人甚至把他上升到振兴民族国家的高度,说:"西装之精神在于发奋踔励,雄武刚健,有独立之气象,无奴隶之根性,穿了它可振工艺,可善外交,可以强兵强种云云。"⑤ 可见崇洋在当时已成为一种思潮。到了民国时期,民主制度的确立,官方意识形态方面对西式生活方式的提倡,更加激励了人们对信奉天

---

① 马克思和恩格斯:"新莱茵报·政治经济评论"第 2 期上发表的书评,见《马克思恩格斯全集》第 7 卷。
② 严昌洪:《西俗东渐记——中国近代社会风俗的演变》,第 38 页,湖南出版社 1991 年版。
③ 时蓉华:《现代社会心理学》,第 426 页,华东师范大学出版社 1991 年版。
④ 高宣扬:《流行文化社会学》,第 298 页。
⑤ 《剪辫易服说》,《湖北学生界》第 3 期,1903 年 3 月 29 日。

赋人权、自由平等理念的西方民主社会的向往，认为由这种理想建立的西方生活方式代表人类前进的方向。再以服饰而言，在中国传统社会中，服饰的穿着是有严格等级制度的，是要与自己身份相符合的，如果穿戴了与自己身份不符的服饰，是要获罪的，如果非皇室的人非经特许而穿戴了黄色衣服甚至会有掉头的危险。到了民国初年，这种局面已经被打破，服饰更大程度上变为了个人情趣的表现，给人更多自由选择的空间，那种着装古板单调、等级森严的局面，被生动活泼，千变万化的景象所取代。人们在选择衣式发型时，不再重视体现身份贵贱，唯以美观新奇作为取舍标准。（见图3-1）

图3-1　民初新式高领女装

当时报刊记述了这样的景象："中国人外国装，外国人中国装。""男子装饰像女，女子装饰像男。""妓女效女学生，女学生似妓女"①"西装东装，汉装满装，应有尽有，庞杂至不可名状。"②"洋洋洒洒，光怪陆离，如入五都之市，令人目不暇给。"③ 一篇名为《粤女学生之怪装》的文章说，服装"日变古怪"，"其始不过私娼荡妇所为，继则女学生纷纷效仿。"④ 有的说："妇女

---

① 《自由谈》，《大公报》1912年3月20日。
② 《闲评二》，《申报》1912年9月8日。
③ 《自由谈》，《申报》1912年9月14日。
④ 《大公报》1913年6月15日。

衣服，好时髦者，每追踪上海样式，亦不问其样式大半出于妓女之新花色也。男子衣服，或有模效北京官僚自称阔者，或有步尘俳优，务时髦者。"① 这些看似没有章法的"乱穿衣"的行为和表现，实际上却是隐含了重大的社会意义：人们如何打扮自己的身体，如何审美已经没有那么多清规戒律，更大程度上是个人行为了，这喻示着传统社会的崩溃，也是现代社会开始的表现。

民国建立后，随着政治、经济的剧烈变化，社会的方方面面都掀起向西方学习的热潮。"在民国初年，在资产阶级民主政治的吹拂下，在发展社会商品经济大潮的激励下，模仿西方，成了一股新潮，甚至成了革命不革命、进步不进步、保守不保守的一个重要标志。……特别在一些繁华的都市或东南沿海，人们在衣食住行方面争相效仿西方。一时间，"洋化"是一种时髦、是一种生活追求，也是社会上审美观和价值观的主要取向。"②

再以女子服装及其他身体形象而言，一方面如上所述，出现审美的自由和多元化，另一方面更为明显的是，审美的"洋化"。当时的报纸评论道："世间惟妇女服饰。为最富于慕仿性。所谓'时髦'、'流行'（所谓 Lastest Fashion）皆不过竞相摹仿之结果。上海天津各地每出新装。争相摹拟。其最时髦而尤漂亮者。则且步武欧美，如以墨画眉睫。及剪法束腰之类皆是。"③

20世纪20、30年代以前，上海女性的服饰新潮流概由四马路的青楼女子为引导，20年代末，红锡包香烟广告上的摩登女郎，上身是大袖短袄，外罩齐肩马甲，下着葱白色底淡黄花长裙，下摆是排穗，亦中亦西。30年代，电影兴起后，美国好莱坞和英法的电影大量运来上海，一年放映的西片近400部，一天一部还不止，上海闺阁名媛的时装就大都向女明星、交际花看齐了。④

薄、透、露的着衣风格深为沪上的时髦女郎所接纳。画中女子着浅色的"透视装"，吊带内衣难掩一抹酥胸，可谓春光无限。这种服饰穿戴大异于讲究藏形的中国传统服饰特点，显示了当时审美标准的变化。（见图3-2）

---

① 胡朴安：《中华全国风俗志》，下篇，卷3，"江苏"，中州古籍出版社1990年版。
② 李喜所：《民国初年生活观念和习俗的变迁》，薛君度、刘志琴：《近代中国社会生活与观念变迁》，第153~154页。
③ 《妇女服饰之摹仿性》，《北洋画报》1928年1月21日。
④ 刘业雄：《春花秋月何时了——盘点上海时尚》，第262页。

身体的现代转型

图3-2 英商老晋隆有限公司广告衣着时髦的美女(1930年代)

当时青年人流行留德国威廉二世皇帝的"威廉式"小胡子。有一首《竹枝词》中写道:"今朝须亦有稀奇,剪去唇边信适宜。还有卷成锥样锐,尚有满面似钟馗。"① 而更有甚者,一些人为自己无法生的"金发碧眼"而痛苦,"洋帽洋衣洋式鞋,短胡两撇口边开,平生第一伤心事,碧眼生成学不来"。② 可见当时崇洋心态之一斑。

崇洋行为在很大程度上加速了中国生活方式的现代化,促进了中西文化的交流。有人认为:"20世纪初的崇洋虽然不是民族自尊的意识,但是生活方式上的洋化倾向,又导向生活方式的国际化,这有利于突破中外生活方式的差异所形成的壁垒,也有利于文化的交流和创新。"③

《时报》的一则顺口溜为《新国民小传》,其中云:"有一位新国民,戴一顶自由帽,穿一套文明装,着一双进步鞋,走过了交通路,来到了模范街,踏

---

① 转见严昌洪《中国近代社会风俗史》,第92页,浙江人民出版社1992年版。
② 《公余日录》,卷10,转引自《中国传统文化的再评估》。
③ 薛君度、刘志琴:《近代中国社会生活与观念变迁》,第128页。

身体评价标准的转变

进了公益会,说几句义务话"。① 而在时尚人的眼里,人生之大事如婚礼者也要用西式的才是美好的,"梳一东洋头,披件西洋衣,穿双西式履,凡凤冠霞帔锦衣绣裙红鞋绿袜一概不用"②。

传统社会里认为西洋人的生活是"饮毛茹血"的"蛮貊之俗"的鄙夷态度完全改变了,在现实面前,人们已经慢慢理解、认同并开始欣赏他们的生活方式。就是西洋裸体艺术,李圭在百多年前就有比较正确的认识:"(油画)所绘士女,又以著衣冠者易,赤体者难。盖赤体则皮肉筋骨,肥瘦隐显,在在皆须着意,无丝毫藏拙处。雕刻石像,铸造铜像亦然。此为绘画镂刻家精进功夫,非故作裸体以示不雅观也。"③ 笔者在20世纪20、30年代天津出版的《北洋画报》上见到大量介绍西洋裸体人体艺术的照片,如果没有当时人们价值观的转变,以迎合民众欣赏口味而立足的报纸是不会有如此做法的。

缠放足的变化更是展现了传统与现代社会审美标准的变迁。

(封建社会)当时人们的审美观受"阳刚阴柔"观念的影响,讲求"女以弱为美",要求女子走路步态轻盈,身体袅袅婷婷,显出一种柔弱的样子。生活在社会底层的娼妓和宫女,为了迎合封建统治阶级荒淫生活的需要,首先把足缠起,翩翩起舞,以博一笑。如果说她们是缠足的带头人,那么那些用诗歌辞赋对此大加讴歌的风流文人则是缠足的鼓吹者。古诗词中写道:"明眸剪出玉为肌,凤鞋弓小金莲衬"④;"金莲蹴损牡丹芽,玉簪抓住荼蘼架"⑤;"华风纤小束双缠,好舞争夸贴地莲"。⑥ 这些吟咏赞叹表现出一种封建士大夫的审美情趣。清初诗人李立翁更把缠足作为美人的标准之一。一些人爱屋及乌,由喜欢小脚发展到鉴赏弓鞋,竟有在宴席上以妓女弓鞋行酒令的行为。在传统的中国社会,"经过相当长时间的延续和一代又一代人的反复强化,缠足成为了一种社会上普遍的审美取向,同时也内化到了妇女自身的审美观念之中。"⑦

进入近代以后,随着资本主义经济的发展,受"西俗东渐"风潮的影响,

---

① 李喜所:《民国初年生活观念和习俗的变迁》,薛君度、刘志琴:《近代中国社会生活与观念变迁》,第152页。

② 《自由女子之新婚谈》,《申报》1912年9月19日。

③ 李圭:《环游地球新录》,转引自严昌洪:《西俗东渐记——中国近代社会风俗的演变》,第77页。

④ (宋)卢炳:《踏莎行》。

⑤ (元)王实甫:《西厢记》。

⑥ (清)九钟山人:《清宫词》。

⑦ 侯杰:《<大公报>与近代中国社会》,第157页,南开大学出版社2006年版。

73

原先中国人对缠足的自我欣赏意识也在外界的刺激下开始破灭。许多中国人不仅开始意识到缠足是一种陋习，还从民族振兴的高度认为，"放的是文明，缠的是野蛮"，便"冀民风之一变，社会之一改良"。此外，清末民初政府和社会对不缠足的提倡，对缠足的限制，也引导了社会风气的转变，迫使一些女子放足或不给女孩缠足。特别是当时接受了西方男女平等、妇女解放等观念的先进中国女性，已经开始自我觉醒，在她们眼里，缠足再也没有什么美感，而只是"封建遗毒"，号召"放足湔除千载毒，热心唤起百花魂"① 只有放足首先实现身体上的男女平等，才能展现女性之美，从而真正有资格实现男女平等，认为放足以后，"（行路）艰难从不皱眉头，身体运动多强壮，不似从前姣又柔，诸般事业皆可做，出外无须把男子求。求得学问堪自食，手工工艺尽堪谋，教习学堂堪自养，经商执业不难筹。自活成时堪自立，女儿资格自然优。"② 从"阴柔之美"的缠足闺阁妇女行走困难，出门必然藏身车轿到放足后，"洋气"的女学生的身体之美也得到了当时社会的认可，在北京，"或坐洋车或步行，不施脂粉最文明。衣裳朴素容幽静，程度绝高女学生。"③ 在苏州，"绸伞高擎，足踏革履之女界学生华丽煞"。④ 这是从传统社会到现代社会转变在审美观上的体现。

　　城市中受到新式教育的阶层审美观念的确在逐渐发生变化。1915年成都的《娱闲录》上发表《美人今昔观》一文说："昔之美人双翘以纤为贵，今之美人双趺以硕为佳"。该文又说："昔之美人学绣，今之美人读书；昔之美人含豆蔻，今之美人吸雪茄；昔之美人三从四德，今之美人平等自由"。⑤ 到30年代，有人注意到，在大城市里，"时代的'美'的观念，已由病弱转换的到健康，由拘束转换到了解放，由小脚转换到了天足"。⑥

　　总的来讲，对于形体美，中国历代对女子美的标准和要求因社会与文化的变迁、时尚的变化而不同。"汉唐时代，人们崇尚健美，所以那时的美女往往都是宽额肥体，肩圆胸阔，显得雍容华贵。到宋代以后，人们对美女的要求渐渐倾向文弱清秀：削肩、平胸、柳腰、纤足。中国传统美女的标准是：饱满的瓜子脸，眉毛细长如弯弯的新月，四肢和手指纤巧，皮肤细腻，白里泛红。"⑦

---

① 秋瑾：《有怀》，参见《秋瑾集》，中华书局1960年版。
② 秋瑾：《精卫石》。
③ （清）兰陵忧患生：《京华百二竹枝词》，北京益森公司1910年版。
④ 《苏州之七煞》，《时报》1912年8月20日。
⑤ 《娱闲录·杂录》第15期（1915年4月），第71页。
⑥ 杨兴梅：《小脚美丑与男权女权》，《读书》1999年第10期。
⑦ 穆木、李辉：《美女攻略》第32页，东方出版社2004年版。

特别是中国特有的相传千年的"妇女裹足",为许多人大加赞赏,认为是妇女美的一个重要特征。在近代以前的传统社会,乃至近代以后的一段时间里被好多人所信奉。

如上所述,在传统的中国社会,与封建的纲常礼教相适应,女性成为男性的依附者,"以弱为美"。如班昭所言:"阳以钢为德,阴以柔为用,男以强为贵,女以弱为美"。① 进入近代以后,随着西力东渐的深入,西方强势的军事、政治势力也带来了代表现代性的文化。国人在西方文化的不断渗透下,西式审美标准在不断影响着国人的头脑(思想)。尽管近代以来时尚多变,西式文明的介入,成为时尚的一个标志和不可或缺的特点。

月份牌是最能反映当时人们的审美需求的,画面上的女子丰满的胸部和浓艳的妆容,折射出沪上摩登女郎对好莱坞明星风采的向往。(见图3-3)

图 3-3　月份牌上以洋为美的摩登女子(1930 年代)

中国传统社会对妇女有严格的道德律条的约束,"三从四德"、"三纲五常"是其代表。对妇女的日常举止也有具体规定:"行莫回头;语莫掀唇;坐莫动膝;立莫摇裙;喜莫大笑;怒莫高声。"② 进入近代,尤其是民国以来,

---

① 班昭:《女诫·敬慎第五》,转引自(荷)高罗佩著《中国古代房内考》,第139页,上海人民出版社1990年版。
② 陈平原:《中国妇女生活史》,第115页,商务印书馆1937年版。

从月份牌美女造型来看,摩登女郎们不但脚蹬高跟皮鞋,容光焕发,充满活力,而且旗袍开叉也从小腿部上移到露出半截大腿,紧身短袖也干脆省去,露出整个手臂。① 新潮的嗜好还有:吸烟、饮洋酒等等。② 都市美女形象有了一个颠覆性的改变(见图3-4)。究其原因,一则是由于民国建立后,封建伦理纲常失去了政府的支持,失去了往日的权威;二则由于新文化运动的巨大影响,人们的思想更加解放了。身体终于甩掉了诸多的枷锁,变得轻松自如了。

图3-4　哈德门香烟广告美女(1920年代)

　　这种"放肆"的坐姿是20年代以前的名媛淑女所难以想像的。

　　民国时期,电影明星最为大家瞩目,在很大程度上,电影明星的举止取向就代表了公共的趣味趋向。在20、30年代,能歌善舞、活泼运动的银幕形象越来越受到欢迎,反映了观众需求的变化和时代的变迁。黎莉莉在回忆她在30年代作为"联华公司"演员生活时说:"像我们这种合同演员,想要多演戏,除了歌舞之外,还得学点其他的本事。所以,游泳呀,骑马呀,赛跑呀,

---

① 吴昊等:《都会摩登——月份牌1910~1930年》,海报第31(耕野,1938年),香港三联书店1994年版。
② 吴昊等:《都会摩登——月份牌1910~1930年》,海报第46(稚英,1930年代中期)。

自己都得学，会的多了，才有条件演更多的戏。"①

20世纪20、30年代，游泳是摩登女性追求时尚的表现。20世纪20年代，游泳曾是月份牌上展示的时尚娱乐之一。② 女子泳装照"呈现出一种新形态的女子美的典范。"③ 在民国历次运动会上夺魁的游泳健将杨秀琼女士，被人称为"美人鱼"。她的身体形象频频在报纸上出现，与影视明星一样成为公众爱戴和追捧的人物。她还曾经受到国民政府主席林森的接见（见图3-5），又曾几次作为新生活运动的代表赴南昌表演。有报纸写道："……美人鱼杨女士会玩水，江西的新生活聚乐部就肯出一千元的旅费请她去表演。"④

图3-5 《北洋画报》1934年8月21日，国府主席林森与杨秀琼家属合影。

对于民国时期的城市时尚女性来说，由运动所展示的身体健康成为一种美的象征。"跳舞、网球、游泳、游园这些运动本身被赋有美的意义，运动的结果并不是女性所看重的，她们看重的是：运动本身就是女性的一种行为美，一种事实上的消费过程。"⑤

---

① 陆弘石：《中国电影史（1905～1949）》，第212页。
② 罗苏文：《沪滨闲影》，第298页，上海辞书出版社2004年版。
③ 李孝悌：《恋恋红尘：中国的城市、欲望和生活》，第322页，上海人民出版社2007年版。
④ 《女子的职业》，《北洋画报》1934年7月5日。
⑤ 王儒年：《欲望的想像——1920～1930年代＜申报＞广告的文化史研究》，第244页，上海人民出版社2007年版。

男性亦是如此。在传统文化中,"文弱书生"给人以高雅美的形象,而身体壮健却往往被人看成是"四肢发达,头脑简单"的负面形象。可是到了民国时期,社会的审美观确实变了。有人对此种现象进行了分析:"……不管是全国运动会或是远东运动会中男排、男足、田径、标杆、游泳比赛的照片,都在文弱书生的典型外,提供新的男性认同的楷模。……也在这些暴露而充满活力的照片中,我们看到真正与传统断绝的身体观和感知经验。"[①]

笔者查阅这一时期天津的《北洋画报》时,看到多名体育界女运动员的照片也与电影明星、名闺的照片一样被大幅刊登出来,成为娱乐明星(见图3-6),说明体育明星已经逐渐成为市民追捧的对象,这是身体观念变迁的表现,人们由对女性柔弱美的推崇慢慢转为对运动健康型身体的崇拜。体育运动员成为大受民众欢迎的娱乐明星,这是当时的城市社会传统审美观遭到颠覆的一个表现。(见图3-7)

图3-6 《北洋画报》1934年10月18日,名闺董世锦与网球名手司徒美真两女士。

在民国时期的天津,西方休闲方式——赛马被热烈追捧,而传统的戏剧娱乐则相对冷落了,报纸报道:"本市游艺场因受赛马影响均极冷落。上期荀慧

---

① 李孝悌:《恋恋红尘:中国的城市、欲望和生活》,第321~322页,上海人民出版社2007年版。

生戏上座亦不佳。"① 而游泳明星杨秀琼到南京参与游泳比赛,还乘褚民谊新置马车,褚氏亲为之御。② 展示这一时期官方的休闲指引取向。

偶像的变化突出反映了大众审美观念的变化。这个时期,作为现代性标志的西方特色文明对人们的审美影响已经深入人心。晚清以来,领导时尚潮流者,当推妓女,以后则是新派的青年学生,到了20、30年代,时尚潮流的导引者变为电影明星和舞女。电影和交谊舞的兴起,本身就是西方影响的产物,是中国城市现代性的直接表现。电影明星

图3-7　《北洋画报》1934年9月25日,上海排球名将关柳珠女士近影。

和舞星取代妓女成为时代潮流的导引者,正说明后两者新式娱乐方式已经远远超过前者的影响而在城市社会中具有相当得普遍性。

传统的礼法要求妇女"耳无涂听,目无邪视,出无冶容,入无废饰,无聚会群辈,无看视门户",③ 尽量防止妇女与外界接触。

近代以来,中国原来的价值观和评价标准发生了动摇,受了五四运动的涤荡,人们的思想更加解放,许多女子,特别是知识女性,从深闺里走出来,开始抛头露面,走进校园,出入公共场合并欲与男子一争高低,如杨步伟、林徽因、陆小曼等,他们不但才华横溢,而且周旋于公共场所,成为大家追捧的对象,这在传统社会是不可想象的。

进入近代以后,随着西力东渐的深入,西方强势的军事、政治势力也带来了代表现代性的文化。国人在西方文化的不断渗透下,西式审美标准在不断影响着国人的头脑。尽管近代以来时尚多变,西式文明的介入,成为时尚的一个标志和不可或缺的特点。

从报纸上的影视宣传广告中可以看到,好莱坞电影的宣传占了绝大部分的篇幅,电影宣传海报上的好莱坞影星千姿百态,展示着西方式的审美标准。青

---

① 《北洋画报》1934年11月1日。
② 《北洋画报》1934年8月7日。
③ 班昭:《女诫》,张福清编:《女诫——妇女的枷锁》,第3页,中央民族大学出版社1996年版。

身体的现代转型

年学生及许多中上层人士均到豪华影院观看好莱坞大片,并以之为荣。当时西方的美女身体形象被国人(至少是多数的城市居民)作为现代美女的代表。就拿中国当时的电影明星来说,在许多人的眼中,她们只是外国电影明星的模仿者而已。"中国电影明星的唯一举习,据说是看外国片。个人的人身修养、艺术陶冶、体格训练,似乎尚少有具体的注意"① 有当时上海的报纸称:"比较成功的(国片)演员,人们常用西方某明星之名,冠以东方两字来称道他。在称者以为赞扬,受冠者以为荣幸。"② 如阮玲玉就被人称作"中国嘉宝"、"黄色嘉宝",以此来赞誉她在中国影坛上受欢迎的程度。无独有偶,当时北方天津的报纸也有类似报道:"近来中国人喜拿西洋明星来比拟中国明星,什么中国贾波林呀、和甚么中国玛丽璧福啦,多至不可胜数,"③ 看来在当时的中国,中国的电影明星以西方的同行为楷模是普遍的现象。更有许多人变本加厉地厚西薄中,有人写道:"盖常人咸以为中国女子躯体之发育,远不逮彼欧西女子"④ 这些都显示了在人体审美方面,西方标准对中国人观念的深刻影响。

而西方现代科技产品,西洋人常用的化妆品,如雪花膏、爽身粉、高级香水等使身体美白、漂亮的工业产品的应用,成为时髦和爱美中国女子的必备之物,这在当时各大报纸的广告中比比皆是。乃至巴黎的新款服装飘洋过海,几个月的功夫就在上海开始流行。这些都说明了中国人对西方式现代生活的认同。

因此,民国时期上海租界豪华电影院的大幅户外广告上的时髦电影女郎的身体形象,甚至只是报纸(如申报)上的电影广告上的电影女郎形象,就像彻夜不息闪烁光芒的五彩霓虹灯一样给人以强烈的现代感觉。诚如研究者所言:"作为一个国际性的大都市,上海这个时候不仅有亚洲最豪华的电影院,而且可以立刻看到好莱坞或欧洲主要制片厂刚刚制作完成的首轮影片。这些在豪华戏院上演的西方影片和大幅的报纸广告以及街头随处可见的巨大电影广告牌,为上海平添了无限的'现代''西化'气息。"⑤

而男性身体健美的标准也参照了西方的标准。有人对民国时期上海影响很大的市民休闲杂志《良友》进行研究分析,可以明显感觉到西方审美标准对中国人的影响:

---

① 《新华画报》第6期,1934年6月5日。
② 《报海零星》,《联华画报》第1卷第25期,1933年6月11日。
③ 傲翁:《西洋梅兰芳去世了》,《北洋画报》1926年9月8日。
④ 莲:《观西人所摄中国裸影志》,《北洋画报》1926年7月10日。
⑤ 李孝悌:《恋恋红尘:中国的城市、欲望与生活》,第279页,上海人民出版社2007年版。

身体评价标准的转变

一方面看到三张健美男子的照片，塞满了整页的篇幅。题为《男性人体美》的剧照中，身着三角短裤，赤裸上身的'美国著名体育家'搔首弄姿地卖弄着满身的肌肉，解说里特别强调'以科学的方法，分析各部肌肉美满之标准。……对于强种优生固有影响，且无论男女，美与不美，不能单以面貌而论，必须以人体各部发育为定评，已为现今世界所公认的。'(《良友》第28期，1928年7月，第36页。)

不管是科学的方法，各部肌肉美满之标准或已为现今世界所公认哪一个选项，都与二十四孝中的皇帝、观音、神迹呈现强烈的对比。将一个瘦弱的孝子和赤身裸体的健美男子同台并列，到底会产生什么样的思想转移，是很难逆料的。①

进入近代以后，特别是民国以来，社会和媒体通过宣传教育、国家政策等方式，制造着一个身体美学的新标准，特别是对女子，可以抛头露面、接受新式教育；可以参加社交活动、选美比赛；可以出入舞厅、电影院、泳装而游、时装表演等等。从某种意义上讲，这些行动都是为了满足男子休闲消费的新要求，是男权主义的一种表现形式，甚至可以说，所谓的女性解放，实际上是另一种（现代）形式的男权产物。有人对现在选美发表了自己的看法，因为这些符合人类共同的特征，所以对近代历史上的相似做法也是适用的。他说："……总之，选美在中国的登陆，是中国历史上一个标志性的进步，在社会生活和文化上的进步意义十分显著。过去我们主要强调的是'心灵美'，那只是一个抽象的概念，很难有一个统一的标准，选美则简单得多，它就是看人长得

图3-8　20世纪30年代中期上海一场选美比赛

① 李孝悌：《恋恋红尘：中国的城市、欲望和生活》，第318～320页。

好不好，聪慧与否。这种评判是基于人类长期以来智慧的一种积累，是传统的，也是我们常说的'客观的'，它与民族风格和地域有关。这种'直接'的审美，之所以尚能'遗传'至今，实在是因为人类太'好色'了，人类只有在美色面前从不说谎，从不违心。"①

《申报》以"解放妇女的生活"为题描述了新式摩登都市女性一天的生活：

> 这是某小姐的某一天的生活的描述。上午十一点钟哈着呵欠起床。侍候伊的阿金，一壁给伊预备洗澡，一壁告诉伊杨先生侯在会客室里，请伊出去吃大菜。伊点了一点头，趿着高跟托鞋，到浴室里去洗过了澡，匆匆地理发，搽粉，涂口红，忙乱了一阵子，披上了一件新制的春大衣，套上高跟鞋，急急地走下楼去，对杨先生嫣然一笑，便偎依着杨先生，钻进了杨先生的大屁股汽车。从西餐馆出来已是一点半，杨先生把伊送到了俱乐部，自己去办公。伊在俱乐部里，玩了八圈牌，天色已渐黑下来了，于是何先生便邀去吃晚饭。晚饭之后又由何先生做东邀去瞧某大戏院的好莱坞新摄完成的一九三五年的爱情名片。瞧过电影，便给何先生拉着上某跳舞场去。踏进了舞场，一眼瞧见张先生、沈先生、余先生、徐先生以及其他十几位记不起姓名来的男朋友，三三俩俩地都在里面。一见伊进来，谁都忙不迭的奔过来招呼。乐声响了，和已相识的，都要求同伊舞一回。于是，伊轮流着同每一位相识的舞一次。待到十二点钟，伊觉得有些倦了，于是披上大衣，袅袅婷婷的跨出舞场，雇了一辆出差车回寓。又有侍候伊的阿金侍候伊洗过了澡，坐上写字台，开始用剪子把台上十几封男朋友的来信一一剪开来瞧了一遍，匆匆地提起自来墨水笔一一回复了，有的还附了一张照片去。工作完毕后，已是清晨四点钟。伊哈了一个呵欠，伸了一个懒腰，一壁倒上床去，一壁咕哝着道，'劳什子的社交累死我了'。②

以上描写在当时的上海应该是一种较为普遍的现象，使人颇有感触，这个摩登女郎完全是男人手中的玩物，虽然坐汽车，看电影，跳舞等忙得不亦乐乎，似乎是风光无限而又过着摩登的休闲生活，可是，其实自己一点自由都没有，只是整天给男人取乐而已，最后自己也不禁慨叹"劳什子的社交累死我了。"

对于外国电影，不同的人有不同的看法，大部分人对于以美国好莱坞为代

---

① 穆木、李辉《美女攻略》，第7页，东方出版社2004年版。
② 《申报》1935年4月12日。

身体评价标准的转变

表的西方电影赞誉有加,也有一部分人特别是知识分子思考中国的现实,比较欣赏苏俄的电影。当时报纸有评价认为:

从前,观众们是迷信外国片,本来,国产片是太幼稚,但是,现在外国片给予我们的印象是什么呢?一种是肉麻的歌舞片,拿女人的大腿,靡靡的歌声来诱惑,麻醉我们的观众。一种是毫无意识的所谓滑稽片,这种外国味道不三不四的笑料,也不一定合乎我们的口味吧。再有一种,便是富于刺激性的战事片了,这种片,无论是海战、陆战、空战全在表现着显示着帝国主义的强大武力,虽然有时含蕴着,极重大的非战意味,若从人类应该厌弃战争方面说来,固然比较有些哲学的意义,然而,若为中国现在的情形着想,恐怕未必需要这些吧,总括说来,外国片是已经退化了。原因就是为了粗制滥造,所以所谓某年某厂几大名片等等,还不是些欺人之谈,所谓名片也不过是费去的时间资本和参加表演的名(不是明)星较多罢了,真正是为艺术与人生而制的片子,恐怕还不如一二部苏俄的片子"民生真路"等有相当的价值吧。照这样下去,将来派拉蒙、美高梅等富于黄金色彩的片子,是要被观众厌弃了的,但我们依然希望他们不要放弃了曾经被他们抓住了的观众。尤其希望国内电影界乘机赶到他们的前头去。①

此段话展示的是左翼电影工作者的思想倾向,说明了中国在学习外国的过程中展示的复杂面向,也即是西方对中国的现代性方面的不同影响。

民国时期,整个社会在向现代转变,休闲领域也不例外,有学者认为,京剧旦角在这一时期的兴起就是人们审美观逐渐转向现代性的表现,而戏园内空间设置及其他一些细节的改变无不给人现代性来临的感触:

旦行的兴起……从客观背景讲,"五四"以来新文化运动打开了人们的眼界,不仅首先影响到大中学校在校学生,而且必然影响到整个社会的审美心理。除了故宫之外的整个市容在变,街头行人和店铺门面的样子在变,人们说话的词汇和语调也在变。变什么?逐渐在变美,变向"现代化"。举一个微不足道的例子。二十年代新建的戏院,前排池座都已废弃了广和楼那种传统的方桌,而代之以一排排的长椅,这样一来,"听戏"就变成为"看戏",戏剧观也就由畸形走向健全。到1932年时,全北平戏园前排池座保留方桌的,仅剩下广和楼一家。而到了次年,方桌也终于撤掉了。再讲戏单——也就是今日的演出说明书。从中也颇可以看出新旧交替又新旧并存的意味。在1933年,北

---

① 《外国片日趋没落》,《北洋画报》1934年9月4日。

平只有广和楼一家的戏单是用木刻活字印成的,字型大小不一,字迹模糊不清,从右到左,竖行排列着演员和剧目;所用纸张五颜六色,但质地薄劣,想保存也不容易。其他戏院大多用石印戏单,白纸上印着红字,比较醒目。而铅字排印的戏单,则只有梅兰芳的承华社和程砚秋赴法归来后组成的秋声社,以及中华戏曲学校才用。梅、程两位如演个人独有本戏,还附有主角唱词。这种戏单上的衍化趋向,预示着梨园界对自己的艺术以及人生价值的看法正在转变。①

根据以上对旦行兴起原因个分析,可以证明社会审美心理的转变是直接原因。社会风气的转变,新文化运动时一些人对京剧的批评,反而使一些新文化人进入旧剧剧场;也正是在这种潜移默化的影响,京剧不知不觉地起着变化。

资本主义的兴起带来了对人身体的改造,特别是引起了女人身体审美标准的重大转变。有人对此进行了精辟地分析:"这种身体的臣属性和其所具有的窄化危险,并不只显露在政治场域中。在研究消费文化与身体发展的领域里,'苗条的暴虐'(the tyranny of slenderness)就经常成为各方批评斗争的对象。研究资本主义消费文化和文化工业的学者,特别是以马克思主义作为批判出发点的学者,经常将这种苗条论述和其对身体所造成的片面统治,与资本主义的生产,再生产需求联系在一起,藉此凸显苗条是一种'暴虐'的原因。研究女性主义理论的学者,则在这种再生产的角度之外,引入父权的观念以及身体美学的概念,来揭露这种瘦身和苗条论述的背后,究竟潜藏著甚么父权意识与商业利益的作祟。这些从不同立场和角度所进行的对苗条身体的攻讦,让我们看到资本主义是以怎样复杂的机制,在生产和制约女人的身体。"②

---

① 徐城北:《梅兰芳与二十世纪》,第30～31页,北京三联书店1990年版。
② 黄金麟:《历史、身体、国家:近代中国的身体形成(1895～1937)》,第289页。

第四章

身体时空观的转变

一、时间与身体休闲

时间对于人类社会有巨大的意义,可以说人是生活在时间中的。"时间观念是人们生活中的重要观念之一,时间对生活、生产等人类一切活动都具有最基本的意义。"在古代社会,对于人类的繁衍生息来说,最重要的活动就是农业生产,因此"传统的时间观有一个显著的特点,就是把时间和农业生产紧密联系起来,把农事的进程作为时间的重要尺度,把时间和大自然及人类的生息紧密联系在一起。"①

有学者直接把钟表和日历的出现作为进入现代社会的标志,民族主义这个现代性的产物更是离不开时间观念的改变。李欧梵认为:"时间——以及日历系统——正是现代性所赖以构建的基础。这也是安德森书中的潜在命题,即民族主义只有在时间观念根本变更后才能被想象:民族的'想象的社区'起源于'同构的、架空的时间观念,其同时性如其所显示的,即为横亘的交叉的时间,这时间不是由预计和满足,而是由时间的巧合来标记的,以钟表和日历来计算。'"②

本文所关心的是进入近代社会以后,工业化计时工具的应用,以及"世界时间"在中国的采用引起的身体的根本改变。有学者对这个"世界时间"的定义以及重要意义进行了阐述,见解精辟,笔者十分赞同他的看法。他说:"这个所谓的'世界时间',所指的是那些原不属于中国,但它的强势流通程度却使得中国最后不得不加以接受的一些流行时间形式。这些深具影响力的时间认识形式,包括有阳历的使用、耶稣纪年的应用,以及钟点时间的采纳。它

---

① 丁贤勇:《新式交通与生活中的时间:以近代江南为例》,《史林》2005 年第 4 期。
② 李欧梵:《上海摩登——一种新都市文化在中国 1930～1945》,第 94～95 页。

们的引入不但意味一种旧有时间观的退位，同时也意味一种新的、具有现代性色彩的时间意识与身体活动的出现。这对理解近代中国的身体演变而言，无疑是一个深具重要性的分界点。"①

以钟点来取代时辰的过程并不是一蹴而就的，钟表的大量输入与生产，以及低廉的价格是实现这种转变的前提条件。不但是在钟点时间的采纳问题上，在20世纪初叶，中国社会曾经对纪元的方式以及是否采用阳历等议题有过激烈的争辩，这种试图改变时间的认知与使用的行为，都是以"世界时间"的采用作为目标的。这个共同特征的出现，"显示中国正在经历一个时间意识的转变，一个由'托故改制'这个以过去为导向的时间观念，转向一个以'未来'和'世界'时间作为取向的改变。这个重大的改变自然也影响着各式依时间而作息的身体的存在。"②

中国近代以来这种时间思维的转变蕴含着重大的历史意义，这些行为的进行表明中国人已经具有世界眼光，认识到自己在世界中的劣势地位，显示自己融入世界、追赶先进的心态。

随着中国与世界的接触不断深入，西方的自然与社会科学知识的介绍和接受，中国人的时间心态在发生着急剧转变。当中国人，特别是知识分子放眼世界，不禁对民族国家的命运产生前所未有的危机感，面对"三千年未有之变局"，再靠"祖宗之法不可变"的信条已经不能解决问题，而依靠"托古改制"作为社会改革的依据也已经很难深入人心，"物竞天择，适者生存"的社会进化思想已经使中国人惊醒，不再是"祖制"，而是当下和未来的民族国家的生存成为首要考虑的时间心态产生了。过去那种线性发展夹杂循环式意念的时间观念不再是人们主导的思维模式，一种以过去、现在、和未来作为时间坐标的线性时间观为越来越多的人所接受。

辛亥革命后，南京临时政府以临时大总统孙中山的名义于1912年1月2日发布改历改元的通电："中华民国改用阳历，以黄帝纪元四千六百九年十一月十三日为中华民国元年元旦。"……现在为了"一新耳目，与世界强国共进文明"，决定采用阳历，月日顺序与公历统一。③ 民国政府决定采用阳历，展现其期望尽快使中国融入世界，进入文明强国之列的决心。

---

① 黄金麟：《历史、身体、国家——近代中国的身体形成（1895～1937）》，第181页。
② 黄金麟：《历史、身体、国家——近代中国的身体形成（1895～1937）》，第179～183页。
③ 严昌洪：《西俗东渐记——中国近代社会风俗的演变》，第198页。

改历以后，必然引起岁时节日习俗的变化。这种变化使身体切实感受到现代性的影响，在参加新政权规定的庆典仪式之中，接受着成为民族国家成员的观念的熏染。崭新的民国政府把一些有意义的新式节日、纪念日相继添加进入人们的政治生活和日常生活中。梁启超最重视这类节日的祝典，他认为"东西各国，每年必有一二日之大祝典，为国民荣誉之纪念"，如美国之7月4日，法国之7月14日，为其开国成功之日，年年祝之勿替。这种庆祝活动，可以使人记已往，振现在，励将来，受到爱国主义的教育，更增添强国、勇猛、进步、自立之气。而我国向来无此风气，号称一年中普天同庆节，唯一元旦。而这元旦不过地球绕日一周而复，毫无意识之天象，没有什么特殊的或重要的意义。中国人对于前人的事业，则只有考据而无纪念，因此历史的思想极薄弱，而爱国、爱团体、爱事业之感情也因以不生。① 从梁启超的言论中我们可以看到，现代政府设立国庆日的目的就是使身体接受建设现代民族国家需要的各种公民素质，可谓用心良苦，意义重大。

进入民国以后，在传统岁时节日以外，逐步增加了不少有纪念意义的新式节日。民国初年的新纪念日除了民国成立（元月1日）和国庆（10月10日）纪念以外，尚有孙中山诞辰、逝世纪念日、革命先烈纪念日（3月29日）、国耻纪念日（5月9日）、植树节（清明日）等，20、30年代又有了国际妇女节、儿童节（4月4日）、国际劳动节、学生运动纪念（5月4日）、教师节（8月27日）等等。这些新设的节日，反映了政府的意识形态有与国际接轨的意向。

1930年7月10日，国民党中央执行委员会第100次常务会议，通过了《革命纪念日简明表》和《革命纪念日史略及宣传要点》，里面将革命纪念日分为两种：

一是"国定纪念日。"阳历1月1日为民国成立纪念日，10月10日为国庆纪念日，"各休假一天，全国一律悬旗扎彩，提灯志庆，各地党政军警各机关各团体各学校均分别集会庆祝，并由各该地高级党部召开各界庆祝大会。" 5月5日，为革命政府纪念日，7月9日为国民革命军誓师纪念日，11月12日为总理诞辰纪念日，这三个纪念日，"各休假一天，全国一律悬旗庆祝，各地党政军警各机关各团体各学校分别集会纪念，并由各该地高级党部召开各界

---

① 梁启超：《〈清议报〉一百册祝辞并论报馆之责任及本馆之经历》，《敬告我国国民》，参见《饮冰室合集·文集》第3册、第5册。

纪念大会。"3月12日为总理逝世纪念日,"是日休假一天,全国一律举行追悼纪念,停止娱乐宴会,各地党政军警各机关各学校均分别集会纪念并由各该地高级党部召开各界纪念大会。"3月29日为革命先烈纪念日,"是日休假一天,由各级党部召集当地各机关团体学校分别祭奠所有为革命而死亡烈士并举行纪念大会。"5月9日为国耻纪念日,"全国党政军警各机关团体一律集会纪念,停止娱乐宴会,并由各该地高级党部召开民众大会,兼作废除不平等条约运动,不放假。"8月27日为先师孔子诞辰纪念日,"是日休假一天,全国一律悬旗致庆,各党政军警机关各学校各团体分别集会纪念,并由各该地高级行政机关召开各界纪念大会。"

二是"本党纪念日"。规定阳历3月18日为北平民众革命纪念日,4月12日为清党纪念日,5月18日为先烈陈英士先生殉国纪念日,6月16日为总理广州蒙难纪念日,8月20日为先烈廖仲恺先生殉国纪念日,9月9日为总理第一次起义纪念日,9月21日为先烈朱执信先生殉国纪念日,10月11日为总理伦敦蒙难纪念日,12月5日,肇和兵舰举义纪念日,12月25日为云南起义纪念日。国民党中央规定:"以上各纪念日,由各地高级党部召集党员开会纪念,各机关团体学校可派代表参加,不放假。"①

国民党中央规定的这些纪念日,因是以国民政府命令之形式通令各地党政机关严格遵行,故各地党政机关学校及团体基本上均能做到。1935年刊印的《青城县志》记载:"元旦为中华民国成立纪念日,""是日宴集娱乐,庆贺新年,政府、机关、学校举行纪念会。"3月12日为孙中山先生逝世纪念日。"是日扫墓筑坟,并举行纪念会,实施造林运动。"②

随着国历的推行,国民政府法定的新阳历新纪念日及按照阳历规定的新节日逐渐增多,到了20世纪40年代中期以后,民国各种纪念日及阳历节日已经达到了数十种之多,除了上述纪念日外,还有"司法节"(1月11日)、"戏剧节"(2月16日)"童军节"(3月5日)、"国医节"(3月17日)、"美术节"(3月25日)"青年节"(3月29日)、"儿童节"(4月4日)、"音乐节"(4月5日)、"母亲节"(5月12日)、"禁烟节"(6月3日)、"工程师节"(6月6日)、"陆军节"(7月9日)、"父亲节"(8月8日)、"空军节"(8月

---

① 行政院、内政、教育部:革命纪念日简明表,《中华民国二十四年国民历》。
② 丁世良:《中国地方志民俗资料汇编·华东卷》(上册),第182页,北京书目文献出版社1995年版。

身体时空观的转变

14日)、"教师节"(8月27日)"记者节"(9月1日)、"体育节"(9月9日)、"商人节"(11月1日)、"医师节"(11月2日)、"世界学生节"(11月17日)及"农民节"、"诗人节"、"护士节"、"合作节"等等。①

国民政府在对待旧历岁时节令问题上,采取了双管齐下的办法:一方面推行新的纪念日和节日,另一方面直接将旧历岁时年节废除,将旧历节气原封不动地移为阳历节日,并将在旧历年节的习俗及活动,统统移到阳历年节来做。1928年4月,内政部明确通令各省区市:"将一切旧历年节之娱乐、赛会及习俗上点缀品,销售品一律加以指导改良,按照国历日期举行。"这就是说,将旧历年节应有的各种点缀品及正月间一切娱乐活动,移至阳历新年元月举行。国民政府制定的《推行国历办法》,明确规定:"移置废历新年休假日期及各种放假日期及各种礼仪点缀娱乐等于国历新年","各地人民应将废历新年放假日数及废历新年前后所沿用之各种礼仪娱乐点缀,如贺年、团拜、祀祖、春宴、观灯、扎采、贴春联等一律移置于国历新年前后举行。"这是国民政府通过日期的改动来改变附属于这个日期之上的一套民俗文化和生活习惯,使民众日常生活习俗整个改变和转轨。尽管由于对旧的习俗改动过大因而难以执行,因为"这些附于旧历年岁节令上的风俗文化,实际上是中国传统文化中仍然有生命力的东西。民国政府骤然间要废除旧历,所要面对的不仅仅是数千年来中国民众所赖以生活的深厚的风俗文化。因此看似简单的变更日期,实际上包含着巨大的社会变革"。南京国民政府发起的废除旧历运动,就是要把中国时间融入世界时间之中,使民接受世界时间和意识,因而具有积极意义。

1912年1月1日,孙中山在南京就任临时大总统后正式通电各省:"中华民国改用阳历,以黄帝纪元四千六百零九年十一月十三日为中华民国元年元旦。"② 其中一个目的就是为了"与国际上普遍采用阳历的潮流相适应,便于在对外贸易和对外交涉上与国际接轨。"

阳历的采用是国民政府要与世界接轨的表现,在阳历下规定的很多节日都有放假和休闲娱乐的活动。人们在这些节日中休闲,身体感受到现代性和新政府的意识形态,如元旦、孙中山诞辰纪念日以及双十节等。

1931年开始,地方政府竭力推行国历,强迫民众以旧历"元旦"的方式

---

① 丁世良:《中国地方志民俗资料汇编·华东卷》(上册),第600~601页。
② 孙中山:《临时大总统改历改元通电》,《孙中山全集》第2卷,第5页,中华书局1982年版。

89

过国历"元旦",禁止再过旧历新年(有禁不止)及售卖旧历书,在元旦这一日,商民都换上新的春联,张灯结彩,停业3日,还有各种杂戏及其他娱乐活动来表示庆贺。在广州这一天都会在中山公园或飞机场开民众大会、行礼、演说、呼口号、巡行,特别热闹。各店户也会悬挂国旗,以表庆祝,而且大家还会寄送贺年卡,互致敬礼。在这一天,中山公园还有各种球赛助兴,如篮球、足球、网球……(在元旦放假三天里,比赛特别多,花样也特别好看,观赛的人尤其多)从元旦日上午9点到下午5点,分别轮流互赛,球迷也是忘餐忘倦,从开场看到终场,晚上公园还有戏剧、歌乐、幻术、电影……各项游艺助兴。①

报纸也发挥宣传阵地的优势,大力宣传推行阳历的益处:

国中报纸,未有如本报之能尊崇正朔者,盖从来各报,均加印阴历日期,惟本报独否,且记载中所用日期,亦都力避阴历,以免混淆,而示划一。惟每岁首号,本报所刊月份牌,则均将阴历排入,所以应世俗不时之需要,要亦不得已之举而已。本年国府极力提倡统一历法,照例应将月份牌中之阴历取消,惟宣布过迟,致不及取消者居多数,本埠某大报所印发之整本日历,封面上且大书"岁次己巳,中西日历"字样,不知所谓中西者为何,殊费人索解也。

常人每以为苟用阳历,则阴历之廿四节气,不易查考,不知此适与事实相反,盖廿四节气,在阴历上为不定期的,每年不同,而在阳历上,则每年相同,如立春为阳历二月四日,则年年均为阳历二月四日,永不变更,此其利便农人,断非阴历所能有也。"旧历内之不定节气,在阳历内年年相同"一节,前期本报封面节气表内,曾特为声明,我国以农立国,阳历利便农人,已宜竭力推行,况破除迷信,首须从打倒阴历入手;不过积习既深,铲除靡易,应切实劝导,广为宣传,始易收效耳。②

民国南京市政府把国历的推行作为改良风俗制度的措施来对待:

励行国历 关于励行国历,曾于十七年通令各书坊,不得销售附有阴历之历本及月份牌,嗣以各书坊历书及月份牌均经付印,要求展缓至第二年度,为体恤商艰记,不得不量予通融,本年则提前通知并布告,不得附印废历之历书及月份牌,并应将革命纪念日刊印于历本及月份牌内,复遵国府通令,转行本市商总会,凡商家账目及民间契约,及一切文书簿据,于十九年一月一日起,

---

① 李少兵等:《民国节日节庆》,第335页,中国文史出版社2005年版。
② 记者:《关于阳历》,《北洋画报》1929年1月5日。

改用国历,并不得附用阴历,否则法律上不作有效,旋据该会呈称,旧历结帐,分为端午、中秋、年节,请自十九年起以国历五月末日,九月末日为结帐之期,十二月末日为年终结帐之期,其向以废历大小月底收帐者,照国历月之十四日及末日为收帐期,惟十八年国历年终,瞬届结束,恐有不及请展至十九年一月底为度等语,业经分别照准矣。①

　　相较于政府的强力推行国历,报纸上的一位作者对公众"晓之以理",说明了中国已经开始进入现代社会,时间观念应该转变的事实。他说,历法的起源是与农业有最大关系的,……惟有在农业生产社会里,节季对于生活的影响才有那么广大。现在是迈向工业时代进展,工业时代的时间是拿钟点来计算的,节气已失其重要性。鲁迅译过一本苏俄的小说,"一天的工作",在后记里他说:"社会一弄,所谓知识者,即截然不同,苏联的新的知识者,实在已不知道为什么有人曾对秋月伤心,落花坠泪。"是的,这一套风花雪月的闲情,我们现在也不需要了,即使是"人生愁恨何能免!"也不愁这似风雅而实是近于原始的一套。②

　　但是,积习难改,传统的岁时节令所形成的娱乐文化也不是政府的"一纸政令"就能立即禁绝,这种想法本身就是违反文化发展规律的。以天津为例,据报道:"春节津埠各大报如大公、益世、商、庸各报均未停刊;娘娘宫非常热闹,各娱乐场所游人极众;商店多悬旗庆祝,殊有背政府废止阴历之意旨。"③

　　有一些纪念革命领袖和烈士的节日,甚至在节日或放假几天内禁止娱乐,以示对领袖及烈士的敬意。这样身体的休闲不但要人们感受到现代节日带来的文明欢乐,也要承载了对逝者的缅怀之意。而其他如劳动节、青年节、护士节、母亲节、父亲节等许多都是在受西方影响下建立的。

　　一种普遍的人类学观点认为,节庆是指定的、风俗化的游戏,是一种休闲,这种游戏源于文化并表达出文化的根本意义。但一种更成熟的观点会认为,这种庆典受制于多种社会力量(有些甚至是彼此冲突的,尤其是在复杂的社会系统中)。矛盾隐喻甚至会认为,节庆是当权者用来塑造象征性交流(如媒体、艺术学校及宗教)的工具。人类也许"以自然的秩序游戏",但也

----

① 刘纪文:《南京特别市政府工作总报告》,第159页,南京特别市秘书处编译股编辑,1930年1月出版,南京市档案馆藏,全宗号1001,目录号1,案卷号1732。
② 《"愁是离人心上秋"》,《北洋画报》1934年10月6日。
③ 《如是我闻(二)》,《北洋画报》1929年2月16日。

可能是按照统治阶级的利益"游戏"。①

双十节作为国庆节是国民政府大加提倡的纪念日，作为现代民族国家形成的象征，国民对他的认同，可以增强国家政权凝聚力，因而在这个节日里政府进行庆典活动时都要举行一些政治仪式，以唤起人们对政权建立丰功伟绩的体认与历史记忆。"在国庆这一日，各界都有盛大的纪念活动。总体来说都会升旗、悬灯、同城庆祝，以示国体隆重，并向国旗行礼，向孙中山鞠躬等。各机关、团体、公署、学校等都休假一天，举行庆祝典礼。对于商店，则有休业以示庆祝，也有照常营业"②

当然，在政治家眼中，节日作为严肃的政治仪式，可是在普通市民眼里，这可能只是一个享受娱乐的好时光。如从《申报》广告中可以看到，总理诞辰纪念日成为上海人游南京的好机会。③

诚如学者所言：文化庆祝的游戏，不仅仅是对其共同生活的表达。相反，无论是节日的内容还是其象征意义都受到许多社会力量的支配。社会游戏确实是一种构建，也确实会发生变化，但变化不单是某一价值体系的强化，政治、经济及其他社会因素，以及大众文化都会影响或支配节日庆典!④

因此，一个庆典也许是圣典，是要受到尊敬和崇拜的。然而，它也是出自文化并常常包含民俗的因素，而且会随着时间的推移发生变化。关于巴西城市庆祝活动的历史分析都展示了统治阶级对庆祝活动中发生的变化的作用……经过两个世纪，起源于民间文化、宗教色彩浓厚的仪式，成为社会统治力量控制下的活动，民间文化让位给新兴的资产阶级，资产阶级控制又通过大众传媒将狂欢变成了商品，被商业利益所取代。⑤

国民身体在节庆问题上并不完全顺从于国家，当国民党政府强令推行阳历节庆时，民间对元旦的冷淡，对旧历新年以及其他旧历节日的热衷，反映了在节日上现代与传统的对抗。国民政府最终决定放弃"彻底废除旧历"和旧节日的初衷，而是实行以阳历为主，阴历为附，以阳历日期过阴历节日的折中办法。这是国家在建设现代新型国家时对现实的妥协和调和，反映在节日这个时

---

① （美）约翰·凯利：《走向自由——休闲社会学新论》，第256～257页，云南人民出版社2000年版。
② 李少兵：《民国节日节庆》，第342页。
③ 广告详细内容见本书第158～159页。
④ （美）约翰·凯利：《走向自由——休闲社会学新论》。
⑤ （美）约翰·凯利：《走向自由——休闲社会学新论》，第256页。

身体时空观的转变

间问题上身体的复杂面向和内涵。

在节庆内容上，统治阶级（当权者）也力图因应当时的社会形式，使身体"按照统治阶级的利益'游戏'"，体现了国家以休闲名义对身体的控制和塑造。

据当时《申报》对儿童的休闲节日——儿童节的报道，可以清楚看到国家对儿童身体的控制和塑造过程。这篇题为"昨日第五届儿童节　全市各届热烈庆祝　五千余儿童参加庆祝典礼　儿童电影日由潘局长揭幕　各团体学校分别参加庆祝"的报道写道：

上海社云，昨为我国第五届儿童节，本市党政机关于上午九时在月光大戏院举行庆祝典礼，参加儿童约计五午余人，同时儿童电影日开幕，市长临时因事未能出席，由潘局长代表行揭幕礼，各团体学校亦分别举行庆祝，全市商店减价，公园开放，优待儿童，情况颇为热烈［党政机关联合庆祝］（会场一瞥）……（参加代表……）（举行仪式……）（主席报告）主席潘局长报告，略谓……中华慈幼协会及儿童幸福会呈准国府，规定四月四日为儿童节，迄今第五届，近又呈准国府，规定今年八月一日起为儿童年，今天党政各机关团体联合举行盛大庆祝会，可见政府及社会都很重视儿童，大家知道中国现在很危险，但不知将来世界局势更形严重，中国危险将来较今日尤甚，挽救危险现在是靠成年人，将来是要靠各位儿童，在各位未成年时政府当然要设法教养你们，使你们身体、智识、道德、能力都有了基础，将来为国家挽救危险，故今日庆祝儿童节第一点意义是要各位将来为国家民族出力，第二，上海全市学龄儿童有三四十万，今天到会的仅有数千人，还有许多儿童没有机会来参加，甚至衣食不周，在生死线上挣扎，各位有此幸福来参加，要随时随地为其他小朋友帮助，藉此庆祝会并唤起社会上大多数成年人注意到一般儿童的教养问题，第三，上海为全国观瞻所系，一举一动足以影响全国，参加上海市庆祝会儿童之秩序规律之好坏，关系到全国的儿童，故各位做上海市的儿童责任比其他各地特别大，应该做一个全国儿童的模范云……［社会方面亦有庆祝］（公园开放）全市各公园如法国公园、兆丰公园、虹口公园、外滩公园，昨日均全日开放，招待儿童游园，各医院免费为儿童检查身体及布种牛痘，各商店均减价优待儿童。（播音演讲）……①

在这里，儿童的身体完全成为挽救国家危亡的工具，成为民族国家强盛的

---

① 《申报》1935年4月5日。

源泉、希望，体现了鲜明的阶级和时代特色。这从大会提出的口号中更能明显地看出：（一）儿童是新中国未来的主人翁；（二）儿童是建设新中国的基石；（三）儿童是中华民族的继承者；（四）儿童是复兴中华民族的生力军；（五）加紧教养儿童，训练儿童；（六）儿童要负起三民主义的责任；（七）大家起来庆祝儿童节；（八）中华民族万岁；（九）三民主义万岁；（十）中国国民党万岁。

  对公民思想意识的统一也是现代民族国家整合的需要。清末以来，顺应世界发展潮流，政府建立起星期日公休制度。"星期日"的流行，对20世纪初中国和中国人的休闲方式及休闲内容有极大的推动。① 古代中国官府也有休假制度，但近代星期日公休制度是西洋产物。②

  作为民国时期最为西化的城市上海的市民，周末是身体休闲娱乐的好日子，"礼拜六是上海社会里一个很快活的日子，也是游宴的最适当的时候，等闲的虚度了，那是很不值得的，假使我们在这天亲友中没有什么顽意儿，我们还是讲求实惠，图谋口福为佳，但是口福怎么去图谋呢？诺，最好到南京路冠生园饮食部去，任意标些广州酒菜，经济菜品，太牢食品，柱侯卤味。三蛇龙凤会，奶粉猪油包，星期美点或广州锅饭伊府大面，水饺馄饨，或牛奶呵呵，电炉浜格，香蕉夹饼，冬令原盅补品等，随意吃吃，或腻友小叙，或宴会亲友，尝尝天下至味，还真是再快乐都没有啊。"③

  钟点时间取代旧的计时方法成为人们普遍使用的时间准则反映的是身体正经历着新的生活方式。"在欧洲，人为的钟点，即机械的钟点，取代了历法世界的计时，冲破了占星学的半阴影，进入明朗的日常生活。当蒸汽力、电力及人工照明使工厂昼夜不停进行工作的时候，当黑夜可以转化为白昼的时候，人为的钟点，亦即时钟上表明的钟点，对每个人都成为不变的生活规则。这样，时钟在西方兴起的历史就是新的生活方式和扩展公众生活舞台的历史。"④

  民国时期的城市中，特别是大城市中的现代休闲场所如舞厅、电影院等利用现代技术（声、光、电、热），使自己的营业时间延长至深夜乃至整夜不停，颠覆了传统上"日出而作，日落而息"的时间观念。

---

  ① 刘新平：《休闲中国》，第5页。
  ② 杨联升：《国史探微》，辽宁教育出版社1998年版。
  ③ 《申报》1930年1月4日。
  ④ （美）丹尼尔·J·布尔斯廷著，严撷芸等译《发现者：人类探索世界和自我的历史·时间、陆地和海洋篇》，第440页，上海译文出版社1995年版。

"看影戏在清末民初也加入通俗的时尚娱乐的行列。有些影戏场的放映时间往往安排在午夜零点开始,看客夜归已是一路鸡啼。作家包天笑第一次在沪看影戏是在'大世界'开张之初,当时'大世界'小京班的演出自晚8点一直演到12点,12点以后才放映电影,直到午夜1点半结束,票价一二角而已。不料影戏竟然生意奇佳,尤其是有妓家姊妹连翩而来,因为此时她们比较空闲自由。放映的影片是每天一集的连续片,可多至十余集,每集必以西方美人命名。"①

格林威治标准时间在中国的应用本身就是现代文明条件下,中国国际意识增强和融入世界思维的产物。

上海跑狗场的建立更体现了新式娱乐方式对市民时间观念的改变。② 跑狗运动1920年代出现在英国,1928年上海相继出现2个跑狗场,不久跑狗比赛便在上海掀起风潮,成为上海人心目中现代摩登的象征。跑狗都是在晚上举行。1928年,英国每日邮报记者卡迪尤记述开赛前的情景:"暮色渐深,强光衬得跑道上的草皮光彩夺目,有如一条绿油油的丝带,众灵猩便在这条丝带上,轮廓鲜明地出场。"

跑狗场最令人叹为观止的特色是在于用电,以明、申二园为例,均不惜工本,投入大量电力,大型的照明设备将场内照耀得一如白昼,一览无遗……前往观赛的华人第一印象便是"电炬通明","入晚光耀如白昼"。当时,上海以外的地区,还有很多乡镇无电力供应,如此大气魄地用电,尚未开赛,便堆砌出"一切仿自欧美"的现代感,无形中更将"夜上海"的名声推向顶峰。

除电力外,跑狗所展现的瞬间爆发力与快感亦形成此一运动另项充满现代感的源头。而速度、力量、快感正是打造摩登形象的基本要素,"名人的纷纷加入,很快便塑造出一种时尚感,使跑狗在极短时间内,便成为流行的同义词。"

跑狗场每晚八时半开始,十一时左右结束,每二十分钟便决一次胜负,远较跑马更为精彩刺激。在这样强大的吸引力下,每当华灯初上,连"小学校之学生,闺阁中之娇女,囊有数金,即奔赴赛狗场,一决雌雄。"

身体就这样在新式休闲娱乐中感受着现代性,并不自觉地适应了现代时间

---

① 罗苏文:《沪滨闲影》,第235页。
② 有关上海跑狗场的论述,本文参考了张宁论文《是运动还是赌博?:跑狗论述与现代上海的成型,1927~33》,(台湾)《中央研究院近代史研究所集刊》第42期(2003年12月)的部分内容。

概念和内容。

舞厅亦是如此，作为一项现代休闲活动，舞厅彻夜不停的营业改变了许多人的作息时间表。《申报》中一个随处可见的广告称：

下午五时，今日茶舞，茶舞时间赠送屈臣氏可口可乐，特聘明星歌唱伴舞。本厅为叩好顾客起见，每夜十二时后谨赠精美西菜一客至三时为止，今夜赠送明之鸡、矮利蛋，明晚赠送精美炸猪排，每逢星期三四六茶舞，赠饮屈臣氏可口可乐。爱多亚路　大华舞厅，两班乐队　二十余人音乐大会。①

一则题为"大沪跳舞厅　提早时间通告"的广告所称，几乎是通宵营业：

本厅开办以来，历已年余，内中设备完美，舞女上选，音乐特优。早蒙各界赞许，无庸赘及。兹因天气转寒，日暮短移，准期于上月一日起，每晚改定七时半开场，至午夜二时止，每逢星期六至午夜四时。每逢星期三、六及星期日茶舞会　午后五时起凡我舞宾即希早降，无任欢迎恐未周知特此通告　地址　静安寺路派克路口二五四号。②

身体在进入舞厅后，跳舞过程中，听着明星唱的流行歌曲，饿了吃西餐，渴了喝西式饮料，感受到西方文明带来的现代性。而舞厅对顾客夜晚十二点后至三点的赠礼活动，鼓励了舞客夜晚休闲的欲望，不知不觉中，现代时间观念已经嵌入了身体之中。看看《申报》中登载的"一个解放妇女的生活"，我们可以看到，至少有一部分城市市民已经在丰富的夜生活下变得黑白颠倒了：

上午十一点钟，哈着呵欠起床……从西餐馆出来已是一点半，又在俱乐部玩了半圈牌，天色已渐黑下来，……晚饭之后，"瞧某大戏院的好莱坞新摄完成的一九三五年的爱情名片。"瞧过电影，又"上某跳舞场"，"同每位相识的舞一次"。"待过了十二点钟"才"跨出舞厅，雇了一辆出差车回寓……"然后"工作完毕，已是清晨四点钟，才开始上床睡觉。"③

新式交通工具的出现与发展对身体现代时间观念形成的影响不容忽视。"新式交通成为新时间制度引入的重要途径之一，它不仅是新时间制度的最大的利用者，更是推行这一制度的动力来源。……班车、班船的出现，使人们知道了时间的准确性与科学性，运行时刻表精确到了分钟，改变了传统的日常生活秩序。"④

---

① 《申报》1936 年 3 月 10 日。
② 《申报》1932 年 10 月 1 日。
③ 《申报》1935 年 4 月 12 日。
④ 丁贤勇：《新式交通与生活中的时间：以近代江南为例》，《史林》2005 年第 4 期。

身体时空观的转变

新式交通的发展是如何具体影响传统时间观念的,身体逐渐形成现代时间观念的?下面的分析有一定启发意义:

公路、铁路的建成,航路的开辟,给乡土社会带入了新的社会文化体系,使乡土社会呈现出多样性。按照国家规定的标准时间运行,并由象征国家的管理部门制定运行客货车次、停靠站点及其等级,也就对公路、铁路沿线时空制定秩序体系。人们为了和新式交通运输的时间相配套,必须改变或调整自己的生活时间表。清光绪年以后,上海"自轮船、火车通行,往来有一定时刻,钟表始盛行",经过一段时间,人们迅速适应了新的时间,他们会把自己原来的生活和现在带了手表以后的时间做好调整。那么,时钟及其所反映的时间观念,与轮船、火车、汽车一起进入人们的生活之中,成为人们生活的一部分。原来根本没有什么时间制度,而新式的交通工具有固定的班次,要求人们去等候,依照时间走,标准时间成为近代的一种新尺度。因此时间制度开始向基层渗透,向社会的角落里渗透。班车、班船所传递的'标准时间'讯号,透过一套全新的、具体可感受到的时刻表制度,使人们在日常生活不断重复接触的过程中,逐渐深化了对标准时间的认识。①

"时间的易逝性、短暂性,时间的新奇意识,也是现代性引起时间的观念改变的表现。"② 下面这段话最清楚的展示了现代时间是工业生产及其整个相关体系的产物,在处于这个体系边缘或之外的人看来,快速、精确、"时间即金钱"的现代时间观念似乎是没有必要的。"坐过火车的人,才懂得航船行得慢的真意味。坐航船的惯家却这么说,'反正是个到,何必急急?坐了火车,一霎就到了,到了又干什么呢?'或者说,'一包花生米,三个铜子白酒,得这么一点儿醉意。横下来呼呼一觉,待船家喊醒时,就跨上埠头。这岂不爽快而有味?'"③

上海《海关十年报告》(1902~1911)中写道:"无论在国内或国外,乘轮船或火车旅行目前已为一切社会阶层所乐于接受。对于铁路来说,客运是收入的主要来源;即使在象1911年……那样的特殊情况之下,进港的轮船也是

---

① 丁贤勇:《新式交通与生活中的时间:以近代江南为例》,《史林》2005年第4期。
② (英)戴维·弗里斯比:《现代性的碎片:齐美尔、卡拉考尔和本雅名作品中的现代性理论》,第138页,北京商务印书馆2003年版。
③ 叶圣陶:《旅路的伴侣》,《叶圣陶文集》第1卷,第270页,江苏教育出版社1987年版。

97

挤满了人的"①

现代交通技术的发展，火车、汽车、轮船等交通工具的普遍应用，使身体远距离休闲成为可能。而这些现代公共交通工具的出发时刻都精确到分秒，为了适应现代的生活节奏，身体必须严格遵守精确的时间规定，也就是要适应现代的时间要求。如旅行社组织前往钱塘江看潮，就要规定几点几分集合，集体登车。

大城市的身体已经完全纳入现代世界标准时间体系，因而新式交通"改变了人们生活中的时间节奏和对时间的感知，改变了人们的出行方式，扩大了人们的活动半径。"现代身体享受到了许多古代身体不可能得到得快乐，但也不得不受到现代标准时间观念的制约。

这种对时间的精确要求是脱离农业社会的表现，展现了现代工业商业文明对身体的时间要求。"新式交通工具作为工业文明的产物，以其特有的速度、规则和效率向人们呼啸而来。轮船、火车、汽车的汽笛声与机器的轰鸣声标识着一种截然不同的生存方式，代表了一种全新的社会生活作息规律的登场，更揭示了一种新的时间观念的生成。"② "时间就是金钱"是近代的舶来品，但随着传统农耕社会向现代化社会的转型，这种时间价值观也逐渐深入人心，这也同样适用于休闲领域。运输或旅游公司用现代交通工具运载身体异地休闲，在效率优先的现代社会自然要"抓紧时间"，而身体的休闲场所要想多挣钱，也要加快身体流通速度。

夏夜乘凉，驾一辆汽车四出兜风，疾驰而过。如风驰电掣。大出风头，洵乎快哉。③ 从清末驾马车携妓郊游为时髦到民国乘汽车兜风为平常，不但是一种交通工具的变化，而且体现一种时代变迁，这种改变深深影响了人们的思想观念。

休闲的身体要适应现代社会的效率与速度，不能"浪费时间"，因为要在工作时间出现在工作岗位，否则是要"扣薪水"的。

对时间的观念，来自人们日常的需要和社会发展程度，从休闲的而不是效率的角度来看，现代交通工具未必是出行的最好选择。周作人曾把在家乡坐乌篷船与都市里乘电车的感受做了比较："你如坐船出去，可是不能像坐电车的那样性急，立刻盼望走到……你坐在船上，应该是游山的态度，看看四周的物

---

① 徐雪筠等译编《上海近代社会发展概况（1882～1931）——〈海关十年报告〉编译》，上海社会科学院出版社1985年版，第168～169页。
② 丁贤勇：《新式交通与生活中的时间：以近代江南为例》，《史林》2005年第4期。
③ 《申报》1928年8月7日。

色……困倦的时候……冲一碗清茶喝喝。"①

同样地,作为现代科技产物的娱乐工具——广播,更是具有强烈的时间观念,节目的安排,是按时刻进行的,听众要收听某类节目,也要有严格时间观念。当然,广播并不只是一个娱乐工具,在政党和政府人士看来,它还是"宣传的利器",也是传播现代科学知识的讲坛,但不容否认的是,广播的出现极大的改变了人们的时间观念。"广播节目播放的时间可以在人们工作的时间,也可以在人们休息的时间。它是最具有'共时性'效果的器具。它的共时性一方面呈现在节目的播放能够与听者其他的活动并存。另一方面则呈现在同一时间里有众多听众共同收听节目的特性上。长久以来因空间阻隔而形成的一种'历时性'就在广播讯号的穿透下逐渐瓦解。"②

唱片这种现代科技产品对休闲的人来讲,是从另一种意义上改变着人们的时间观念,唱片把历史的时间与空间相对永久化和解构了,可以说是对人们的时间和空间观念的一次大的革命。

对于唱片在民国北京的发展情况,有人作了简略的介绍:

外国洋行光绪年间就曾在华发行西洋歌曲和音乐的唱片,随后胜利(Victor)公司在沪发行蜡筒式的戏曲唱片,但其中大部分是赝品。到了光绪末代,百代(Pathe)公司第一期钻石针唱片在北京录京剧,录音的老生有谭鑫培等十人,青衣四人,花脸、老旦、小生、武生各二人,另外也录了梆子和大鼓。……百代的第一批唱片很快就风行一时,于是又陆续灌了许多,一时间内形成了独家垄断。梅兰芳进入百代灌片是在民国之后,其销路不断扩大,最后仅次于谭鑫培第一批录的那两张。在梅之后,大批新起的名伶也踊跃灌片。1921年前后,百代进入全盛时期,灌片者有老生余叔岩、马连良、言菊朋、谭小培、谭富英等,有旦行筱翠花、尚小云、荀慧生、程砚秋等。到了此时,唱机开始从富豪之家走向社会,北京开始有一种"赁话匣子"(即租唱机)的职业。作此营生者多于夜间出行,背着话匣子和唱片沿街吆喝:"听转盘的话匣子喽——"如遇听主,就随入其家,十二张唱片算一打,听者按打付钱。在当时的东安市场中,西边空地是杂耍场子,其中有一家专营放话匣子的买卖,话匣子引出许多皮管儿,每根皮管儿连着一个耳塞,一个大子儿听一张片子。③

---

① 周作人:《乌篷船》,佘树森编《周作人美文精萃》,第107~108页,作家出版社1991年版。
② 吕绍理:《水螺响起——日治时期台湾社会的生活作息》,第166页,(台)远流出版事业股份有限公司1998年版。
③ 徐城北:《梅兰芳与二十世纪》,第11~12页,北京三联书店1990年版。

有了唱片之后，不但许多人可以不必在固定的时间赶到固定的空间去进行娱乐（比如赶在戏院规定的开场时间前来到戏院，甚至提前到达戏院白白浪费许多时间就是为了听某个名角的戏），而且可以随心所欲且随时随地欣赏自己喜欢的节目，可以说唱片这种现代科技娱乐产品大大改变了身体的时间观念和思维方式。

现代工业制度影响了身体在工厂的时间、教育场域的时间，同样地影响了身体在休闲场域的时间。现代工业制度下，现代社会作息制度的规定，休闲场所现代科技的发展，都影响到身体休闲的时间与时间观念的改变。

二、休闲空间与身体

何谓空间，在列斐伏尔看来，它主要不是一个抽象的名词，而是一个关系化与生产过程化的动词。

列斐伏尔所说的空间不仅是指事物处于一定的地点场景之中的那种经验性设置，也是指一种态度与习惯实践，"他的隐喻性的空间"最好理解为一种社会秩序的空间化，空间化就其本质而言，不是一种先验的几何形式抽象物，而是一种辩证的反思瞬间，一种发生在社会活动与空间和社会地理环境各个方面之间的生产的经济方式与文化想象之间的过程的辩证法。本节拟通过对一些近代以来新式休闲空间的分析，展现它们在形塑现代身体中的重要作用。

公园是近现代中国最为普遍的新式休闲空间，被定义为"供群众游乐、休息以及进行文娱体育活动的公共园林。"① 在近代中国，许多公园都是把过去的"禁地"或私人领地如皇宫陵寝、皇家园林、官署衙门、私人住宅、私家花园等直接改造为公园，任普通民众休闲娱乐。身体游历其间感受到的是时代的变迁和新政权带来的民主、平等、文明以及关注民生等现代理念。

1914年，北京政府内政部长朱启钤提出开放京畿名胜，以求达到"与民同乐"。② 以后陆续把原来用于国家祭典的社稷坛、先农坛改造为中央公园、先农坛公园于民国初年向公众开放，之后故宫、地坛（京兆公园）、北海、颐和园、天坛、中南海、雍和宫等相继开放。③

---

① 《汉语大词典》，第74页，汉语大词典出版社1988年版。
② 《朱总长请开放京畿名胜》，《申报》1914年6月2日。
③ 金文华：《北平旅游指南》，第58页，中华书局1933年版。

身体时空观的转变

图4-1 民国时期游人在北平的公园内游戏溜冰

公园北部御河冬天结冰时，游人在冰上游戏溜冰。1930年代摄影，远景为故宫午门。（见图4-1）苏州留园原来是盛宣怀的私人花园，1929年也被没收为公产，向公众开放。"成都之有公园，始于民初，其地址系由前清某将军花园改建也，即今少城公园……内有茶社可供游人憩息之所，此外提督衙门，改建中山公园。"① 这一转变过程的实现是受西方公园的直接影响，是现代性的表现。

另外，其他现代公共娱乐场所的建立，如舞厅、电影院、回力球场、弹子房等等，更是直接移植于西方。这些现代休闲空间直接就是现代性的具体象征，对身体形成直接的现代性刺激。此外，公园、动物园、博物馆等场所的建立本身就是政府有意识向民众灌输现代观念，实现社会政治教育目的的表现。有学者认为"一般由政府建造或改造的公园都或多或少地成为政府宣传国家观念、培养民族主义、教化民众的教育场所。""（在公园中）政府并不单纯激励民族主义情绪，而是强调中国在国际关系中的地位。"②

---

① 周芷颖：《新成都》，第216页，复兴书局1943年版。
② 陈蕴茜：《论清末民国旅游娱乐空间的变化——以公园为中心的考察》，《史林》2004年第5期。

身体的现代转型

有人把到电影院看电影同到茶楼喝茶以及到戏楼看戏,这几种休闲方式进行了比较分析,展现前者和后两者作为现代与传统休闲方式给身体造成的不同心理和文化冲击。"电影最初依附于茶楼及传统的戏院而生,20年后固定电影院的设立,奠定了电影的独立地位。从此,电影和戏剧、电影院和戏院,成为属于不同范畴,也是属于不同时代的东西。电影院之于戏院,不但是器物上的更新换代,更是一种社会文化心理、社会文化意识上的更弦易辙。"而电影院的空间设置与茶楼、戏院相比也给休闲的身体以强烈的现代感。"观众坐在电影院里舒服的座位上,在黑暗中彼此隔开,安静地观看电影……完全处于自己与电影的空间中。电影观众与在茶楼、戏院里,三五知己坐在一处,吃吃喝喝,大声叫好的观众相比,追求的完全是不同的东西。……电影院则提供了一种独特的'帘幕效应'(Curtain Function):黑暗的环境,成为隔开电影观众的帘幕,相邻座位的观众,除非是同行的伙伴,否则彼此的身份、地位、相貌甚至性别都是互不清楚的。电影院提供给观众的身份、地位与时尚感,需要走出电影院,通过与别人交谈、聊天才能生效。相反,茶楼、戏院里的观众的身份、地位都是实时显现的。电影院这种幕帘的功能,因此被诠释为是现代都市尊重隐私的集体心理表现,更为重要的是,彰显出现代人之间关系的黑暗状态及疏离感觉。"①

广播、报纸等这些体现现代文明的新式媒介对人们的精神空间进行渗透。透过节目内容,广告等培养了市民新的休闲生活方式和价值观念的变化。广告中充斥着对现代新式生活方式的宣扬。开洛收音机的广告称:"开洛无线电话收音机,乃最高尚之家庭娱乐品。及时购备,早享耳福。不但节省无谓消费且可增进家庭幸福。"② 而对电影、跑狗、赛马、回力球、高尔夫球场、公园建设、游泳馆建设等新式休闲方式的宣传与报道,更使市民从精神上不断接受现代性洗礼。

唱机这个现代科技产品的出现和广泛使用,极大地改变了人们的时空观。人们可以不必拘泥于固定的时间(比如表演者演唱时间的规定)和地点(比如戏院),而是可以随意根据自己决定的时空(比如在家中自己有空闲时)来满足自己听戏或歌曲的娱乐需求,甚至对传统的教学空间和时间也是一种解构,戏迷和歌迷如果想学唱戏曲或歌曲,唱机也是一个很好的老师,也可以在

---

① 姜玢:《凝视现代性:三四十年代上海电影文化与好莱坞因素》,《史林》2002年第3期。
② 《申报》1927年9月13日。

自己家中学唱，不必受传统教学空间和规矩的严格限制。

广播这种空中电波，是对现代社会身体活动空间拓展的最好诠释。广播最初是以商业性娱乐为主的，后来为政府所用，电台分成民营和公营两种，民营电台还是靠娱乐性来吸引听众，当时的报纸对他们的节目记载很多，例如《申报》记载的开洛公司电台的播出节目单：

开洛播音节目：南京路十二号开洛公司无线电播音台本星期六特别节目，特请重九票房诸票友广播京剧，时间定于报告交易所市面后，七时一刻起至八时一刻止，兹将顺序披露如下，计有（一）徐季芳君之醉酒；（二）王和元君之虹霓关；（三）胡以栋君之梅龙镇；（四）张鹤鸣君之黄金台；（五）张祖安君之李陵碑；（六）赵国屏之打鼓骂曹；（七）陈滇生君之武家坡；（八）陶焕臣之捉放曹；（九）朱彤霞君之乌龙院；（十）黄德姚君之黄鹤楼；（十一）陈文旭之南天门等云。①

公营（政府）广播电台被当成政府的喉舌，多功能的宣传利器。但是人们喜闻乐听的休闲娱乐节目还是在其中占很大一部分。"吾国广播事业之发展，距今不过十年，在此短短十年中，广播事业各方面均有显著之进步。论其设备，自极简陋之机械起，至目前七十五千瓦电力之中央广播电台，音波可达全国及东亚各地。节目方面，以前只播送唱片、商情、广告等等，专供听众娱乐之用，今则各地电台节目之种类，不下二十余种，全国无论男女老少，各种职业分子，均得按其性情之所好，知识之高低，享受一部或全部之节目。"②

当时的名伶在现场演出之余也经常获邀在无线电台录音，以飨更多不能到现场来看戏的听众。"遏云维铭碧兰，春和奏艺之期既满，翌日即将入都，无线电传播台特挽留一夕，请其于二十一日晚九时，用无线电传播清歌，以娱彼未获于春和观剧者，科学的普遍效能，与公共享乐结合一致，斯应加以相当之记载者。……"报道者也感叹这是现代科学技术与公共娱乐的产物，是值得记上一笔的！

随着社会的不断发展，城市中的现代休闲空间不断涌现，这些休闲空间与传统的休闲空间相比，对进入其间的身体来说，感受到的是方便、舒适、新

---

① 《申报》1928 年 1 月 7 日。
② 《十年来的中国广播事业》，《十年来的中国》，《民国丛书》第 5 编第 69 辑，第 693 页，商务印书馆 1937 年版。

身体的现代转型

奇。这样看来,这些新式休闲空间更加适应已经开始现代转型的城市社会身体的需求,而身体不断由传统的休闲空间(如戏园、茶楼等)转到新式休闲空间(如电影院、游乐场、舞厅、游泳池、公园等)就不足为奇了,这在一定程度上体现市民价值观念的变化及当时中国社会与世界的接轨。原本是具有"贵族气息"的京剧,在清末民国社会转型的形势下,也不得不为了适应市民娱乐口味的变化而进行改革。有些具有发展眼光的艺术家主动适应形势的发展对旧剧进行全方位的改造,取得了良好的效果。由于电影等新的娱乐方式的冲击和传统戏剧已不适应现实生活的需要,当时的戏剧面临非改革不可的局面。一些进步艺人着手改良戏曲,把一些内容不健康的剧目淘汰,并创造了文明戏(话剧)、古装新戏、时装新戏等形式,多编演富有教育意义的剧目。一批文明戏院在各大城市出现,"上海新舞台"是其中的佼佼者。它是1908年由京剧演员潘月樵、夏月润、夏月珊与信成银行协理沈缦云创建于上海十六铺的,既是从事戏曲改良的一个演出团体,又是中国近代第一座新式剧场。他们改称"伶人"为"艺员",不用艺名,拒唱堂会,以维护演员的尊严,提高戏曲的地位。并且一改旧式茶园风貌,废除泡茶、递手巾、要小费、随处便溺等陋习,以半月形镜框式舞台取代带柱方台,设有转台装置和灯光,美术布景。一批进步演员先后参加登台,编演配合宣传资产阶级民主革命的京剧时装戏和文明戏,寓教育于娱乐之中,以适应民众不满足单纯消遣而追求思想艺术价值的新形势。这与当时旧式茶园那种简陋、拥挤、吵杂、不卫生、不文明的景象形成鲜明对比。当年的戏剧改良活动还冲破了封建势力的禁阻,开创了男女合演、夜场演出、妇女赴园观剧等新时尚。只要我们肯定戏剧对于转移社会风俗的鼓吹作用和示范作用,我们就不会将清末民初的这场戏剧改革等闲视之。这场改革提供了许多有益的经验,它告诉人们,传统的娱乐只有通过吸收现代观念和现代技术加以改造才有出路。既要有内容健康、无害,形式花样翻新,尤其是引入当代物质文明新成果的娱乐活动来丰富人们的闲暇生活方式,又要不断提高民众的文化素质、道德情操和审美情趣,引导他们以文明的姿态参加有益的娱乐活动,这是一个国家、一个民族文明开化程度的外在表现之一。①

当时进行旧剧的改革,并不是没有反对的声音,作为中国当时最具有现代气息的城市——上海也不例外,当时许多艺人尝试唱工的改变,剧场也在演剧

---

① 严昌洪:《西俗东渐记——中国近代社会风俗的演变》,第184~185页。

过程中添加一些现代设备，制造新奇的效果来吸引顾客，这些做法遭到了一些人的强烈反对，认为这是对旧剧的亵渎。《申报》就曾登载过一篇读者来信谈到这一问题，具有一定的代表性，原文如下：

一封讨论艺术的公开信

荣记大舞台　经理先生：上海戏剧界　自所谓连台本戏流行后　各剧场多以机关布景　耸动庸俗　一般社会　趋之若鹜　剧场主持者　见有利可图　更乐此不疲　长年表演此类恶俗本戏　诺大上海　竟令吾侪戏迷　兴无戏可看之叹　而平剧艺术亦将次第失传　窃恐十年以后　打渔杀家　空城计　四郎探母等好戏　仅能于游戏场之开锣戏中见之耳　而伶界后辈　学艺术亦无须深造　但能谋得本戏机关布景中变化出场　即可以赖为糊口之资　平剧前途尚堪问耶　环顾海上　惟有　贵台犹时能聘请名角　表演纯粹旧戏　平剧精华　赖以保存　厥功甚伟（中略）　昨有乡亲数人来沪游览　翩余陪至贵台观二本施公案　余意以为此类新戏亦不过以机关布景炫耀号召而已　初无价值可言　不意入座以后愈观愈感兴味　精神为之大振　盖此剧情节之曲折离奇　引人入胜犹其余事　好在处处皆保持旧剧固有艺术　绝无时下本戏之恶化意味　无论男女文武角色　皆能各显其长　唱工尤多　平剧旧有艺术　赖施公案以保存者极多　诚近代中国剧界之佳构也　编排新戏剧本　手腕至此　吾无问言　但愿贵台以后编排本戏　仍循此正道而行　勿行入歧途　勿堕入魔道　不特上海多数戏迷之幸　亦中国戏剧界艺术之幸也（下略）　平剧艺术爱护者万里明启

而荣记大舞台的回信准确地点出了问题的要害：现在的时代变了，欣赏戏曲的观众也从达官贵人为主到普通市民为主，俗文化的兴起已经变为不可逆转的潮流，为了迎合多数观众的口味，戏曲表演的变化是必然的：

荣记大舞台的答信

万里明先生：尊论所见极是　不胜钦佩　承谬讚　不敢当　本戏之恶化不能全责剧场主持者　盖处此阳春白雪　曲高和寡之时代　竟有非如此不能主持之势　此敝台之所以见虽及此而犹未能免俗也　营业剧场　非国立艺术院可比不能将民众好恶之脑后　此种困难　不特中国剧场然　即世界各国之剧，亦莫不皆然　足下自号戏迷　看戏眼光自较普通观众高一等　惜不能使一般看客之眼光与足下强同耳　足下所认为极有精彩者　一般人或引为无味　足下所詈为恶化者　有人或且认为奇观　此新戏之所以不得五花八门　无奇不有也以后如承赐函讨论艺术　无任欢迎　荣记大舞台谨覆。①

不但是在上海这样的沿海国际大都市，就是在成都这样的内陆城市，在民国时期，人们在休闲娱乐方面也已经"趋新趋洋"。"20 年代后期，成都引进了一些诸如足球等新运动项目。跳舞补习社也修建了训练的舞厅，男女分开学习。甚至贝多芬的作品也开始公开演奏。在新式娱乐活动的冲击下，一些传统的娱乐形式，如木偶戏和皮影戏，由于缺乏竞争力而逐渐失去了观众。"这时候，成都的休闲娱乐方面无论在内容上还是形式上都发生了很大的变化，对成都人文化观念的转变有很大影响。"从地方戏剧的改革到新剧场、新茶馆、电影、热气球、飞行表演、乐队、舞厅及交响乐队等。所有这些变化中最具深远意义的，是流行的休闲娱乐方式吸取了西方的新元素。这个内陆城市有机会接受到非中国式的娱乐方式。这种文化观念的转变，反映出了物质生活方面出现的新因素以及整个社会的演化。"②

休闲空间会因为身体的践行与符号表演而产生戏剧性地转变，因为"空间并不是一个静止不动的物理方位，它可以透过人的行动而产生急剧的改变，甚至成为教化人心与培养意识的绝佳场所。"③ 在很大程度上，民国时期的公园被政府和知识分子当成了引导民众接受西式文明生活方式的社会教育场所，政府通过在公园举办新式的集体婚礼，举行运动会、歌咏赛、展览会等活动来引导市民抛弃旧的陋习，参与到现代文明生活方式中。

但是身体却不是完全被动任由统治者摆布，有时会把平时的休闲空间变为表达对统治者不满或抗争政府的场所。"身体的行动可以在某些特定的场合里，改变原有的空间部署，将物理性空间改变成为一个深富政治教化与文化意含的斗争场域"。④ 民国时期，许多城市的市民会利用公园等休闲空间举行政治集会，表达自己的政治主张和爱国决心，也从一个方面展示了近代以来身体与民族国家逐渐紧密的关联。例如，为了维护国家主权，呼吁抗日的民众身体游行，还有政府反对派宣传革命的演讲聚会等，当然也有要求提高待遇，维护权益的游行示威活动。许多城市民众经常在公园或体育场举行的国民大会就是一个典型的例子。"这些动辄聚集数万人士参加的大会，不但将市民公园或运

---

① 《申报·本埠增刊》，1931 年 8 月 1 日。
② 王笛：《街头文化：成都公共空间、下层民众与地方政治，1870～1930》，第 178 页，中国人民大学出版社 2006 年版。
③ 黄金麟：《历史　身体、国家——近代中国的身体形成（1895～1937）》，第 260 页。
④ 黄金麟：《历史　身体、国家——近代中国的身体形成（1895～1937）》，第 279 页。

动场在旦夕之间改造成为一个白旗飘扬、政治教育和情绪宣扬的场所,同时也将起自清末以来所鼓吹的'以国为己之国,以国事为己事,以国权为己权,以国耻为己耻,以国荣为己荣'的'国民'观念,做一次具体的实践和体现。这些透过身体的聚集所营造的集体情绪氛围,以及会议中间所散布的激情、感伤、愤怒、宣誓、和使命意识,使参与其中的学生和市民再难忘记'振民气合民力万众一心,御国敌除国贼匹夫有责'(天津国民大会标语)的历史职责。这种身体的聚集和空间的改造,不但进一步将国民的身体与国族的命运做一完整的挂钩,使身体臣属于国族的全然统领,同时也将北京政府的不可信任,做一清楚的表示。"①

总之,在作为新式休闲空间的公园里,身体的不时聚合,很多时候是为了达到一些非休闲的目的,体现出身体在休闲空间中流动的复杂性。

当然,这些都是现代性带来的产物,身体在公园这个空间中处处感受到现代性的存在。一方面,公园为城市居民参与近代中国社会政治变迁提供了舞台,这是在帝制时代闻所未闻的。在新开辟的公共空间里举行的频繁的民众集会,提高了城市市民对国家主权政治因素中政治声音的要求,展示了在享有主权的共和国中民主思想对市民的强烈影响;另一方面,政府也利用新开辟的公共空间推行其改革项目,通过开办免费展览会、阅读室和格言亭等来强调公园的教育功能。

旅游是实现异地休闲的重要方式,是对身体休闲空间的很大拓展。麦肯莱尔(Maccannel)则把旅游——一种主要的休闲方式,看作类似于宗教的、赋予人生以意义的神圣活动。在他看来,现代化导致了宗教的衰落和世俗化,而旅游则取代宗教成为人们寻求"本真",把握现代性的分化和整体的方式,因而它是现代人存在的最好模式之一。可以说,麦肯莱尔是第一个明确地从现代性社会学角度来解释旅游现象的学者(王宁,1999);科恩(Cohen)也不谋而合地沿着现代性这一视角,将旅游看作是一种现代现象,是现代性内在矛盾的文化体现。② 法国社会学家朗方更明确指出:闲暇社会学注意把闲暇置于工业社会变迁的背景之中。

中国的旅游活动虽然起源很早,但在传统的农业社会里,旅游者的旅游活

---

① 黄金麟:《历史 身体、国家——近代中国的身体形成(1895~1937)》,第259页。
② 转引自王宁:《旅游、现代性与好恶交织——旅游社会学研究的一个视角》,《社会学研究》1999年第6期。

动是零散的,功能多元的,单纯作为休闲活动的旅游尚不多见。古代的旅游活动大多是帝王将相、文人学士、商人、僧侣等少数人群的行为,广大平民百姓难有机会到外地旅游,况且还有"父母在不远游"的伦理信条的束缚。进入民国,中国的城市逐渐脱离了原来的农业社会的束缚。近代工业制度下,许多新兴职业的兴起,现代交通工具的发展,现代作息制度的应用等,传统的等级制度被打破,受西方影响,团体旅游也逐渐兴起,有钱有闲参与旅游活动的人群大为增加,公司职员、政府公务员、教师、学生等城市中产阶级日渐成为旅游队伍中的生力军,以消遣为目的的旅游渐成风习。正如时人所言:"在都市里轮轴上过着高速度的生活,压迫的人喘不过气来。偶然在星期六偷些空闲往附近的山野里去溜一趟,直觉心旷神怡,仿佛精神上痛痛快快洗了一个澡。上海现在已经有许多人养成了这种习惯。不看见周六的火车上不是每一次多挤满了男男女女老老少少往各地去的游客吗?"①

　　第一次世界大战到 20 世纪 30 年代是中国城市中工业迅速发展的时期,随着工业、商业和西式教育的迅猛发展,在沿海城市资产阶级迅速兴起,在这西方刺激下的现代化进程中,上海走在中国城市的前列,中产阶级成为这个国际大都市中引领消费文化潮流的社会阶层。

　　如前所述,近代以来,特别是民国政府建立后,中国城市里已经渐渐建立了现代时间观念。民国政府用阳历代替阴历,竭力推行西历,甚至废除所有阴历节日。新历逐渐成为生活在大城市的人们衡量时间的标准。随着引入周休制,工作时间和休息时间有了明显界限。像上海这样的现代城市里,工作节奏越来越快,中产阶级从西式教育中也体会到周末节假日里休息消遣的必要性。而当时的上海人口不断膨胀,休闲娱乐项目尽管丰富多彩,其现代性走在全国前列,可是相对于市民对休闲空间的需求来讲还是十分狭小的,因而有钱有闲的现代中产阶级到外地休闲的愿望很强烈。茅盾对这种情况进行了生动的描述,他认为,在外国贸易公司工作的白领工人和他们受过教育的妻子感到,如果一家人周末呆在狭窄的公寓里,孩子们只能在餐桌下玩捉迷藏的游戏,这将和他们追求不断进步的现代生活信念背道而驰。②

　　现代交通工具的发展,火车和公共汽车的发达与便捷,使市民外出旅游变

---

　　① 曾虚白:《令人又惊又爱的虞山》,《旅行杂志》,第 9 卷第 1 号,转引自贾鸿雁《略论民国时期旅游的近代化》,《社会科学家》2004 年第 2 期。
　　② 茅盾:《茅盾全集》卷 11,第 152 页。

得非常方便。下面是一篇以南京市民名义发表的文章,从中可以具体感受到交通给旅游带来的便捷:

一、汤山的风景

我们老早便听说南京城附近有个汤山,那里还有温泉,并且可以洗澡,从前的督军省长,现在的委员司令,都是常常去玩的,不过我们老百姓去的很少,因为路太远了,离开南京城要有五十多里路,来回便要一百多里,那一个能那么高兴,来往跑一百里路去洗一个澡呢! 就是你能跑,回来也是尘土满身,还不是要替三新池再做一回生意麽? 所以汤山温泉简直可以说是阔佬的安乐窝,我们老百姓听说也如过屠门而大嚼,一点也得不到实在的。

二、开公司汽车

我们虽不是委员司令,但是汤山却是去过了……谈起我们去的办法,却也平民的很,便是我们大家开了一个汽车公司,计价若干,照账分账。我们去了六个人租了一辆汽车,在晨光初上,凉风还不冷的那一天早上,我们便出朝阳门而东了。至于我们的动机,实在不敢自比于委员们的生活,我们一方面为的好奇,一方面可以实地去考查,也可以在地质学上给一个实在的证据……①

而对离上海较近的休闲城市杭州来说,沪杭铁路的开通,使它与上海的空间距离大为缩短,成为上海中产阶级周末休闲的好去处。铁路公司出于自己的利益也鼓励发展旅游业。铁路公司自己印刷了杭州观光导游资料,并在周末提供沪杭之间便宜的返程车票,铁路公司不仅给予旅游团队折扣,20世纪20年代以后,还在春秋两季都安排"游客专列",争夺旅游生意。②

因此可以说,大规模的以休闲为目的的旅游活动是现代社会的产物,因为现代社会有这种常态的休闲需求,所以才造就了一批以旅游为支柱产业的著名城市,所以可以说:"毕竟旅游是休闲产业,工业化中心造就了一批需要休闲时间花钱消费的人群。像现代杭州这样的城市之所以存在,是因为有了上海这样的城市。"③ 从身体与空间关系的视角来看,这正符合列斐伏尔的观点,用身体的实践展开去体现构成空间。在身体与其空间之间,在身体于空间中的展示和它对空间的占有之间具有一种直截了当的关系。……(身体)既在空间中生产自身也生产出这个空间。"空间的生产,开端于身

---

① 《到汤山去》,《民众周报》第57期,第6版,1928年11月25日出版。
② 中国旅行社:《中国旅行社简史》,第5页,台北,1963年版。
③ (美)汪利平:《杭州旅游业和空间变迁(1911~1927)》,《史林》2005年第5期。

体的生产。"

如果每一种生产方式都有自己独特的空间，那么，从一种生产方式转到另一种生产方式，必然伴随着新空间的生产。在空间上，传统的农业社会里作为正统文化（儒家文化）边缘的上海，到了民国时期，因为受到西方文化的浸润日久而成为现代性的象征，成为民国时期时尚身体的核心，其身体形象向华北、华西等内陆辐射。当时内陆城市成都的妇女就是以学习上海人的穿着打扮为时髦的，从上海流传过来的发型在当地非常流行。① 据笔者观察，《北洋画报》中刊登的女性时髦形象照片也是以上海女明星（电影明星、舞星等）为多。1918年和1920年相继在北京建立的大型游乐场所——城南游艺园和新世界均是仿照上海的综合性游乐场"大世界"的项目布置起来的。② 上海的"大世界"是由黄楚九等人于1917年筹资建立的。在现代娱乐方面，民国时期的北京人只能以上海人为嚆矢。天津也不例外，天津报纸上的一则消息称："［本市］回力球舞场，力仿上海派，圣诞节及新年除夕晚餐，价增至每人六元。闻今年成绩如佳，来年必加至八元或十元云。"③ 连娱乐场所的饮食收费都要仿照上海的做法，可见模仿的亦步亦趋之心态了。

而适应上海现代社会身体需要的一些娱乐现象却并不是都会得到其他城市人的认可。下面就是一位天津人旅行上海时的不愉快感受："（在上海）横式的小报。却多得真像毛坑里的手纸一样。这报名的离奇光怪。真不可思议。像什么'真的生活'，'阿要窝心'等取得何等的肉麻。这种办报的人。真可称得上是文妖了。据人说这种报纸始作俑者却是骆无涯的'荒唐世界'。起先不过刊登些嫖赌吃着等荒唐文字。现在报一多就每荒愈下了。打开一张报看。不是什么'春色记'、'肉林史'外，还有什么可看的呢？小报满街走，文妖多于狗。可为他们言了。……住在上海。我真有些不惯。晚上呢不是应酬，便是看戏。回来终在二点钟。你要睡吧。楼下几位朋友却劈劈拍拍打牌了。扰得终夜不能安眠。……天亮了，他们却停了。……咳，上海简实我这不合时宜的人，不愿居啊。"④ 这一天津人在上海，对上海市民的娱乐方式，以及时间观念均感到极度不适应，这倒是反映了上海在城市现代性，特别是娱乐、交往、

---

① 王笛：《街头文化：成都公共空间、下层民众与地方政治，1870～1930》，第257页。
② 金应元、田光远：《城南游艺园与新世界》，《北京文史资料精华——艺林沧桑》，北京市政协文史资料委员会选编，北京出版社2000年版。
③ 《北洋画报》1934年12月20日。
④ 《从上海来》，《北洋画报》1927年8月27日。

夜生活等方面比中国其他城市开放的多。天津作为当时的北方重要的沿海城市，风气相对开化，西方的影响也是很大的，即使这样，天津人对上海都会出现上述感受，可想而知，上海的现代性对其他内陆城市的人们造成的心灵震撼。

在同一城市内部，不同的空间之间，如工业区、商业区、娱乐区之间，身体要实现游移，交通就显得十分重要，特别是在现代钟点时间被引入作为衡量标准的现代城市，有租界的城市，如上海、天津等更是如此。适应现代城市工作与生活需要的公共汽车、电车、出租车等现代交通工具也成为了城市现代性的标志之一。在促进城市发展的诸多因素中，交通尤其是公共交通，是改变城市的只要动力之一，因为它决定着城市的空间结构、人口的流动、市民的生活方式等。交通的状态往往成为城市发展的里程碑。① 身体是空间性的，而空间是时间性的，身体只能在空间中展现，而空间的发生源于身体性的活动。身体在工作与休息严格分开的现代作息制度管理下，在休息的时间里，在现代交通工具的运载下，从工作的空间移动到休闲的空间，特别是在灯红酒绿的丰富夜生活中释放一天工作的疲劳。例如在天津，夜晚"电车载着疲惫的工人从东方（指租界）驶来，东去的电车挤满了'洋气'的城市男女，向灯光之塔下的夜中的白日里（指租界）去寻乐"。②

---

① 刘海岩：《电车、公共交通与近代天津城市发展》，《史林》2006 年第 3 期。
② 《天津交响乐》，《大公报》1933 年 4 月 22 日。

第五章

国家对身体的管理
——以 1927～1937 年的南京市政府为例

一、对休闲身体的强制性管理

政府为了稳定统治秩序和实现意识形态的需要,对身体进行各种各样的管理。"不管是中古的或是现代的形式,身体在统治阶级的身体意象上建立了社会的规则。"① "统治阶级对身体的意象,可以用一个词来表示,那就是'身体政治'(The body politic);它表达出对社会秩序的需要"。②

对于近现代史上的中国而言,随着民族国家的兴起,要想使中国能够存在和发展下去,身体的改造迫在眉睫,因为"'族力'或'国力'的建构最终所倚恃的就是身体的存在和其强弱的差别"。③ 在这里,身体的改造已经成为了国家、民族生存的基础条件。

在传统社会,民众的休闲方式、内容都相对单调。封建政府认为休闲是不正当的行为,也容易滋生事端,因而对民众休闲活动多有限制,管理手段也以严禁为主,主要是防止民众休闲内容溢出封建的伦理纲常所允许的范围。进入民国以后,特别是南京国民政府时期,为了灌输政府的主流意识形态以及建设文明现代国家的需要,中央及地方政府出台许多新政策对社会成员进行管理,与以前相比,一定程度上展现了新政府的新气象。而休闲娱乐领域尤其是其规训的重点领域。休闲成为市政管理的重要内容,而且许多积极提倡的新式休闲方式是作为学习西方生活方式的目的而出现的,展现民国政府学习西方文明的导向。1930 年 2 月,国民政府内政部制定《改进人民

---

① (美)理查·桑内特:《肉体与石头:西方文明中的人类身体与城市》,第 30 页,(台)麦田出版社 2003 年版。
② (美)理查·桑内特:《肉体与石头:西方文明中的人类身体与城市》,第 29 页。
③ 黄金麟:《历史、身体、国家:近代中国的身体形成(1895～197)》,第 41 页。

国家对身体的管理

娱乐方法案》，该案认为，"娱乐方法之良善与否，对于工作之精进影响甚巨。常见先进各国娱乐方法非常繁多，大都不但不碍于身心健全，并能助其发达。一民族之强盛，不独可占之于其工作，并可占之于其娱乐方法。该案还认为，欲消极禁止不良之娱乐，必须辅以积极提倡良善之娱乐，庶可收纳民轨物之功。"①

国民政府奠都南京后，为了建设一个文明现代的城市和全国城市的典范，南京成为民国政府重点管理的对象。南京市政府制定"公共娱乐场所调查及艺员登记"。其中认为，"本市旧日娱乐场所，以秦淮河畔最为繁华，夏秋良辰，河面书舫如织，旅客游人，多于此时，征歌选色，而淮清桥、钓鱼巷一带，娼寮林立，尤为浪荡者纵乐之场，自国民政府奠都后，刷新庶政，与民更始，废娼文告，三令五申，秦淮风月，顿改旧观，虽艺员登记仍照常进行，而已登记之艺员，往往托名业艺，私行卖淫，本局负有整顿社会风化之职责，对于公共娱乐场所调查及艺员登记，早经先后举办，兹附录该项规则办法及各种统计表以资参考。""南京特别市政府管理公共娱乐场所规则"（于1929年4月3日第11次市政会议通过）。其中第九条规定是对演员身体的管理，规定："经登记核准表演之艺员由社会局发给艺员执照，艺员演艺场所如有变更时应随时呈报社会局备案。"而对于危害公民身心健康的"烟赌娼"等娱乐消遣活动，国民政府开始制定政策严厉禁止。国民政府奠都南京后，厉行新政，实行首都三禁（禁烟、禁赌、禁娼）。他们认为："刷新首都市政，是从三禁入手的"② 根据首都警察厅1934年的报告认为："烟赌娼为社会三害；根深蒂固，流毒至为普遍，本厅虽历经饬属严密查禁……禁令虽严，犯者仍多，沉迷陷溺，大有人在，此诚社会一大问题也。若非导以高尚之娱乐，而禁其旧染之污，乌能一变靡敝之俗乎。"③

南京特别市政府为了刷新市政，命令公安局严格执行"首都三禁"，严厉取缔：

（一）取缔娼妓，娼妓为社会之寄养阶级，且为男女平等之障碍，腐化恶化之渊薮。是以刘市长受任之始，即决定取缔娼妓，限令公安局于（民国）十七年九月一日禁绝，其禁止之善后办法 1. 扩大妇女救济所，及平民工厂，

---

① 转引自严昌洪：《20世纪中国社会生活变迁史》，第375页，人民出版社2007年版。
② 朱霞山：《首都三禁——赌》，《民众周报》（南京）第48期，1928年9月23日出版。
③ 《首都警察厅概况》，《民国丛书》第5编第76辑，首都志（上）第1100页。

113

分别收容。2. 自行改业，3. 驱逐出境，刘市长又以公娼虽经禁止，恐不免尚有私娼存在，为求澈底起见，特再训令公安局，随时严密查禁，于是本市之禁娼工作，得获相当效果。

（二）取缔卜筮星相，卜筮星相，藉虚玄之技术，妄言人之命运，此种职业之存在，最为革命首都之污点，经刘市长提出，第一次会议议决，限（民国）十七年九月一日起禁绝，并令其从速改业，迄至九月一日以后，一般卜筮星相者，均大率改业矣。

（三）取缔赌博鸦片，赌博鸦片本在禁例，但习俗相沿，辄以赌博鸦片为消遣，刘市长在第一次市政会议中提出禁娼及取缔卜筮星相二案外，并提出取缔赌博一案，当经议决于（民国）十七年八月一日禁绝，又令严厉取缔鸦片一并交由公安局切实执行，经严厉取缔后，本市赌博鸦片已日见消沉矣。①

首都三禁中甚至对卖艺者的衣服颜色都有严格规定，当时规定歌女须穿青色衣服等。

虽然积习难改，三禁活动阻力很大，但是南京市政府还是克服困难，坚持自己的做法，显示了南京市政府刷新政治的决心。有报道称："南京自市府下令禁娼禁赌禁卜筮星相后，期以九月一日一律禁绝，期间虽经妓女与星相业之请愿，而市府仍屹然不动"。②

为了保证娱乐时身体的健康，南京市政府对休闲场所的饮食卫生按现代文明国家的卫生要求做了较严格的规定（传统的娱乐场所不太注意这些条件）。如以戏院为例，其卫生要求："戏院内一切用具须保持清洁"；"春秋二季戏院内部墙壁须全面洗扫粉刷各一次，并须保持清洁"；"戏院内各处及桌椅等物，每日均须拭扫清洁其地面上并应保持洁净，设置痰盂，不能随地吐痰"；"各戏院每一演场须应清洁地面一次"；"戏院内男女厕所各别设立，每日早晨须将粪溺出清其周围并须用石炭酸水冲洒"；"戏院烹茶使用之水，须用自来水，并须煮沸之"；"戏院内所用手巾，每供一客使用，除非经沸水洗涤，不得再供他客"；"戏院内不准贩卖不洁食物"。另外，还规定："凡患肺痨病、皮肤病及其他传染病者，不准在内操作"。为了保证休闲者的舒适，南京特别市市政府对休闲场所的空间、温度、湿度、营业时间等的规定也是按现代社会的要

---

① 刘纪文：《南京特别市政府工作总报告》，第97页，南京特别市秘书处编译股编辑，1930年1月出版，南京市档案馆藏，全宗号1001，目录号1，案卷号1732。
② 《申报》1928年9月9日。

求，以西方工业文明国家的标准为参考，有别于中国传统的做法和要求。仍以对戏院的规定为例，在卫生条例中规定："戏院各通气门窗当开演时不得关闭，倘已有之门窗流通空气不足时，本所得随时饬令增加。"；"夏季必须按照戏院座位之多寡设备风扇，流通空气，减低热度"；"戏院窗门必须关闭时，须别设适当之气筒流通空气"。① 为了安全的需要，还规定："戏剧场所四周应各备太平门并预置救火器具"。而剧场的演出时间规定为："停演时刻至迟以夜间十二点为限"。② 这些规定是适应进入现代工业社会后，作息和假日制度制定的，反映了现代性的特征。南京政府认为，"要改造成了整个新的革命的南京社会，大概有四点：……二、推行市自治，逐渐来改善南京市民的生活习惯；务要养成他们纪律化的生活，职业和娱乐方面的习惯，都要有规则，有秩序，尤其要注意的是卫生和不良的迷信观念。"③ "这些细微的规定和其所意含的功能指涉，显示一个高规格，以身体健康和管理方便为考量的空间设计，正在中国形成。"④

南京国民政府建立后，加强了对主流意识形态的灌输和异己思想的打压。戏曲、电影等是群众喜闻乐见而且极为普及的娱乐形式，因而也是审查的重点。南京市政府规定，在公共娱乐场所表演的游艺中，"违背本党主义者"、"宣传反动思想者"等不得表演⑤。下面是南京市政府审查戏曲、电影乃至民众读物的具体规定：

（一）戏词鼓书

依照本市管理公共娱乐场所规则，及审查戏曲游艺细则，凡本市各公共娱乐场所，所演之戏词鼓书，如电影、京剧、白话剧、清音大鼓等，均须于公开映演前，逐日送局，经审查合格后，方给予许可证，准予映演，如有未经审查，或擅自增减窜改者，视其情节之轻重，请公安局处罚，并于晚间，派定视察员，分驻各该场所审查，免得临时增演戏目，妄自插科，有碍风化及诋毁情事，办理以来，各娱乐场所，均尚能遵守，并拟于最短期间，组织戏词鼓书研究会，以期积极改良，兹将准演京剧电影

---

① 《南京市卫生事务所卫生规则（1934年4月）——取缔戏院规则》，南京市档案馆藏，全宗号1001，目录号4，卷号31。
② 《南京特别市市政府公安局取缔剧场规则》，南京市档案馆藏，全宗号1001，目录号4，卷号31。
③ 黄曾樾：《发刊词》，《南京社会》特刊第2期，第3页（《南京社会》1~3，1928~1931年）。
④ 黄金麟：《历史、身体、国家——近代中国的身体形成（1895~1937）》，第232页。
⑤ 南京特别市政府管理公共娱乐场所规则（十八年四月三日第四十一市政会议通过）《公共娱乐场所调查及艺员登记》，《南京社会》特刊第2期，第180页（《南京社会》1~3，1928~1931年）。

如下：
　　南京特别市教育局审定：（下略）
　　（二）民众读物
　　民众读物，流通于本市者甚多，而新者发行，亦日益增加，含有封建思想或违背本党主义者有之，词句淫秽，遗害青年者有之，以此濡染于市民之中，殊与社会教育上，有莫大之阻力，欲救此弊，非急欲审查民众读物不可，对于违反审查细则者，一律禁止发生，或贩卖，现审查民众读物细则，日内即行公布，通令本市各书坊，或贩卖者，一律尊章，呈请审查。①

　　阅读通俗读物是民国时期城市民众比较普及的休闲消遣方式，因而大众读物也成为政党间进行意识形态争夺的重要场所。如上所述，国民党政府已经注意对"含有封建思想或违背本党党义"的民众读物进行审查，因为"以此濡染于市民之中，殊与社会教育上，有莫大之阻力"。而对于"反动读物"的查禁，国民政府更是不遗余力：

　　（一）查禁反动刊物　反动刊物扰乱社会安宁，至深且钜，迭经奉令查禁，该局先后查获者计七十三本，分别警告各书店，禁止销售，其情节较重者且函公安局办理，其未奉明令查禁而确有反动言论者，亦经没收，并呈请中央明令查禁矣。

　　（二）调验嫌疑刊物　本市书坊林立，刊物至多，虽未奉明令禁止之刊物而言论悖谬，迹近反动者屡见不鲜，该局乃派员调验，复查获九十三本，经审查后无关反动者发还原店，其确有反动之言论者，则有血潮丛书，一名彭湃集，当即没收并查禁。②

　　国民政府成立后设立了许多"革命纪念日"，来纪念国民党历史上重要的人物和事件。这是宣扬国民政府主流意识形态的重要仪式，是向民众展示民国政府政治合法性的重要方法，因而受到国民党和政府的高度重视。在这些纪念性节日中，身体的娱乐不再是个人放松身心的活动，而成为对国民党政府是否认同的政治行为。

　　有的节日被禁止身体娱乐，以示对逝者的尊崇与哀悼：
　　南京市政府训令　府急字第3531号　令公园管理处　为令遵事案准

---

① 刘纪文：《南京特别市政府工作总报告》，第143~146页，南京特别市秘书会编译股编辑，1930年1月出版，南京市档案馆藏，全宗号1001，目录号1，案卷号1732。

② 刘纪文：《南京特别市政府工作总报告》，第160~161页，南京特别市秘书处编译股编辑，1930年1月出版，南京市档案馆藏，全宗号1001，目录号1，案卷号1732。

中国国民党南京特别市执行委员会宣字第五四五号公函开　查本月十二日为总理逝世六周年纪念日，业经敞会第九十九次会议决定纪念办法，于是日正午十二时零分起，全市民众应静默三分钟（以点灯开关为号）又按照中央革命纪念日简明表规定，各娱乐场所于是日一律停止娱乐宴会一天以示哀悼，各在案除函首都警察厅外，相应录请查照，分别办理等由，准此除分令外合行仰遵照并分别饬属一体遵照此令。①

而有的节日里，身体又被要求娱乐，以表示他们对民国历史上重大事功的认可：

案准　中国国民党南京特别市党部本年十月三日函开：

查本年十月十日国庆纪念日正值全国统一完成，自应热烈庆祝，首都各界已定于是日举行提灯游行大会，凡属首都各机关应扎搭彩楼，扫除清洁，并于汽车上悬挂小党旗以示庆祝，除分函外，相应函请查照办理等由。自应照办，除分令外合行令仰遵照此令。（民国廿五年十月八日）②

而有些纪念日只是以休假的方式来对身体形成一种规训，娱乐与否没有硬性规定：

南京市政府训令　字第NO02729号　令公园管理处　案准

中国国民党南京特别市党部本年三月二十四日函开：

三月九日为革命先烈廿六周年纪念日，凡属本市各机关各学校商店、住户，于是日应一律悬挂半旗，各机关各学校各工厂应一律休假一天以示纪念。除函首都警察厅外，相应函请贵府查照转行各界知照等由；准此，自应照办，除分令外。合行令仰遵照，此令（1937.3.27）③

把普通市民的身体形象上升到国家形象的高度来看待，显示了这一时期国民政府融入世界文明国家的姿态：

南京市公园管理处布告（1937.7.30）

案查鼓楼公园位于全市之中，地邻日本之领事馆，往来游人，日逾千数，对于园内之清洁卫生及公共秩序宜为加注意维持，方足以壮国际之观

---

①《南京市政府公园管理处（战前）南京市政府训令（1928.9.2～1937.6.16）》，南京市档案馆藏，全宗号1001，目录号7，卷号1。

②南京市政府训令　字第NO 10099号　令公园管理处，南京市政府园林管理处（战前）南京市政府训令（1928.2.4～1934.10.8）南京市档案馆藏，全宗号1001，目录号7，卷号8。

③《南京市政府园林管理处（战前）南京市政府训令（1928.5.4～1934.8.31）》，全宗号1001，目录号7，卷号13。

身体的现代转型

瞻,资市民之游乐。乃近查该园游客,或则袒胸裸背,或则偃卧蹲踞,或则拆毁花木,或则任意便溺,凡此种种足以妨碍秩序,复碍观瞻。除饬该园管理负责饬园警随时纠正,及咨请警区严力取缔外,合亟仰告周知,凡我市民务必束身自爱,改正恶习,倘敢违犯,定当拘罚不贷,切记。此布　主任陈①

民国时期,对许多娱乐节目或者时髦身体形象会以"有伤风化"的名义予以禁止。如南京政府规定在公共娱乐场所禁止演出的游艺种类就有"有伤风化者"、"有悖人道者"等②。经过调查,南京市政府社会局认为:"本市娱乐场所,内容陈腐,如清音大鼓唱书各茶社以及歌舞戏院及露天戏曲场所,应通盘计划从事改善,以资整顿而端风化。"南京市社会局且把思想付诸行动,具体做法如下:

(一)废除娼妓,娼妓制度,贻毒社会至深且巨,本市于十七年九月,一律禁绝,责令改业,其无业可改者,则收入妇女救济院(今名妇女教养所)施以教育,为之择配。

(四)取缔盂兰胜会,盂兰胜会,举行于夏秋之交,无知愚民趋之若鹜,徒耗金钱,无补社会,此种迷信举动,经佈告,严行制止。

(六)取缔有悖人道之武术,查本市武术游艺,往往强令青年子女作有悖人道之动作,以示号召,实于健康有碍,经该局随时检查,勒令停止。

(七)取缔淫秽书画,淫书淫画,既伤风化,复害青年,经该局随时查禁销毁。

(八)禁止扬州小曲,淫词小曲,既伤风化,复易引诱青年,春暖花香之候,秦淮河里,驾舟卖曲者,络绎不绝,淫诲之声,终夜不绝,两岸居民,受害匪浅,该局布告禁止,居民称善举。③

诚如有人所言:"生活习俗虽是民间百姓的一种自觉或不自觉的选择,但往往和政府的导向联系在一起。一个政府常常从维持统治的角度出发,干涉百姓的生活习俗。"④ 这一时期的南京市政府强力推行对传统生活习俗的改造,

---

①《南京市政府园林管理处(战前)秦淮鼓楼小公园杂卷(1934.8.31~1937.10)》,南京市档案馆藏,全宗号1001,目录号7,卷号43。

② 南京特别市政府管理公共娱乐场所规则(十八年四月三日第四十一市政会议通过)《公共娱乐场所调查及艺员登记》,《南京社会》特刊第2期,第180页(《南京社会》1~3,1928~1931年)。

③《本局行政述要》,《南京社会》第2册,第177页,(《南京社会》1~3,1931~1932年)

④ 李喜所:《民国初年生活观念和习俗的变迁》,薛君度、刘志琴:《近代中国社会生活与观念变迁》,第147~149页。

推动市民休闲生活走向现代。在当时的特殊历史条件下，为了维护政府的权威，休闲内容的意识形态审查非常严格。在国民政府新设立的纪念性节日里，休闲问题被当作民众对政府意识形态认同的政治仪式。

二、对身体休闲取向的导引

要塑造文明健康的现代公民，仅仅依靠强制管理是远远不够的，现实生活错综复杂，只有通过对身体休闲取向的引导，使其明了什么才是文明健康的娱乐，从而自觉实行，才能真正实现转变。就拿对社会危害严重的"三害"（烟、赌、娼）来说，只是一昧禁止，也许能使它们一时销声匿迹，但并不能从根本上解决问题。当时就有人对此进行了分析，探讨三害难除的根源，建议先对公民进行引导教育，使之改变娱乐观念，自觉远离三害，才是根本治理办法，可谓切中肯綮。报纸分析道：

现在之所谓"三害"，亦即普通人之"三爱"，但既然云害，何以人尚爱之？此无他，即爱之深，故迷之切；迷之切，是以虽身受其害而不自知。

关于三害之应除，理由甚多，且亦为世人所早悉，然害自为害，而迷者自迷，究属何故？盖此问题，并非完全可以利害二字动之，应从心理方面加以分析也！因人之生活方式出去工作与睡眠而外，娱乐亦为重要部分之一；今世人既认烟赌娼为唯一之娱乐，故不惜趋之若鹜，沉迷苦海，戕生败名，至死而不知悟也！吾人对于三害之应铲除，固极端同意，不过对于人生之娱乐观念，若不先期予以根本之改正，使咸知何谓正当之娱乐而有所适从，则恐此宣传时期一过，而三害之势力仍活跃如故也！①

有学者认为："一般而言，民族国家兴起后产生了国民教育或普及教育的概念，全民教育成为政府进行意识形态整合国家与社会的重要渠道之一。中华民国成立后，特别是南京国民政府成立后，国家对教育的管制日益严格，不仅对体制内教育进行了控制，而且加大力度发展社会教育，对民众的观念进行引导与控制，通过潜在的形式实施政府的影响。"② 国民政府认识到了这一问题的重要性，积极推进社会教育工作的进行，以期培养适应现代社

---

① 《除三害》，《北洋画报》1935年6月20日。
② 陈蕴茜：《日常生活中殖民主义与民族主义的冲突——以中国近代公园为中心的考察》，《南京大学学报》（人文社科版）2005年第5期。

身体的现代转型

会的公民。有学者研究认为:"新生活运动在1934~1937年的横扫中国,以及其中所涉及的身体美学斗争和政略运用,说明身体正成为这个新起的政权一个重要的斗争领域。"①

对民众运动休闲的提倡是这一时期社会教育的一个重要特点。作为逐渐兴起的体育运动,不单单是作为一种个人的休闲娱乐活动,而是充满了国家对公民身体进行改造的目的:

教育部乃发起召集全国体育会议,……经五日的会议,乃得拟定国民体育实施方案,并议决各种推行案件如下:甲、确定体育目标:计(一)供给国民机体充分平均发育之机会;(二)训练国民机体,运用身体以适应环境之能力;(三)培养国民团结合作之精神;(四)培养国民侠义、勇敢、刻苦、耐劳之风尚,发扬民族之精神;(五)培养国民以运动及游戏为娱乐之习惯。②

全国运动会的召开,从休闲的角度来看,就是要培养民众运动休闲的习惯,摒弃不良的娱乐,为民族国家的振兴而拥有身心的健康。"全国运动大会的成功,已表示我国建设的进步,体育事业的渐臻普及与发达,实为复兴民族的良好现象。盖集合全国优秀青年,竞技于一场,目的不仅在夺得锦标,而欲藉此盛大的集会,以鼓舞全国民众的心灵,得有接触的机会以沟通全国人民的思想与观感,使全国民众发扬振作,养成好尚体育的风气;并能以高尚的运动,代替不良的娱乐;于政治教育社会经济诸端,影响至重且要焉。"③

南京市政府除把办理参加全运会的运动员事宜作为社会教育的重要工作外,还学习先进国家经验,计划筹建若干运动场所供市民使用:

体育场为提倡体育之要端,以增进市民身体之健康,并改善民众业余生活为主旨,关系民众教育至重且大,以最近首都人口之调查,有居民五千余万,依八千或八千以上居民之都市,须有一公共娱乐场所,三万人以上,设一公共体育场之标准观之,则本市之公共娱乐场所,与公共体育场之设立,其数盖亦

---

①　黄金麟:《丑怪的装扮:新生活运动的政略分析》,《台湾社会研究季刊》第30期(1998年6月),第163~203页的有关分析,转引自《历史、身体、国家:近代中国的身体形成(1895~1937)》,第97页。

②　沈嗣良:《十年来的中国体育》,《十年来的中国》,《民国丛书》第5编第69辑,第613页,商务印书馆1937年版影印。

③　沈嗣良:《十年来的中国体育》,《十年来的中国》,《民国丛书》第5编第69辑,第616页。

可观矣，惟处于民穷财尽之时，公共体育场之充分建设，非能期之于最短时间，而筹设顺序，不得不先事计及，以都目前之需要，整个之计，至少应设四处：（一）城内第一体育场（二）鼓楼第二体育场（三）下关第三体育场（四）浦口第四体育场。①

南京市政府兴办的社会体育活动，最直接体现了体育成为锻炼体魄的休闲运动的本质：

（五）社会体育　关于社会体育方面，本局领导下，有首都党政军促进会，南京市体育委员会，业余体育会，首都骑射会，白下体育会，大学体育协会，中学体育协会，小学体育研究会之组织，其目的均在提倡全市体育之发展，每季均举行名次比赛，成绩尚佳，至民众运动场地，本市内除有公共体育场及鼓楼儿童运动场，与正建筑之汉西门运动场外，并拟于各区设儿童运动场十一所，第一住宅区内之小运动场经已开工，不久即可完成。②

民国政府的上述举措是在休闲领域进行身体改造的表现，特别是对过去一直为社会轻视的体育活动的提倡，意在通过强健国民身体而达到强国的目的。

有学者对这一时期学校体育教育兴起的分析有异曲同工之妙："在个体的层次上，这个企图以身体的改造来达到国权的维护的目标，可以透过学校、社会、与家庭等三方面的合作来进行。以学校的教育而言，它除了必须对智育与德育有所要求外，对过去一直偏废的体育活动也要有所矫正。举凡徒手体操和体操之外的游戏活动，如行军、野外演习、射击、击剑、游泳、旅行、竞舟、和登山等活动，都要依学生的年龄和智识程度分层举行，以振起尚武的精神。……而在社会的层面上，则可以透过在公众场域建立勇士的铜像，雕刻激战的场面，奖励击剑、柔术、相扑、山猎、和竞舟等活动，以及利用新闻、演剧、文学、美术、和歌艺的方式，在不自觉中提升人民的爱国意识与身体能力。"③

为了培养适应现代文明国家需要的公民，南京国民政府在许多城市都成立了专门的社会教育机关，拿首都南京来说，属于市政府教育局管理的通俗教育

---

① 刘纪文：《南京特别市政府工作总报告》，第143页，南京特别市秘书会编译股编辑，1930年1月出版，南京市档案馆藏，全宗号1001，目录号1，案卷号1732。
② 《十年来之南京》（1937年6月），第40页，南京市政府秘书处编，南京市档案馆藏，全宗号1001，目录号1，卷号1737。
③ 黄金麟：《历史、身体、国家：近代中国的身体形成（1895～1937）》，第58页。

馆，承担了对市民进行社会教育的工作，其中许多内容被融入市民休闲活动中：

第一通俗教育馆，馆址在府西街，旧江宁县，县立通俗教育馆原址，组织分为三部：一、总务部，办理全馆庶务会计文牍保管等项；二、图书部，选购各种通俗图书报章，以供市民阅览，三、科学部，搜集各种普通动植物矿务标本及地质模型，理化器械等，以供市民之参观考证，现有图书共一二五六种，科学仪器共九六四种……该馆原有运动场一方，范围尚为广阔，设备亦甚完美，学校市民于业余之后，来此运动者甚多，……

第二通俗教育馆，原名"市立第一公园图书博物体育管理处"成立于民国十七年十二月一日，即由前第一公园内，历史博物馆图书馆阅报室体育场合并组织之，……图书现有五八三三册，每日阅书报者平均百人以上，历史博物馆陈列古代文具、武器、雕刻、金石书画等类，现有物品共一七四六件，每日平均游览人数，均在四五百人以上，每逢假期及纪念日期，均在千人以上，弹子房一所，内设弹子台一座，以供游人娱乐，另有体育场一方，设网球场一篮球场一，在夏季时期，弹子房及运动场每月收入运动费最多者，在四五千元以上，显见运动者之多，在冬季，即稍为减色，约在二三千元左右，……①

游泳作为一项现代休闲运动被民国政府提倡，而南京市政府筹建九龙桥游泳场的理由申述，足可以看出国民政府直追世界上文明发达国家的决心与信心：

（三）九龙桥游泳场

近来世界各国，经营都市，对于公共娱乐场所之设，定有标准，在三万人以上，须有体育场一所，足证外人重视体育之一斑。

现在南京为首都所在，中外观瞻所系，关于体育设施，未可漠视，惟本市体育事业，尚甚幼稚，体育场寥若晨星，仅有省立者一处，市立通俗教育馆，及本局所拟办简易体育场两处，本市对于民众体育之设备，已甚感缺乏，而关于夏季运动之设施，已甚感缺乏，尤有急切提倡之必要，本局为适应民众需要起见，于本年六月下旬，开始筹办，地点设在通济门九龙桥堍，所有各项建筑工程，至八月杪始一一完成，兹将该场办理情形略述如

---

① 刘纪文：《南京特别市政府工作总报告》，第140页，南京特别市秘书会编译股编辑，1930年1月出版，南京市档案馆藏，全宗号1001，目录号1，案卷号1732。

国家对身体的管理

左：……①

南京的国立中山大学通俗教育馆在介绍自己的工作时写道："本馆讲演部对面植物园年久荒芜，现在积极改造于园中之中心，作成党旗形，以桂树为中心，馀植适当之植物，并于四围制作各区，每区中央一列完全植木本植物，两侧分二三列择开花时期不同之植物相间栽培，藉供游览者之欣赏。"② 在这里，民众进入植物园休闲娱乐时，也会时时感受到主流意识形态的存在。相同者如普通老百姓喜欢光顾的休闲场所——茶园，也成为政府对民众进行意识形态教化的所在：

教育局利用民众喜入茶社心理，采取娱乐方式，开办革命化科学化艺术化之民众茶园若干所，以培养本市市民，应有之常识，高尚之习惯，成一健全之国民，于是在本市三月间，编造预算，拟在本市东南西北中下关六区，各设一所，并特约民众茶园若干所，无如限于经费，只能在夫子庙先行设立一所，六月二日正式开幕，设指导员一人，负责管理茶园所有图书及娱乐器具，指导民众之专责，内容分五部：1. 通俗图书部购备各种阐扬三民主义，含有通俗教育之图书杂志，订定京沪各报，以便民众阅览；2. 通俗演讲部在园内筑演讲台一座，举行不定期演讲；3. 民众娱乐部，除备置弹子、棋子、各种乐器外，仍拟表演革命化艺术化之戏曲游艺；4. 卫生部负本园清扫专责，并随时指导民众讲求卫生；5. 营业部招商承办，自开办以来，迄今已将半载，每日到园人数平均有一千人之多，足证此种社交机关，本市需要甚殷，惟夫子庙民众茶园，设备简单，殊未能满足一般民众之欲望，一俟经费宽裕，当力求完善，以副民众之期望也。③

上面提及的休闲空间与社会教育空间的重合，成为国民政府规训身体的理想场所。诚如有学者的分析："我们不难看到身体的日常践行与活动和一些特定空间之间的紧密关联。这些我们称为家屋、校园、教会、工厂、医院、庙宇、市场、和公共场所的地带，经常是我们所以具有强烈地方感（sense of place）的源起之地。透过身体的经常介入、记忆的积累、感情的投射、和劳动的投入，身体与这些空间的特定关系，如休憩、教养、劳动、诊疗和消费

---

① 刘纪文：《南京特别市政府工作总报告》，第141页，南京特别市秘书会编译股编辑，1930年1月出版，南京市档案馆藏，全宗号1001，目录号1，案卷号1732。
② 《民众周报》第24期，第7版，1928年3月12日，国立第四中山大学通俗教育馆印行。
③ 刘纪文：《南京特别市政府工作总报告》，第142页，南京特别市秘书会编译股编辑，1930年1月出版，南京市档案馆藏，全宗号1001，目录号1，案卷号1732。

等，于焉建立。而这些深具特定意义与价值的空间建构，经常也负有教化和规训身体的职能，甚至成为国家意识形态对身体恣意的最小战斗单位。这些散落四处但却具有同样效能的布置，将身体功能地嵌合于外在的物理空间，使身体和家庭、社区、社会、国家、和生产方式等较大体制产生一定的连结，甚至得到一个特定的存在意义。这个'地方'的概念和意识，让空间的抽象模糊性得以透过区位、建筑、景致（landscape）和人群关系而大幅缩减，使身体的存在和空间的建构产生细密的接合。这种因著特定的空间场域而形成的空间与身体的关联，是我们最容易看到的活动关联，也是空间所以具有规训和纪律效应最清楚的地方。"①

为了塑造适应现代民族国家要求的身体，国家对身体的价值观念进行积极的引导，公园是达成这一目的的一个重要场所。"民国政府通过公园向民众灌输现代观念与意识，这使公园实际兼具社会政治教育空间的功能。"②

在中国，面向公众开放的公园（Public Park）是在近代才出现的。中国过去只有官家或私家园林，公园这一公共旅游娱乐空间完全是近代西方文明进来以后的产物。③ 最早的公园是 1868 年 8 月英美租界工部局在上海开辟的外滩公园。"在西方，所谓公园是提供给不同阶层的人们充分享受空间和美景的'最优之娱乐'，强调景致的奇特美丽和游人的平等待遇。"而在民国时期的中国，"公园不仅是美化环境，供人休闲娱乐的公共场所，更重要的是引导民众接受文明健康生活方式的社会教育场所"。④ 公园的建设者是要使民众到公园休闲，从而"发人兴趣，助长精神，俾养成一般强健国民，缔造种种事业，而国家因之强盛。"⑤ 这就把身体休闲的空间——公园，当作了培养符合现代民族国家要求的公民的空间。公园被当作了现代文明的象征，因此人们游园时必须讲究着装，"衣衫不整齐的人们且被拒绝'买票'"。⑥

南京国民政府成立后，南京成为首都，因而南京成为国民政府进行现代市政建设的基地；也是国民政府对外展示的"脸面"，时时要考虑到首都的"国

---

① 黄金麟：《历史、身体、国家：近代中国的身体形成（1895~1937）》，第 238 页。
② 陈蕴茜：《论清末民国旅游娱乐空间的变化》，《史林》，2004 年第 5 期。
③ 同上。
④ 李德英：《公园里的社会冲突——以近代成都城市公园为例》，《史林》2003 年第 1 期。
⑤ 董修甲：《市政新论》，商务印书馆 1924 年版，第 40~41 页。
⑥ 《秋天的公园》，见贾亭、纪恩选编《茅盾散文（一）》第 207 页，中国广播电视出版社 1995 年版。

国家对身体的管理

际观瞻"。因此，为了塑造现代型的市民，南京特别市政府很注重公园这种现代文明象征的市民休闲场所的建设。早在国民政府建立不久，在百废待兴，政府资金紧张的情况下，南京市政府仍然坚持进行公园的建设和规划。1929年，南京特别市政府工作总报告中提到工务局方面兴筑秦淮小公园的经过，"夫子庙为本市最繁华之区，所有酒楼茶社，以及游艺场所，荟萃于斯，独于公园一项，尚付缺如。工务局因就本府对面，临秦淮河旷地，辟为秦淮小公园。一切布置，曾经工务局详为规划，前后建筑水磨大门栏杆，沿河并筑驳岸及台阶，以便游人上下过渡之用，园中筑有茅亭一座，亭右装设儿童游嬉平台，及千秋架等项，以供儿童之运动，园之四周，莳以花木，并设有长凳，藉资点缀，园中弯曲道路，皆以煤渣筑成，业于（民国）十七年六月间工竣，共费银一千数百元，虽所费无多，实属增色不少，以占地不广，故以小名之。"① 而同时土地局已经制定了"伏虎山公园规划""伏虎山位玄武湖之北，介太平门与和平门车站之间，风景宜人，山高仅二十公尺，故登临无升陟之劳，其麓即环湖马路，东通太平门，西达和平门，南临湖滨，北通燕山诸胜，实为开辟公园之良好地址。现由土地局征收民地一百余亩，经工务局拟具计划，开辟一公园于其上，建筑茶室、餐馆、网球场、游泳池等，以供民众游览。又建疗养院，以为天然治疗之所。建别墅，以供中外来宾及华侨招待之用。更于山半建总理铜像，以资游人之瞻仰。一俟确定，即可循序进行。"②

表5-1　南京市公园概况（民国二十五年四月调查）

公园名称	园地面积	职员人数	全年经费	附 注
玄武公园	124，00	13	由公园管理处开支	
第一公园	118，43	3	由公园管理处开支	
莫愁湖公园	16，00	1	由公园管理处开支	
白鹭洲公园	4，00	1	由公园管理处开支	
秦淮小公园	4，96	1	由公园管理处开支	
鼓楼公园	—	1	由公园管理处开支	
政治区公园	90，00	2	5，460	尚未测量

---

① 刘纪文：《南京特别市政府工作总报告》，第76页，南京特别市秘书会编译股编辑，1930年1月出版，南京市档案馆藏，全宗号1001，目录号1，案卷号1732。

② 刘纪文：《南京特别市政府工作总报告》，第85页，南京特别市秘书会编译股编辑，1930年1月出版，南京市档案馆藏，全宗号1001，目录号1，案卷号1732。

| 燕子矶公园 | — | 1 | 1,020 | 尚未测量 |

资料来源:《南京市政府行政统计报告(民国二十五年度)》,第104页,秘书处统计室编印,民国二十六年四月出版,南京市档案馆藏,全宗号1001,目录号1,案卷号1731。

南京国民政府成立后,南京市政府制定了大规模的公园建设计划:

南京自定为首都之后,本府为完成南京市政及首都观瞻起见,曾有建设十个公园之计划。其中应从事整理者,有第一公园、鼓楼公园、莫愁湖公园、秦淮小公园。应从新开辟者,如五洲公园,白鹭洲公园、清凉山公园、雨花台公园、北极阁公园 岩山公园等。只以经费困难,不能一时举办,因而分期工作,大体计划已成者,维持现状,未成者依次开辟,故该处工作,先自五洲公园做起,再次则白鹭洲,再次则清凉山、北极阁等等,惟须视财力之大小,而定兴办之工程也。

为了使市民加强对世界的了解,市政府还把玄武湖公园改称五洲公园①:

五洲公园,旧称玄武湖公园……内有老、新、长、菱、芷五洲,即今之所谓美欧亚澳非洲者,因其数为五,故与之以五洲之名。②

有知识分子建议把南京建成一个大规模的公园,而且把公园设置成为一个学习各种现代科学知识以及锻炼体魄的综合性空间:

园艺是农业科学的一部分,在农业发达的国家把园艺和其他农业科学视为同等重要,我国以农立国,可是一般人对于园艺事业向少注意,就市政方面讲,近有人主张都市田园化,换句话说,就是一方面提倡园艺,一方面使都市田园化,美术化,由此看来,田园之有裨于都市风景,自属无疑,因此,鄙人有建议首都大规模公园的建议。

当然,普通一般的所谓公园,只限于栽培花木,供人休息的场所,可是这里所建议的大规模公园,除上述的使命,还有其他的目的。我们觉得在首都除公园而外,还缺乏图书馆,博物馆,动植物园和运动场等,像这一类的场所,最好是并拢在一块儿,因为我们除却怡悦性情而外,同时要增进智识和强健体

---

① 据笔者查阅档案,后来五洲公园又改称玄武公园。原文为:"公园(甲)关于玄武公园者:一、更改园名及五洲名称 该园原名五洲公园,以湖中五洲比拟世界五洲,实欠妥适,且乏历史上之根据,爰经改称玄武公园,并将湖中五洲,亚洲改称环洲,欧洲改称樱洲,美洲改称梁洲,非洲改称翠洲,澳洲改称菱洲。"参见《一年来南京市政》,第125页,南京市政府秘书处编,南京市档案馆藏,全宗号1001,目录号1,卷号1736。

② 刘纪文:《南京特别市政府工作总报告》,第255页,南京特别市秘书会编译股编辑,1930年1月出版,南京市档案馆藏,全宗号1001,目录号1,案卷号1732。

魄,有了这样好的环境,读书和得到一切智识的效率,当然随之增加,运动的兴趣,也随之浓厚。

(A) 园艺方面

(a) 设立园艺试验场,就公园里面辟地若干亩,实施各种最新的栽培方法,输入外国的优良品种,改良我国原有的品种,一方面充实公园的风景,一方面从事研究工作,卓有成效以后,便从事推广,以多余的产品出售,籍补公园经费。

……

(B) 图书馆方面:

图书馆应设在公园中风景最佳的部分,四周要有草地,花木等等,因为环境愈好,读书的效率越发增高,在图书馆里除阅读室里应备各项新闻纸外,应多备党义书籍,和自然科学的图书,这样一来,民众对于本党便有充分的认识,同时对于自然科学也可明瞭,因为在科学落后的我国,民众对于自然科学的知识是非常缺乏的,而非常需要的。

(C) 博物院和动植物园方面:

在文化进步的国家莫不视博物院等为发达文化的重要工具之一,在英国有一座博物院叫做 British Museum 收藏非常宏富,各种动植物标本可以说是应有尽有,就是其他国家也都有像这一类的博物院,我们在观瞻所系的首都里,尤应有博物院的成立,不但如此,我们知道,自然科学的知识,不是专靠书本而可以得到的,学校里面之注重实习工作,也就是这个缘故,我们既然希望民众对于自然科学得到一些知识,自然要多与他们见到"实物"的机会,然后他们所得到的智识,才是活的智识,而不是死的智识,在博物院里应当陈列各处的动植物标本等等,并应聘请专家从事研究,从事采集,兼为参观者解释一切,动植物园一方面用以供博物院研究,一方面用以表示各种动植物的生活情形,也应聘请专家司其事。

(D) 运动场方面:

时至今日已经不是"读死书"的时代了,西谚谓"强健的精神寓于强健的体魄",就是这个道理,所以我们不能终日去读书,读书疲乏之后,应有适当的运动,以恢复精神,一般市民在工作的余暇,尤应从事运动,以锻炼体魄,为便利计,应于公园里多辟些网球、篮球和足球场,多购置运动用品,以供应市民应用,如此,则市民对于运动兴趣的养成,并非难事。

这样一所大的公园，需要经费诚然很多，可是如果一样一样的依次建设起来，倒也不觉十分困难。①

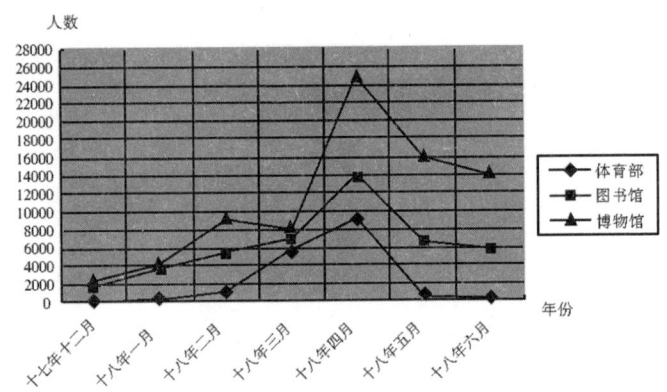

**图 5-1　南京市特别市立第一公园图书博物馆
体育管理处逐月阅览及运动人数比较图**

南京特别市政府教育局制

资料来源：刘纪文：《南京特别市政府工作报告》，第 148 页，1930 年 1 月出版，南京特别市秘书处编译股编辑，南京市档案馆藏，全宗号 1001，目录号 1，案卷号 1732。

鉴于当时一般市民昧于世界大势的实际情况，为了"开通民智"，南京市政府积极在各处设立民众阅报处，把民众的空闲时间吸引到阅报，了解世界知识上来，收到良好的效果：

"二二　民众阅报处及阅报牌

我国一般民众，对于阅看报纸素不注意，无论对于世界潮流的趋向，国家大事的变迁都浑浑噩噩，不加闻问，偶于街头巷尾，传来消息，则徒凭臆断，妄家推测，而无稽谣言，每乘机屡入，以淆惑人心，扰乱治安，值兹训政伊始，开通民智，实属第一要图，教育局有鉴于此，于（民国）十七年度上半年中设立民众阅报处十二所，并极力宣传，以养成民众阅报的习惯，对于时事、国事有正确之消息，至（民国）十七年十二月，鉴于民众之需要，复扩充之处，并订定阅览简章，兹将现有十五处一览表，附录如下……"②

---

① 业春涛：《建设首都大规模公园刍议》，《南京社会》特刊第 2 期，第 47~48 页（《南京社会》1~3，1928~1931 年）。

② 刘纪文：《南京特别市政府工作总报告》，第 135 页，南京特别市秘书会编译股编辑，1930 年 1 月出版，南京市档案馆藏，全宗号 1001，目录号 1，案卷号 1732。

表 5-2 南京特别市市立民众阅报处阅览人数统计表

月份性别人数名称	十七年十月 男	女	合计	十一月 男	女	合计	十二月 男	女	合计	十八年一月 男	女	合计	二月 男	女	合计	三月 男	女	合计	四月 男	女	合计	五月 男	女	合计	六月 男	女	合计
贡院街	3784	0	3784	3531	0	3531	4290	6	4296	1140	4	1144	1204	8	1212	1218	12	1230	1119	8	1127	1396	14	1410	1269	8	1277
剪子巷	1068	12	1080	1084	2	1086	1083	15	1098	342	7	349	391	32	423	332	4	336	306	25	331	425			482	8	490
三牌楼	305	25	330	314	28	342	342	34?	376	199	42	241	328	4	332	282			290	30	320	414					432
大行宫	263	42	305	291	51	342	381	5	386	165	26	191	423	32	455	260	22	282	380	34	414	370	15	385	331		
仓顶	129	0	129	129	0	129	260	0	260	310																	
新廊	633	54	687	664	63	717	725	76	801	680	82	762	774	65	839	731	62	793	760	42	802						
米行街	790	215	1005	1039	258	1297	1189	276	1358?	846	78	924	968	84	1052	976			1089	576	1665						
兴中门	316	5	321	413	4	417	606	12	606	693	21	672															
新莱市	1432	45	1477	1923	0	1923	1767	0	1767	1706	0	1706	2045	0	2045	2012			2072	0	2072						
天子庙	1770	160	1950	1520	180	1700	2108	0	2108	1650?	210	1860	1706?			1650?			1576	207	1783	1653	182	1835			
升平桥	630	0	630	120	13	133	2350	0	2350	810	38	810?	438	82	520?	506	65	571?									
唱红楼	558	0	558				214	300	214?	252						44	9	53?	239	59	298	466	78	544?	149		
和平门							383	0	383	44	2	39?				525			388	73?	405?	518	54		696		
五洲公园							38	26					400	40		481	19		464	54							
绿筠花圃								16	16	10			344	13	357	470	25		522	12	534	482	13	495			
仓巷							500	16	516	390	10	400							119	17	136	124					
鼓楼村							315	315		331	309		323	430		451	21		109	21							
民众茶园			558					124	124				157			163	123			3			55		206	24	
合计	11698	558	12256	11069	599	11668	13710	1312	15022	7920	568	8488	8834	1004	9838	9241	1466	10707	9641	964	10605	10775	1135	11910	12067	1226	13293

资料来源：刘纪文：《南京特别市政府工作报告》，第 148 页，1930 年 1 月出版，南京特别市秘书处编译股编辑，南京市档案馆藏，全宗号 1001，目录号 1，案卷号 1732。

（南京特别市市政府教育局制）

到了30年代，当时新式的现代科技产品——广播电台从最初的只是一些商业性娱乐小电台，发展到成为"宣传利器"。"……从广播事业本身而言，以前仅为一新奇玩品，供一般有闲阶级，酒后茶余消遣之工具而已，今则其效能已超乎寻常娱乐之上，进而为推进文化建设之有力工具"。① 尽管在国民党人的眼中，电台播放的娱乐节目，"非仅供民众娱乐而已"，② 而是要进行各种知识的灌输，为塑造民国政府需要的现代公民做出贡献。但是娱乐却是实现这些目的的最重要手段。因为审美娱乐最能激起群众的兴趣，吸引他们的注意。政府的工作人员对此也是清楚的。他们认为：

音波既谋及远，节目尤宜注重，前此播音节目及时间之分配节经改良增进，所有关于党的宣传及新闻消息及国府各部院会之施政报告等项，业经详行规定，此后大台成立，尤当联合政府各机关努力工作，凡所举措，先行宣传，国事政情，择要报告。使人民充分了解。有正确之观念。唤起舆论同情，作政府之后盾；一面辅以各种各种演讲，以灌输人民智识，间以优雅音乐，以诱起听众兴趣；俾合群众心理，于审美娱乐之中，获易俗移风之效。③

尚有音乐一项，尤属重要。迎合群众之心理，以吸引注意。历观中外各地广播电台，各项节目率间以音乐，实为休息、调剂、减除烦倦，考虑所闻，避免遗漏，故以重要节目为经，音乐为纬，则听众于娱乐审美之中，获贯（灌）输知识之益。除间以党歌，总理演讲，及各种歌剧唱片，于普通节目外，并宜敦请名家，常时演奏乐府新声，庶足以引起一般醉心音乐者之同情，唯我国乐章，古者调高和寡，而晚近又乏佳品，殊鲜艺术之价值，至于外国之音乐，未合国情，难于偏晓，以致民众对于享受音乐，尚无良好标准。嗣后宜聘中西乐队专家多人，时时演奏我国固有名曲，或审合国情，另编新调，，以飨听众。庶广播全国，收效伟大，非仅供民众之娱乐而已也。惟目下本京绝少音乐团体，罗致为艰。而音乐节目，格外重要，似宜向电话局租用京沪长途线一二对，另设一发音室于上海，因上海为商业中心，音乐专家，人才甚多，而外国音乐家之旅行暂驻者，往往不绝，随时延请演奏，庶可餍听众之望。④

利用电影对市民传授现代知识，是很好的一种方式，得到当时的国民政府

---

① 《十年来的中国广播事业》，《十年来的中国》，《民国丛书》第5编第69辑，第693页，商务印书馆1937年版影印。
② 《十年来的中国广播事业》，《十年来的中国》，《民国丛书》第5编第69辑，第704页。
③ 《广播无线电年刊》第9页，1929年12月。
④ 《广播无线电台年刊》第21页，1929年12月。

国家对身体的管理

教育部的提倡①。南京市政府认为："查电影教育为推进社会教育利器，欧美各国风行已久，本市为首都所在地，对于此项事业，自应努力推进，本府社会局业经呈请拨款办理，并拟与金陵大学合作，俾利进行，而省手续。"② 南京市政府举办的教育电影运动成效显著，受惠者甚多。其概况如下：

  本市教育电影，自二十三年上学期，开始兴办，按日放映，供各界民众及各级学校学生观览，尚具成效，放映办法：（一）于每星期日上午假用各电影院放映。（二）每晚分往各民众学校放映两种，其经费每日为二百元。按以往总计，每月容纳观众有三万两千余人。后因学生逐年增加，未能普遍。乃于二十五年度八月份起，为谋推广及增进各校补充教材起见，特分日间电影教学及夜间巡回放映两种，并改订办法如下：（一）放映教学电影地点，定在各学校内，开放映时间规定自上午九时至下午五时止，放映场地，应用礼堂，或教室，所需黑帘及影幕等均由放映人随带。并于每月未开始以前，由本局选择自然、史地、卫生、及人事上影片若干种，先将各片名称，分送各校，，如遇教授某种课程之教材，与所选影片相同者，各校得于三日前指定时日及所需放映片名，函知社会局，派人到校放映以助教学，讲解说明，得由该科教师自任。（二）巡回放映教育电影，由本局就各级学校操场，或礼堂为放映场地，每晚下午六时半起，分派电影机两架，前往规定之学校放映，除招待本校学生及附近简易小学，短期小学学生外，并招待各附设民众夜校学生共同观览，其巡回放映观览表由社会局事先编定，分发各校。总计每月巡回放映四十八校，参观人数有五万三千余人，乡区交通不便，又无电影供给学生及民众每感无法观览之机会，本年始由教育部发给半价教育电影机及发电机全部，用以办理乡校教育电影，现已拟定办法就燕子矶、上新河、孝陵卫分为三巡回区，每月晚间前往三区放映二十次，共有乡校六十三所，每校每月以能观览二次为原则，其开办费及经常费已呈请市政府拨款举办。③

  当然，娱乐才是电影的本质，电影对身体的规训只有在遵循了这个规律后

---

 ① 1936年11月，教育部训令第16986号令南京市社会局："查推行电影教育本部正在积极进行，各省市教育电影巡回放映区所需放映机及发电机亟应购置以备应用。惟事属创举，对于购机经费，本部特斟酌各省市实际情况分别予以补助，以示鼓励……"，参见南京市档案馆藏，全宗号1001，目录号5，卷号129。
 ②《南京市政府民国二十二年十二月份行政报告》，第9页，南京市政府秘书处编，南京市档案馆藏，全宗号1001，目录号1，案卷号1733。
 ③《十年来之南京》（1937年6月），第38~40页，南京市政府秘书处编，南京市档案馆藏，全宗号1001，目录号1，卷号1737。

131

才可能收到良好的效果，否则，"电影的目的若只在'教训'，则电影即有不能存在的危险。"①

作为振兴民族国家的重要手段，这一时期的南京市政府利用社会教育的形式对市民的休闲生活进行合理的引导，对市民生活方式向现代的转变起了良好的作用，也对培养具有现代观念与素质的公民具有一定效果。

三、民国政府对身体休闲管理的特点

南京市政府休闲管理举措呈现出诸多特点，我们从中也可以管窥到南京国民政府时期城市休闲管理的许多普遍性特征：

第一、休闲空间与社会教育空间的重合是一个重要特点。这一时期，南京市政府对社会教育非常重视，在社会局中有专门负责推进的机构，而其中较为普遍做法就是把许多社会教育活动融合在休闲活动之中进行，使民众在轻松愉悦的氛围中受到现代知识的教育。笔者认为，这也是南京国民政府时期，政府对休闲管理模式的重要探索。就拿当时城市中设立较为普遍的休闲空间——公园来说，如上所述，它也是一个重要的社会教育空间。"因为当时的市政建设理论家就是将公园内的旅游娱乐设施的功能定位为'增进群众合作之精神，寓教育于游戏之中'以开启普罗大众之民智。所以公园内不仅有阅报亭，还有图书馆，甚至还有民众学校。……正是由于旅游娱乐空间与教育空间的交错，而产生了民国时期特殊的现象，即将教育场所当作旅游景点推介给大众。……南京汤山的农民教育馆也被作为游览处加以介绍。这些现象充分展示了政府试图使旅游场所具有娱乐与教育双重功能，从而让民众在旅游娱乐中形成与政府相一致的观念意识。"②

第二、对风化审查的重视。风化即"风俗教化"，据笔者理解，应该是对民族传统文化和道德的一种继承和延续。对风化审查的重视体现了南京国民政府社会管理政策的过渡形态，而审查尺度的不一，展示了当时各地经济发展水平和政治宽松程度等的差异。民国时期的各地方政府在执行审查制度时，尺度差别很大。笔者认为，至少可以从三个方面解释这种现象：一、这是民国时期

---

① 《杂说（续）》，《北洋画报》1935年5月30日。
② 陈蕴茜：《论清末民国旅游娱乐空间的变化——以公园为中心的考察》，《史林》2004年第5期。

政治上不统一在文化上的反映，许多省政府处于半独立状态，政策制定随意性较大；二、这也跟思想文化类作品主观性较强，尺度难以把握有一定关系；三、就其规律而言，跟当地社会发展程度有直接的关系，有关"风化"类节目尤其是如此。从时人对戏剧审查的叙述中可以窥见一斑："审查戏剧之例行，首都、开封等处似较平津两地紧张，而所订禁戏范围，亦嫌广泛。观于去岁于连泉（小翠花）在金梁（开封）有'一戏不展'之苦，可见一斑！而'当禁'与'不当禁'之标准，各地又极不一致。如最近王玉华（新艳秋）被平市'戏剧审查委员会'未予通过之'赛金花'新戏，而在上海'河北歌剧场'之蹦蹦戏班朱宝霞等固大唱而特唱也！"① 而作为国民政府的首都，南京市政府对此类休闲娱乐节目的审查是比较严格的。甚至歌女都要有佩戴标志，如必须穿青色衣服，挂桃花胸牌等。

第三、对民众世界意识的引导，也即是体现一种现代意识，民国政府有意识地培养适应于文明现代的民族国家的公民。这应该是民国政府同以前的政府相比明显的进步之处。以前的传统中国王朝政府大都以天下之中自视，只想"以夏变夷"。晚清以来，尽管在外力的不断打击下统治者已经开始注意鼓励民众学习西方的知识，但是他们的行为主要是为了图存的需要，具有明显的被动性。进入民国后，政府从制度层面坚持培养民众的现代意识，具有较强的主动性。

南京国民政府在这一时期还选派代表参加国际性体育比赛，并组织考察团进行交流，尤其是还参加国际休闲与娱乐的讨论会，与世界各国一起探讨如何进行良好健康的娱乐，体现中国政府在现代文明上的极大进步。"第十一届大会于一九三六年在德京柏林举行，我国经全国体育协进会的筹备，复得政府的资助，除选派七十余名运动员赴会参加比赛外，另有体育考察团的组织，随同出国考察欧西各国体育状况，并出席亚林匹克学员大会，及亚林匹克休闲及娱乐讨论会，结果在竞技方面，虽然遭了失败，但是经了这次参加，对于国际间的认识，以及此后我国改进体育的借镜，获益良匪浅鲜也。"②

第四、意识形态的有意识灌输。处在当时特殊的社会环境之下，国民党政府为了确立政权的合法性基础，有意识地对民众加强了主流意识形态的灌输，休闲领域也不例外，这从休闲娱乐政策的制定中可见一斑。无论从休闲方式的

---

① 杀黄：《禁戏之不划一》，《北洋画报》1935年4月13日。
② 沈嗣良：《十年来的中国体育》，《十年来的中国》，《民国丛书》第五编第69辑，第622页。

规定与提倡以及休闲内容的鼓励与禁止措施等方面，无不是借助国家政权的力量，使主流意识形态不断渗透到民众之中。如对三民主义的信仰，对共产主义的排斥，对国民党革命历史的崇敬，对国际意识的培养等等。

总之，南京国民政府时期政府的休闲管理举措呈现出由传统向现代过渡的特点，这和整个民国时期的社会特点是一致的。

第六章

民国时期新式知识分子的休闲生活

一、知识分子在中国境遇的变迁

晚清以来,知识分子群体经历了一次大的转型,"他们面临着从古代士大夫到现代知识分子的大转型。这一大转型,既是一次思想史意义上的价值转变,也是一个社会史层面上的身份、地位和角色的转换。"①

现代中国的知识分子,他们与古代的封建士大夫相比发生了巨大的变化,无论是所处环境和身份地位等都不可同日而语。有人认为:中国现代文化人,其源盖出自清末民初"文士"阶层,但必须脱胎换骨、面目一新。脱"官场、商场"功利之胎,换自由平等独立之骨,从而获得现代化的新面目,以文化创造与传播为自己的历史使命(而不像封建士大夫那样清谈"以天下为己任"的高调)。

20世纪上半叶,是我国现代教育事业、现代出版事业、现代表演事业逐步形成并获得发展的重要历史时期。

五四新文化运动时期,有人在文章中提到胡适时写道:"他家那时在米粮库。(北京城区的)米粮库不失为一个文化人的区域。短短的一节胡同,一号住着陈垣、傅斯年,三号住着梁思成、林徽因,四号住着适之先生。"这些"文化人"就是新式的知识分子。

对于过去旧式文人与近代以来新式知识分子的区别,有人进行了比较形象的解读:过去历史上所谓"文人",民国以前必须熟读"四书五经",通过科举考试,具备秀才、举人、进士、翰林等资格,方能进入"士大夫"阶层。民国初期的"文人",一般是指有学问有地位的人,文史专家、作家教员等等。……五四以来的"文化人"普遍认为,自己是有独立人格的,是要求个

---

① 许纪霖:《20世纪中国知识分子史论(序言)》第1页,新星出版社2005年版。

性解放的。①

总的来说，从民国成立到抗战前夕，中国的高等学府主要集中在华北的京津地区（北大、清华、师大、燕京、北洋、南开等）；其次在江南沪宁地区（震旦、复旦、圣约翰、光华等）；京津的文化人大多在学校任职，也有一部分从事戏剧活动。而出版机构的大本营主要在上海（商务印书馆、中华书局、世界书局、开明书店等），其次在北京；上海的文化人大多专职或兼职写作、翻译、办报、编剧甚至"下海"粉墨登场，所以写作、教研、演出这三大方面是互相交叉融会的。这是中国现代文化人的形成期。②

在民国时期，中国这些新式知识分子虽然已经被社会边缘化，但是成为传播知识的载体，中国正在走向现代化的大城市成为他们的生存空间。新式知识分子的休闲生活有什么样自身的特点？他们受到的良好新式教育，他们的社会处境的变化，会对他们的休闲生活产生怎样的影响呢？本文对这些问题进行了思考和分析，以期能从另一个侧面认识当时这些新式知识分子的生活。本文主要利用吴宓、郁达夫、胡适等人20世纪20~30年代的日记作为分析的蓝本。

二、新式知识分子休闲生活的基本类型

根据一些相关人士的日记及其他一些资料，笔者总结了民国时期（抗战前）新式知识分子休闲生活的基本类型如下：

宴饮（聚餐）。朋友聚在一起吃饭喝酒是中国人的普遍交际行为，新式知识分子也不例外，这也是他们之间聚会的方式，志同道合的朋友之间在一起边吃边谈，娱乐休闲；当然，有时也是人际交往的需要，甚至是迫不得已的应酬。

在新式知识分子的日记中③，关于到某某处吃饭，赴某某"招宴"的记载比比皆是。日记中记载最普遍的是文化界的志同道合的朋友，特别是一起办杂志或社团的同仁经常定期聚会吃饭喝酒，这是他们工作之外交流的重要方式。

---

① 陈明远：《文化人的经济生活》，第5~6页，文汇出版社2005年版。
② 陈明远：《文化人的经济生活》，第6页。
③ 本论文所涉及的日记有：《胡适日记全编》，安徽教育出版社2001年版；《吴宓日记》，北京三联书店1998年版；常君实主编《郁达夫自选文集：日记卷》，青海人民出版社1998年版；赵帝江、姚锡佩编《柔石日记》，山西教育出版社1998年版等。日记在引用过程中，只注明日期，不注书名、页码。

胡适日记中相关记载颇多，如1929年5月11日，"平社第四次聚餐，在范园，到者志摩、禹九、光旦、泽霖、公超、努生、适之。"（以后连续多天提到"平社聚餐"并讨论一些问题）。吴宓日记中相关记载更多，单在1928年日记中，短短一个时期内频繁出现几乎相同几个人的宴饮记载，一般是每周就聚会一次，也是志同道合者的定期聚会。如1928年3月20日，"……夕5~9宴赵万里、浦江清、张荫麟、王庸于燕林春菜馆（4.20）。近顷为《大公报》事，每星期会餐一次，以为常理云。"

更多的聚会是文化界朋友的一般聚会，是他们之间一种重要的交往方式。吴宓日记中关于这种赴宴的记述较多，如1929年1月27日，"……七时许，偕陈君至东安门外大街东兴楼，赴温源宁君招宴。客为胡适、周作人、张凤举、杨丙辰（震文）、杨宗翰、徐祖正（1897~1978，字跃辰，江苏昆山人，留学日本京都帝国大学。——原文注）、童德禧（禧文，湖北蕲春。）共十人。胡适居首座，议论风生，足见其素讲应酬交际之术……"等等。

而在许多情况下，知识分子的宴饮基本上是一种应酬活动，这种应酬活动，令不少人感到无奈，甚至痛苦，因为很多时候这种活动影响到了自己的本职工作。但是在中国这种注重人际交往的社会里，也是一种迫不得已的活动。郁达夫在日记中诉苦："开明之稿万字，在月底以前，不知亦能写了否。今天晚上有民政厅陈祖光，黄祖汉两位请客，在可然亭，想又要喝醉了回来；应酬太多太烦，实在是一件苦事"。

因为新式知识分子一般都有留学国外或受新式教育的经历，对新式生活方式比较认同，而且他们也经常与一些外国朋友交往，接触西餐机会也多，所以他们当中大部分人对西餐有所偏好。吴宓日记中多有记载。如1928年1月1日，"6~8访唐官赏与霞公府宅。先见其夫人，旋唐君归来，邀宓至王府井大街大陆饭店进西餐，红酒。席间谈山西及山西大学情形甚详。唐谓经此次之旅行，归来乃益觉平日在京生活之有味，而有知足之欢愉心。"等等。这些有留学经历的新式知识分子之间的聚会多以自己的西式生活方式为骄傲，也是相互交往和认同的一种方式。吴宓日记1928年6月7日，"……晚7~11赴杜光祖、吴毓骧（字君立，福建闽侯人。清华学校1920年毕业留美，麻省理工学院电机工程学士。——原文注）、沈镇南三君招宴于工字厅。客约三十余人，有所谓新式之太太数人。宴毕唱英文歌，久而始散。"

新式知识分子出游，甚至是出国机会非常多，而几个朋友为远行的友人设宴饯行，也给大家的休闲生活带来不少乐趣。《申报》中一则题为"别宴雅趣"的文章中记载了这样一种在当时经常发生的故事：

"挚友陆君象韩……将于月之二十二日乘法邮西渡马赛。五日，其友人吴、韩、邵等以君行在即，乃邀平潮诸友为君饯行于城南公园。园位于水中央，地极幽倩，左右有甬道，花影扶疎，凉风袭人。餐室设于大厅而临荷池于密叶如翠盖中，间以彩色绚烂之艳葩，为景乃至堪留恋。席间，宾主咸有致词。餐毕，众围坐廊下，倡议举行余兴，人各唱戏或歌一，拈团以分先后。陆君首歌连营寨，围座咸击节叹赏，继之者京剧有王子章之霓虹关、天女散花。予兄后羿如之新武加坡歌曲有马苔山之革命歌，周辅成之因为你等俱能各尽其妙。最后歌者为吴健庐君，词出自制，调仿革命歌曲，至为切合，其词曰：'欢送陆君，欢送陆君　赴法国　赴法国　敬祝大志成功　敬祝大志成功　齐歌唱　齐歌唱'至'齐歌唱'时众和之，一席盛会亦此而成尾声焉。"①

进电影院看电影是新式知识分子经常的休闲方式，电影这种代表现代文明的新式休闲方式颇得他们的青睐，当然，因为品味和地位的关系，他们一般喜欢到豪华影院去观看外国大片。从日记中看，有时他们在空闲或感到苦闷时会自己去看电影消遣。郁达夫日记中相关记载最多，如1927年1月11日，"心里真是不快活……于五点前后，郁郁而出……喝了许多白干，醉不成欢，就到Carlton 去看 Merry Widow 的影片。看完了影片，已经是七点多了……"在很多情况下是与家人或亲密的朋友一起看电影，作为一种家庭式的消遣或是增进感情的方式。吴宓喜欢和家人一起看电影。吴宓日记1928年3月4日，"……下午2~5邀陈宅诸人姨太，颖，润，炽，疆，讷。至东安市场明星戏院观电影《西厢记》，侯曜导演。殊恶劣。（一）古代衣冠，近世园亭，寻常猥俗人物。合之而演示《西厢记》之曲本，甚不和谐。（二）多示无关本题之小节。如战争而解寺围等。"而郁达夫则是喜欢和自己心仪的王映霞女士流连于电影院。1927年1月19日，"……午后五点多钟和蒋去看电影。晚饭后又去王女士那里，请她们坐了汽车，再往北京大戏院去看 Elinor Glyn's Beyond the Rock 的影片。十一时前后看完影片出来，在一家小酒馆内请他们喝酒。"而更多时候，他们和朋友一起看电影在消遣中也透着交际性质。看电影有时是在朋友聚餐之后的消遣活动。吴宓日记1929年1月25日，"……下午五时，薛、查二君以汽车来，载宓至东堂子胡同薛君宅。是夕薛君请宴，客有叶企孙、凌其峻二人，晚九时，同至真光电影院。"郁达夫日记1926年12月3日，"……晚上又

---

① 《申报》1928年9月11日。

有许多年青的学生和慕我者,设饯筵于市上……我一人喝酒独多,醉了。十点多钟,和石君洪君白薇女士及陈震君,又上电影馆去看了《三剑客》。到了十二点散戏出来,酒还未醒。"从日记中可以看到,在宴饮后再去看电影是当时新式知识分子较为普遍的休闲习惯。

  看电影多半在晚上时间,到半夜时间散场是经常的事。郁达夫日记1927年1月5日,"……饭后返寓,正想动手做文章,来了许多朋友,和他们杂谈半天,便与周静豪夫妇去伊家夜膳,膳后去看 Cogol'sTallas Bulba 电影。十一时余,从电影馆出来,夜雾很大,醉尚未醒,坐洋车归。在床上看日人小说一篇,入睡时为午前一点。"1927年7月28日,"晚上送佐藤上南京去,在车站上遇见了北京的朋友邓某,从车站出来,先在马路上和德国夫人兜了一圈风,就去法界霞飞路东华电影院看电影,晚上回家来睡觉,已经十二点多了。"看电影给城市的夜生活增添了不少现代色彩。当然,看电影在当时并不局限于晚上,白天似乎电影院生意也很红火。郁达夫经常有白天看电影的经历,1927年2月5日,"楼君剑南于午后三时顷来约我去看电影。到北京大戏院,则日班三点开映一次,已经赶不及了,就上同羽居茶楼去饮茶,直坐到四点多钟,仍复去北京大戏院。画名 Saturday——Night,系美国 Paramount 影片之一,导演者为 Cecil Demille。情节平常,演术也不高明,一张美国的通俗画片而已。从影戏院出来,已将九点钟了,就和楼君到附近的一家酒馆去吃晚饭,谈了许多天……"

  新式知识分子由于受过较好的新式教育,见识匪浅,对看过的电影一般不是只看热闹而已,大多都会对电影质量进行评价。郁达夫日记1927年7月29日,"晚饭后出去至佐藤夫人处,陪他们去看电影,在海宁路一电影院内,影片名 Midnight Sun。是美国出品,系叙一舞女与一陆军将校毕业生的恋爱的。中间写有俄国革命以前的贵族的腐败情形,及革命党初期的牺牲热忱,尚不失为一好影片。"而有些人甚至对电影故事情节的设计等都进行品评,提出自己的设想,看电影如读小说一般。柔石在日记中也有看美国电影的记载,1929年1月18日,"……下午同方仁(即王方仁,笔名梅川,浙江镇海人,柔石的友人,后去德国留学)到 Lsis 影戏院(即上海大戏院)看《血溅鸳鸯》(Drum of Love)(美国影片,是截取《神曲》中符兰齐丝嘉与贵族贾乔托及其弟的三角恋爱悲剧而成)是摹写 Dante 的《神曲》里'Francesca da Rimini'一事的。Mary Philibin 做 Emanuelle,Lionel Barry More 做 Duke Cathos,Alvarado 做他的弟 Leonardo,三人表情都极好。结果 Eman. 同 Leo. 都被 Cathos 刺死了,看去太残忍。当他们两人半夜聚会,而 Cathos 私自回来的时候,几乎我看不下去了,不过以我的意思,Cathos 不应在窗外偷窥,——因他是磊落的,且依我真理主义的意见,应写 Cathos 自杀,因他是爱公主及他弟弟的。于是公主进了修道院,Leonardo 忏悔,大家都见了上帝,托尔斯泰的理想,也是如此的吧? Dante 是南方人,残酷的。"

对许多新式知识分子而言,看电影,尤其是西式电影,不但是一种休闲娱乐活动,而且是感受现代性的重要方式,甚至是其作品的重要背景来源。有学者研究认为:"看电影的习惯对新文学的很多作家,尤其是上海作家来说,都是重要消遣。从鲁迅(他本人喜欢苏联电影)开始,到施蛰存、徐迟、刘呐鸥、穆时英、张若谷和叶灵凤,还包括左翼作家像田汉、洪深和夏衍都是电影爱好者。诗人徐迟跟我说他几乎看了在上海上映的所有西片,施蛰存更写了一篇背景设在巴黎大戏院的性爱小说;而两位作家都还经常光顾豪华戏院像大光明、大上海、国泰、美琪和卡尔登(卡尔登亦上演戏剧。)……刘呐鸥是一个电影迷。

……刘呐鸥对电影的这种相当奇特的褒扬和他对西方现代性的迷恋是分不开的,他认为后者就是品质的标准,而时间和速度都是现代生活的核心……"①。

泡咖啡馆。他们在此休闲空间中聚会娱乐、谈天说地,甚至只是消磨时光。到咖啡馆喝咖啡在当时上海新式知识分子中是流行的。有学者研究认为:"作为一个在欧洲,尤其是法国,充满政治和文化意味的公共空间,咖啡馆在 30 年代被证明为同样的流行。像电影院一样,它成了最受欢迎的一个休闲场所——当然,它是西式的,一个男男女女体验现代生活方式的必要空间,特别是对作家和艺术家来说。"②"……上海的作家把咖啡馆当作朋友聚会的场所却是无疑的。从当时记载和日后的回忆看来,这种法国惯例加上英国的下午茶风俗在当时成了他们最重要的日常仪式。"③ 张若谷在自己的文章中写道:"除了坐写字间,到书店渔猎之外,空闲的时期,差不多都在霞飞路一带的咖啡馆中消磨过去。我只爱同几个知己的朋友,黄昏时分坐在咖啡馆里谈话,这种享乐似乎要比绞尽脑汁作纸上谈话来得省力而且自由。而且谈话时的乐趣,只能在

---

① 李欧梵:《上海摩登——一种新都市文化在中国 1930~1945》,第 107~109 页。
② 李欧梵:《上海摩登——一种新都市文化在中国 1930~1945》,第 23 页。
③ 李欧梵:《上海摩登——一种新都市文化在中国 1930~1945》,第 25 页。

私契朋友聚晤获得，这决不能普度众生，尤其是像在咖啡座谈话的这一件事。大家一到黄昏，就会不约而同地踏进几家我们坐惯的咖啡馆，一壁喝着浓厚香淳的咖啡以助兴，一壁低声轻语诉谈衷曲。——这种逍遥自然的消遣法，'外人不足道也'"。① "……张若谷并不仅仅把咖啡馆当做'现代城市生活的点缀'和'一个很好的约会地点'，他把它和电影院，汽车一起看成是现代性的重要标志，认为它比后两者对现代文学的冲击还大。……"②

而《申报》记载的一个题为"咖啡店里的一席话"的故事则是上海新式知识分子"咖啡馆休闲"的生动而具体的描述：

"……且说包先生自从进入我得房间，就占据了一张沙发，提起一枝卷烟吸着我们闲谈了一会，一看时钟，已经四点多了，包先生要看影戏……我便提议不妨坐彭思的汽车去兜一阵风，他们都赞成。我们便跳上了那从法国运来的塌鼻头汽车，一路从福煦路、大西路、穿入忆定盘路、愚园路，从静安寺路走着。我们一面在走，一面印在讨论到什么地方去好，包度想去卡尔登看电影……还是去喝珈琲吧——雅歌说。雅哥是位很酷爱喝珈琲的人，他的长而后披的头发，一望而知是位欢喜研究文学艺术的人，我们听了他说起去喝珈琲，也都表示赞成，就在静安寺路选了一家德国人开的珈琲店，他们据角而坐，眼看这静寂而陈设得非常使人可爱，他们叫了三客热珈琲，惟有彭思却叫了一杯维也纳珈琲，继著包先生便说道，喝喝珈琲的趣味，到底要比坐在影戏院里看那种讨人厌的影片好的多。我最讨厌 Regirald Denny; Charle Murrav Lache Mulball 这一般人，所以我今天也不愿到卡尔登去了。好呀，现在喝珈琲的风气，好盛行呀，北四川路上既开了一所不知所云的'上海珈琲'现在听说田汉又要开什么南国珈琲，Café Le Midi 而且登著广告还要训练一般懂得文艺趣味的女侍啊，不知道什么叫做懂'得文艺趣味的女侍'我便这样说……我爱喝此地珈琲同一种桃糕 eram Peach cake 但是要在大热，我却很欢喜喝一杯 Orangeao 于因为我认此地的橘子汁是全上海第一，沙利文 Palace Hotel 都不及此地喝珈琲，这个问题有何讨论之必要，为喝珈琲的是为去喝，不为喝珈琲的嘴里无时无刻不讲喝珈琲，而其结果总还是不喝珈琲。我记得我初次到这个地方来的时候，同来的是邵洵美、傅彦长、张若谷三人，谈起一位日本留学生而有名的文学家，一天天也来到这里喝珈琲，他老先生吭吭而谈，声达户外，弄得全室的

---

① 张若谷：《咖啡座谈·序》，第6页。
② 李欧梵：《上海摩登——一种新都市文化在中国1930~1945》，第26~27页。

人都非常讨厌,而且得意忘形,将珈琲都倒在地上,你想这种人配喝珈琲吗——祖翼道。喝珈琲的趣味是同了几个要好的朋友来静静的谈天,一面喝喝浓厚香醇的珈琲以助兴,逍遥自在的一种消遣办法,但这种消遣自在无论如何要静远,我这样地说。喝珈琲的趣味不一定是像你说的那样,巴黎最著名的一家珈琲店是没有座位的,都是立着喝珈琲,而且来得都是有身份的人,——彭思 巴黎我虽不曾到过,但就我的经验,我在美国芝加哥的时候,跑到任何一家珈琲店里出五分钱便喝到一杯又浓又香的好珈琲,喝完了便去,不容你静的谈天的——包度 可是这地不是巴黎不是芝加哥,你们想就在这个地方是不是叫你静静的谈天的地方——我这样说 是呀,就我们现在的地方喝珈琲是艺术,来到此地喝珈琲,一定要有'艺术文化'的了解,我们支那人真不知这'艺术文化'是什么一回事,国家愈文明'艺术文化'也就愈发达,只有这等下贱民族是不知艺术文化的,我们来得此地喝珈琲,也就是西洋艺术文化之一种享受,中国人跑来了,会将这种静寂和谐的空气打破,而为人所不断,不了解艺术文化的,决不会享受艺术文化唯有对于艺术文化有真确之了解的才能对于艺术文化有享受的可能,并不是一般时下所谓的文学家艺术家便都有艺术文化之了解,这是另外一种的素养,所以我们到此地来,决不能同那般胡闹的朋友同来的,而且决不能普度众生,向他们介绍那些非有艺术文化了解的地方——包度"。①

新式知识分子与一般朋友的会面、闲谈也常常选在咖啡馆内进行。吴宓日记1929年6月14日,"……至国强咖啡馆候王鸿韶。11:00始来,即座谈。……"郁达夫日记1927年1月5日,"……吃完了晚饭,和华林及徐氏兄妹出来,在霞飞路一家小咖啡馆,吃了两杯咖啡,到家已经十一点了。"② 从日记中看,和自己亲爱的人在咖啡馆内边喝咖啡边诉衷肠也是很惬意的一种休闲方式呀,郁达夫日记1927年3月13日,"我和映霞上周家去。……两人终不能够好好的谈天。……和她上六三花园去走了一转。回来又在北四川路的一家咖啡馆楼上坐了一个钟头,谈了许多委曲,她总算是被我说服了。"

到舞厅等休闲空间跳舞也是新式知识分子经常的消遣方式。20世纪20、30年代的上海都市作家如穆时英、刘呐欧等都是舞厅的常客,他们的文学作品也常常以舞厅为背景。穆时英还在"月宫"舞厅苦苦追求一个舞女,并最

---

① 宝亭:《珈琲座·珈琲店里的一席话》,《申报》1928年9月6日。
② 《郁达夫自选文集:日记卷》,第47页。

民国时期新式知识分子的休闲生活

终把她娶回家。而有意思的是,笔者在几位著名的新式知识分子的日记中看到的他们到舞厅中的休闲一般是"看跳舞"。吴宓日记1929年6月29日,"……晚10P. M. -1:00A. M. 温邀北京饭店看跳舞。"许多情况下新式知识分子"看跳舞"是在和朋友聚餐后的休闲和消遣活动。郁达夫日记1934年7月27日,"晚上同学闵星荧在可可斋请吃夜饭,同席者有潘国寿等老前辈。饭后更上Charleston舞场看跳舞至午前一点,醉了。"从日记中看出,饭后"看跳舞"休闲是新式知识分子的一种常见活动。不光是欣赏欧美的舞蹈,有时郁达夫也会和朋友看俄式舞蹈。郁达夫日记1927年1月1日,"……三十日去各旧书铺买了些书,昨天晚上又和田昌寿、蒋光赤去俄国领事馆看'伊尔玛童感'的跳舞,到一点多钟才回来宿。"①

　　几个人一起或独自散步似乎是新式知识分子最为普遍的休闲方式。这也是知识分子生活状态和规律的反映,特别是在学校工作的知识分子更是如此。知识分子和公司职员不同,能够相对自由支配的时间比较多,加之从事的又是需要静思的精神创造活动,而散步这种活动,既对较少时间和精力进行剧烈体育锻炼的知识分子来说是一种身体锻炼,也符合他们中大部分人喜静的性情。另外,一般两人左右的散步还是相互之间谈心的好机会。吴宓在日记中记载的散步特别多,几乎是他最普遍的休闲方式。有时自己独自散步,1929年9月7日,"……夕,独出散步。"有时是与家人一起,享受天伦之乐,1928年2月18日,"……下午一时,偕心一、学淑赴北海公园游步。"有时与恋人一起散步,是交流感情的好机会。许多情况下,与知心朋友一起散步在休养身心的同时,也是相互交流、谈心的好机会。吴宓日记中这方面记载很多。1928年3月8日"星期四……6~7访陈寅恪,同出校外散步。与寅恪商谈结果,决将张荫麟所撰评研究院《国学丛刊》长文,屏弃不登《文学副刊》。以免研究院学生以此恨宓,而惹起校内之攻击,致宓受重大之牺牲云。"

　　旅游,包括到国内各地或国外旅游,展现了新式知识分子的情趣和生活特点。

　　旅游很多情况下是与家人或朋友一起放松身心,见识各地的美景。胡适日记中对旅游记载的很多,1929年7月3日,"(在苏州)……今天去游天平山,我们夫妇和两个儿子,丁庶为夫妇和他们的小儿子同去。我同庶为和三个孩子直走上白云,望见太湖。……归路过寒山寺,进去一游。"躲避自然的酷暑与

---

① 《郁达夫自选文集:日记卷》,第42页。

143

身体的现代转型

严寒也是旅游的一个重要原因。郁达夫日记1934年年7月6日,"……自前两星期起,杭州日在火炎酷热之中。水银柱升至百零五六度以上,路上柏油熔化,中暑而死者,日有七八人。河水井水干涸,晚上非至午夜过后,晨之两点,方能略睡,床椅桌席,尽如热水壶。热至今年,大约可算空前,或亦可谓绝后,不得已,偕家人等于上午八时乘早车去上海,打算附便船至青岛小住一二月,因友人汪静之、卢叔桓等曾来信邀过。"

而对一些人而言,旅游似乎是办事情的手段而已。从吴宓日记中可以看出,他曾多次从北京南游至南京、杭州、上海、广州等地,还曾经游历欧洲各国。就拿南游来说,从吴宓日记记载来看,吴宓南游除了缓解身心的疲劳,还有许多目的。1928年7月3日,"……杨(宗翰)谈次,亦力劝宓速南游,且可避目前清华改组及校长问题迎拒分派之为难。"1929年1月31日,"……下午3~5乘人力车回校。途中甚思即日南游。下星期一,与辛之同车行。(一)谒爹叙情,以赎前愆。(二)访彦,叙说心情,解释误会。然后宓之心方舒适。既已远道至杭,彦当不至避而不见。惟方置阴历年关,孤身到杭,当地彦之戚友,见宓或将惊异耳。"

从日记中看,吴宓当时在清华大学处境微妙,因为他还有借南游机会为自己找出路的打算,而对于去与不去也是权衡再三、犹豫不决。1928年7月4日,"宓归寓细思南京柳、汤诸友,恐亦自顾不暇。彼校方乱,我安能往依之?既不拟遣南京,在粤又不能久留。下期仍决居北京,则行只为访问亲友,联络感情。其于我之职位及事业,毫无裨补,可以断言。糜非劳神,不获静居休息,何苦为是哉?遂决不往。姑母及心一亦力劝勿行,兼之天雨,令人意沮。四时,至崇文门国际观光局欲退船票。闻局人言,拟再考虑,遂仍未退。"

如果说吴宓是为了私事而决定是否南游的话,那么郁达夫则是受了别人的邀请,算是公费旅游。1933年11月9日,"前数日,杭州铁路车务主任曾荫千氏,介友人来谈,意欲邀我去浙东遍游一次,将耳闻目见的景物,详告中外之来浙行旅者,并且通至玉山之路轨,已完全接就,将于十二月底通车,同时路局刊行旅行指掌之类的书时,亦可将游记收入,以资救济BaedeKer式的旅行指南之干燥。我因来杭枯住日久,正想乘这秋高气爽的暇时,出去转换转换空气,有此良机,自然不肯轻易放过,所以就与约定于十一月九日渡江,坐夜车起行。"从郁达夫的叙述中,我们至少可以得出两点认识:一、现代交通的发展对旅游产生重要的影响;二、与一般人相比,文人工作与休闲的紧密联系，即文人旅游时，既是一种休闲，放松身心，又可说是工作，可以获得写作的素材和稿件作为完成的工作。

打牌、下棋、搓麻将等形式也是他们当中许多人的经常性娱乐活动。吴宓日记和郁达夫日记中对打牌的记载很多，看来这是当时新式知识分子休闲的普遍形式。有时是饮宴后的余兴，吴宓日记经常有这方面的记载，如1928年4月27日，"……晚6～10赴朱彬元夫妇招宴于其宅，西院十四号。陪待吴曾愈。客皆清华同级诸同学。宴毕，又为麻雀之系。"① 郁达夫日记记载，1926年11月7日，"……谈到中午十二点，至创造社分部，遇见了仿吾、王独清诸人。在茶楼饮后，同访湖南刘某，打了四圈牌，吃了夜饭，才回寓来。"有时就是闲时的消遣，吴宓日记1928年11月22日，"……夕5～6访Winter谈，约明日在城中晤会。又观弈。……宓独赴西院，于陈达宅中晤朱彬元夫妇，乃共为麻雀之系，宓赢甚多，但不付钱，非赌也，十时归寝。"因为不必按时上下班，时间安排比较自由，有时郁达夫打牌从白天到晚上很晚。甚至彻夜打牌。1926年12月9日，"……饭后至中山大学被朋友们留住了，要我去打牌。自午后一点多钟打起，直打到翌日早晨止，输钱不少，在擎天酒楼。"1927年1月1日，"……第二天廿八，去各处访朋友，在周静豪家里打了一夜麻雀牌。"② 有时打牌是应酬性消遣，1926年11月20日，"……晚上同白薇上刘家去，见了一位新结婚的L太太，说是军长T的女儿，相貌很好。同他们打了四圈牌，走回家来，天又萧萧地下起雨来了。"

从吴宓日记中看，下棋是他经常性的消遣，他经常与一个叫Winter和一个叫Jameson的两个外国人对弈。1928年7月8日，"……晚访Winter谈，并弈。"③ 1928年7月15日，"……晚7～9访Jameson。先与其夫人谈，继与Jameson弈。"④ 工作疲劳时，他也会下棋缓解，1928年10月25日，"……下午1～3连上二课，讲授殊倦，头痛发热4～6偕Winter至Jameson宅中茶叙，又弈一局。"他与其他人下棋的记载也有。1928年7月28日，"……晚与邹橒峄隽。君弈三局"

到公园游玩是当时城市市民的普遍休闲活动，新式知识分子也不例外。郁达夫日记1926年11月5日，"……十二点前后去教会书馆看书，遇见了一位

---

① 《吴宓日记》，第53页。
② 《郁达夫自选文集：日记卷》，第42页。
③ 《吴宓日记（1928～1929）》，第87页。
④ 《吴宓日记（1928～1929）》，第90页。

身体的现代转型

岭南大学的学生。同他向海珠公园,先施天台逛了两个钟头。"到公园去一方面是游玩,另一方面也是新式知识分子约见客人的好地方,吴宓日记这方面记载甚多。1929 年 7 月 8 日,"……6~11 在中山公园长美轩赴张友栋邀宴,谈至洽。"有时是与家人等一起逛公园,1929 年 2 月 10 日,"……上午 9~11 偕陈仰贤、绍梅及心一、学书游中央公园,现改名中山公园。"鲁迅也是公园的常客,有人对鲁迅先生逛公园的情景进行了描述:"上午到公园喝茶,遇见朋友,能够一谈就谈到晚上,比在家里招待客人方便。老朋友谈累了,在椅子上睡一觉也可以。南柯一觉,午梦初回,斜阳在树,鸣蝉噪耳,请茶房换包茶叶重沏一壶新茶,吃上一碗,遍体生津。串茶座的报贩,默默无声地把一叠报纸放在你桌上,随你翻阅,看过后,在报上放一两个铜元,他等一会儿过来又不声不响地拿走,这就是当年公园啜茗的茶座风光,也是中山、北海两公园茶座的鼎盛时代。"①

看戏是许多新式知识分子的爱好,这与他们的职业以及生活情趣有不小的关系。看戏是郁达夫的经常性消遣,他自己经常到休闲场所听戏。郁达夫日记1927 年 1 月 20 日,"……已经是十一点钟。我更走到大世界去听了两个钟头的戏,回家来已经是午前的两点钟了。"郁达夫有时看戏是为自己写小说积累素材,1926 年 11 月 6 日,"……从学校坐车到西堤,在大新公司楼上,看了半天女伶的京戏,大可助我书中的描写。"有时心情郁闷他也会去看戏排遣,1927 年 1 月 21 日,"……出了他们那里,心里只是抑郁。去大世界听妓女唱戏,听到午前一点多钟,心里更是伤悲难遣,就又去喝酒,喝到三点钟。"大部分时间郁达夫和朋友一起看戏,如文艺界朋友和同乡等,1926 年 11 月 16 日,"……午后赴分部晤仿吾,因即在酒馆饮酒,在席上见了白薇女士……在公园的黄昏细雨里,和她及独清、仿吾走了半天,就上西关的大新天台去看戏,到半夜才回来。"1926 年 12 月 5 日,"……午后和同乡者数人去大新天台听京戏。"② 有时他也陪外国朋友看戏,1926 年 12 月 9 日,"……先和他(田汉)上一位俄国人家里去……七点左右,叫了一辆汽车,请他们夫妇二人去看戏。"③ 不但白天看戏,有时郁达夫和朋友看戏到深夜,1927 年 2 月 3 日,"……晚上和梁成二君至大世界听戏,听到午前一点钟,出来吃了一点

---

① 邓云乡:《鲁迅与北京风土》,第 114 页,文史资料出版社 1982 年版。
② 《郁达夫自选文集:日记卷》,第 35 页。
③ 《郁达夫自选文集:日记卷》,第 49 页。

酒食，就坐汽车回到出版部来。"① 这从另个侧面也展示了当时广东夜间娱乐生活的情形。

因为身份和职业的关系，读书和逛书店成为新式知识分子最普遍的消遣。郁达夫的朋友陈翔鹤在《郁达夫回忆琐记》（二）中记载："我们通常来往，总爱一同跑旧书店、逛马路，到晚夜来，有时也到娱乐场所去听'群芳会唱'。而上旧书店的时候更特别多；有时我们大家一大抱一大抱地买回书来。"② 有研究者认为："对上海的作家来说，最重要的休闲除了看电影，就是逛书店。"③ "福州路周围这一带还有一些老字号的传统文具店、饭馆、茶室、饭店和妓院，往南一直伸抵老城厢，这里是鸳蝴派文人和报人的'生活世界'，像包天笑、陈蝶衣、狄楚青、和周瘦鹃这些人就常在书店、茶室和妓院消磨闲暇。"徐迟年轻时作为一个写作新手到上海时"施蛰存带我跑一些书店，四马路的中华书局和商务印书馆，南京路的别发书店（Kelly & Walsh）和中美图书公司等，还去过一次内山书店。此外也带我到一些茶室喝下午茶，在那里我见到了上海文艺界的一些人士。大约主要就是这两件事，跑书店和喝下午茶。"④ 而且"这几乎也是很多其他作家的日常行踪"⑤ 郁达夫日记中相关记载很多，1926年11月23日，"……同一位广东学生在杏香吃饭，饭后又遇见一位江苏的学生，和他在旧书店里走了几个钟头，买了一册 Edna Lyall 的小说《A Hardy Norseman》（1889）……"1927年1月24日，"……无聊之至，踏进旧书铺去买了五六块钱的旧书……"1927年1月31日，"……听说中美书店在买廉价，很想去看看。"吴宓日记中也有大量类似记载。通过逛书店淘自己需要的旧书，了解同行研究的最新情况，读书使自己获得写作的素材和技巧等，能使自己不断保持进步，因而逛书店成为他们生活的重要组成部分。

三、新式知识分子休闲生活的特点与原因分析

民国时期，新式知识分子的休闲生活呈现出诸多特点，现在总结如下：

---

① 《郁达夫自选文集：日记卷》，第71页。
② 原载1947年1月至3月《文艺春秋副刊》第1卷第1期至第3期，转引自《千秋饮恨——郁达夫年谱长编》，第419～420页。
③ 李欧梵：《上海摩登——一种新都市文化在中国1930～1945》，第136页。
④ 徐迟：《江南小镇》，第104页，作家出版社1993年版。
⑤ 李欧梵：《上海摩登——一种新都市文化在中国1930～1945》，第137页。

(一) 休闲时间的随意性

新式知识分子有的是在大学教书者，有的是办报、写文章为生的自由职业者。他们游离于科层制之外，都有一个特点就是时间安排的随意性。他们的共同特点是，时间支配比较自由。从日记中可以看出，他们的时间安排相对自由，基本可以随心所欲的进行，不必受节假日、上班时间等的严格限制（当然，在大学教书者要按时上课，但一般课程数量不会很多）。从吴宓日记和郁达夫日记中可以看到，他们有时看电影或听戏到半夜，可以玩牌从天黑到天亮，再睡到第二天中午，不高兴了可以几天不工作，到处散心，甚至为了私事，比如爱情，随时往来于两个城市之间，比如上海和杭州。他们也可以长时间到外地甚至国外游玩，而不必如公司职员那样作息时间、节假日休息都受到严格的限制和规定。

(二) 对西式休闲生活方式比较认同

新式知识分子要么有留学欧美或日本的经历，要么是在国内受过新式教育，所以大都对西式生活方式较为认同，尽管有的人在精神层面上为中国传统文化应当保持还是完全西化争来争去，但在物质层面上，他们对西方的休闲方式基本上还是认同的多。比如喜欢看外国电影，特别是美国大片。喜欢到公园游玩，喜欢在咖啡馆会客，对舞厅也时常光顾。当然，并不是说他们不会进行中式休闲，其实他们也会去听京戏，搓麻将，甚至逛妓院，另外个体之间也有差异，但他们对西式生活作为更先进生活方式的认同应该是共同的。胡适年轻时也曾经和朋友一起逛妓院，当时的妓院是一个传统的休闲娱乐场所，里面的妓女可以陪你喝茶、打牌、作诗，给你唱歌等，胡适这样的新式知识分子到这里当然一般只是娱乐性的狎玩，限于"打茶围"、"叫局"、"吃花酒"等活动。在传统中国人的眼里，这些只不过是文人的风流韵事，没什么值得大惊小怪的。而在留学美国以后，胡适渐渐认识到原来自视为风流韵事的逛妓院，实际上是人类最为丑陋的道德之一，这是一种价值观的转变。而对于中国旧式戏剧，胡适认为，所有原来被当成中国戏剧精华的特色，都成了多余的废物，中国旧戏也毫无存在的价值。① 要改革中国的旧戏，只有取法欧美，胡适说："现在中国戏剧有西洋的戏剧可作直接比较参考的材料，若能有人虚心研究，取人之长，补我之短；扫除旧日的种种'遗形物'，采用西洋最近几百年来继

---

① 李孝悌：《民初的戏剧改良论》，（台湾）《中央研究院近代史研究所集刊》第 22 期下（1993 年 6 月）。

续发达的新观念、新方法、新形式，如此方才可使中国戏剧有改良进步的希望。"① 这是他们留学的背景及对中国现实生活的认知决定的。

（三）休闲方式与自己的职业特点相关

新式知识分子的休闲生活习惯很多是和自己的工作性质有关的。新式知识分子以写文章为主要工作，所以经常逛新旧书店寻找自己感兴趣的书籍是情理之中的事，而文人们经常聚在喜欢的咖啡店中谈天说地，似乎也不只是闲聊而已，除了有时是借这个空间与朋友谈一些事情以外，很多时候是在消遣中积累写作素材。时常到舞厅里去的都市知识分子很大程度上是为了获得写作的灵感。好几个上海都市作家（如穆时英、刘呐欧等）都是以舞厅作为自己的小说的背景的。旅游有时是为了体验生活，增加文章素材；有时是因为工作需要或制度性休学术假。散步是这些人的比较喜欢的休闲方式，一则符合他们因为工作性质比较喜欢安静和思考的生活习惯，二则也是因为他们一般体质较弱，不适合剧烈运动，可能还有点古代读书人讲究礼仪方面的影响，也是饭后或长时间伏案写作活动一下的需要。

（四）属于中产阶级的生活方式中的一种

有人把民国时期城市中的中小企业主和小商人、小店主归结为传统意义上的中产阶层主体——老中产阶层。而把各行业的职员、科层制管理人员、政府公务员、知识分子（包括教师、自由职业者）组成的社会群体构成了中产阶层的另一个主体即新中产阶层——一个以知识和技能谋生的阶层。② 新中产阶级与传统老中产阶级的区别，按照米而斯的观点，主要在于财产关系的变化。消极地说，这是从有产到无产的转变；积极地说，这是一种从财产到以新的轴线——职业来分层的转变。③ 新式知识分子作为新中产阶级的重要组成部分，当然具有这个阶层的若干特点。他们一般都受过高等的新式教育；生活比较讲究情调；他们中的许多人喜欢穿西装、吃西餐、进咖啡馆、看电影、举办新式婚礼，追求生活的时尚与品味。看电影，他们一般会到比较豪华的影院欣赏外国片，特别是美国大片居多。也喜欢到舞厅去看跳舞。他们也会到大世界、天韵楼屋顶花园，这样的地方游玩；也会喜欢到比较好的公园中散心。在民国时期的北京，中山公园是中上层知识分子所钟爱的休闲场所，海内外闻名的不少

---

① 胡适：《文学进化观念与戏剧改良》，《新青年》，第5卷第4号，第315页。
② 连连：《1949年前的上海中产阶层》，周晓虹主编《中国中产阶层社会调查》，社会科学文献出版社2005年版。
③ （美）C. 赖特·米尔斯：《白领——美国的中产阶级》，第85页，浙江人民出版社1987年版。

学人当年都是这里的常客，他们几乎天天都要到中山公园去走走，在茶馆里坐坐，因而得了"公园董事"的雅号。① 而耗资甚巨的奢侈性休闲场所就不是他们所愿光顾的了。就拿舞厅来说，如装饰豪华，一掷千金的大型舞厅是达官贵人寻欢作乐的地方。而三流的小型舞厅才是以中产阶级为主要消费对象的。

（五）休闲成为交往的一种重要方式

休闲生活已经不仅仅是一种消遣方式，从另一个角度来看，它也是人际交往的一种重要方面。男女之间通过休闲活动表达爱意，增进感情，如郁达夫与王映霞一起看电影等。朋友之间通过休闲活动，也加深了感情。郁达夫与创造社朋友打牌赌钱，与周家几位小姐太太一起打牌，与朋友一起听戏、看电影等就是人际交往的一种需要。而吴宓、郁达夫等也经常在日记中有被邀请参加宴饮的记载，这些都是人际交往的需要。当然个人之间有差别，吴宓喜欢和朋友下棋，和家人逛公园，与朋友散步谈一些工作或私人的事情，郁达夫喜欢大家一起饮酒，和朋友一起打牌赌钱等，但基本的模式有规律可循。

四、从新式知识分子休闲看当时的社会生活情况

新式知识分子作为当时城市中产阶级的一部分，其休闲生活状况反映出当时城市社会生活的许多信息。

首先，反映了民国时期城市现代交通工具发展与普及的状况。从郁达夫日记中可以看出，当时上海坐出租汽车已经比较方便，他与朋友或恋人一起看完电影等经常坐汽车。"（1927年1月）十九日，星期三，十六，快晴。……午后五点多钟和蒋去看电影。晚饭后又去王女士那里，请他们坐了汽车，再往北京大戏院去看 Elinor Glyn's Beyond the Rock 的影片。"② "（一九二七年三月）十三，星期日，阴晴（二月初十）……我和映霞上周家去……两人终不能够好好的谈天。她执意要回去，我勉强的拉她上了汽车，和她上六三花园去走了一转。回来又在北四川路的一家咖啡馆楼坐了一个钟头，谈了许多衷曲，她总算是被我说服了。"③ 在北京的吴宓进城有时也乘汽车。"……故宓遂于今晨乘汽车入城，至南月牙胡同，而辛之亦在。"④ 而电车在上海和北京都是重要的

---

① 谢兴尧：《中山公园的茶座》，第128页，《北平一顾》，宇宙风社1936年版。
② 《郁达夫自选文集：日记卷》，第57页。
③ 《郁达夫自选文集：日记卷》，第102页。
④ 《吴宓日记（1928～1929）》，第283页。

城市大众交通工具，郁达夫在上海，吴宓在北京都有乘电车的经历。吴宓日记记载："（1928年）十月二十六日　星期五……下午4~6乘电车人力车回校"①"（1928年）十一月三十日　星期五　阴。微雪。晨8~10乘人力车电车入城，至南月牙胡同寓宅。"② 当然从吴宓日记中的记载来看，当时的北平载客交通工具还是以人力车为多，电车在上海更为普及，最后一班电车要到半夜十二点，郁达夫日记记载："（一九二七年一月）十二日　晴快，星期三（旧历十二月初九）……到十二点钟，郁郁而归，坐的是一路的最后一次电车。"③ 而电车职员的罢工直接影响了市民的出行，也从一个侧面说明电车在当时上海交通中的重要性，郁达夫日记中写道："（一九二七年一月）二十一日　星期五（阴历十二月十八日），晴。……我本想叫一辆汽车去的，这几天因为英界电车罢工，汽车也叫不到。"④

在旅游以前到哪里订票，票价是多少，乘什么交通工具，走什么路线等反映了当时社会生活的情况。"（1928年）七月三日　星期三……2~3杨偕宓至前门内上海银行旅行部询船期。又至崇文门内日本国际观光局购定日船天津丸三等船票，付＄25。该船系七月八日下午五时，由塘沽开行赴沪，须七月七日即由京赴津云。遂与杨别。宓在苏州胡同灯市口等处选购皮鞋，又至万国储蓄会交款。"⑤"（1929年）二月三日　星期日……晚7~8决即南游，盖既已至杭，彦断无不见之理，而对谈之易明心迹，胜通函万倍。此行遂劳苦，归来心境或反舒适也。即电托君衍兄代购火车票。君衍兄以为可不必先电彦告知，径往可矣。"⑥"（1929年）二月六日　星期三……十二时，宓归南月牙胡同寓宅午饭。下午1~2昼寝。旋心一归来，仍悻悻。遂决罢南游，请绍梅往告辛之代退所购平浦通车三等票。三十一元八角。盖原约定本星期五与辛之同行南下。""（1929年）二月七日　星期四……宓由辛之处取得火车票。2~3在青年会盘桓。3~4至西车站售票处退火车票，扣去二元，余款退还。""（1929年）二月八日　星期五……归室中，彷徨激扰，徘徊地上，心神不宁已极，决再南游。"⑦"（1929年）二月九日星期六　晴。是日为阴历除夕。晨九时，

---

①《吴宓日记（1928~1929）》，第153页。
②《吴宓日记（1928~1929）》，第169页。
③《郁达夫自选文集：日记卷》，第52页。
④《郁达夫自选文集：日记卷》，第59页。
⑤《吴宓日记（1928~1929）》，第84页。
⑥《吴宓日记（1928~1929）》，第207页。
⑦《吴宓日记（1928~1929）》，第208~209页。

身体的现代转型

拟乘汽车不及，乃乘人力车入城。至前门西车站，购由北平至杭州三等特别快车票，价＄37.75。次至西单牌楼购面包。"① 吴宓在 1928 年 7～8 月间进行了一次"南游"，旅程从北京开始，经天津、南京、杭州、上海等地，最后回到北京，足迹遍及大半个中国。从他在旅行中乘坐的交通工具来看，可以使我们对当时中国的城市交通工具有大致的了解：一般在城市中交通工具以人力车、电车、汽车为主，又以人力车最为普遍。城市之间的交通工具有火车、轮船、长途汽车等。②

由日记中可以看出，吴宓经常乘人力车进城。看来，北京城里交通还是以人力车为多，而清华大学已经有校车接送师生。当时日本在中国的经济势力渗透到中国的各行各业，在北方实力雄厚，到南方旅游坐船要到日本旅游观光局订日本船票。而坐火车南下有平浦线列车，订退票均比较方便，火车票也分几等，长途汽车有北平到杭州的特别快车。郁达夫从上海至杭州的汽车已经是非常方便。误车现象也时有发生。吴宓日记记载："（1929）二月十一日　星期一　晴。大风，晨五时起。五时半，绍梅送宓乘汽车至西车站（1.90）。久待，始知 7：00 之通车改为 9：40 开行。而宓之早来为不必矣。登 571 车，9：40 开行。绍梅自归。"③ 郁达夫日记记载："（1927 年 1 月）十二日，晴快，星期三（旧历十二月初九）。……近日来上海中国界戒严，晚上八九点钟就不准行人往来——勉强的同那一位旧相识者上新世界去坐了半夜，对酒听歌，终感不出乐趣。到十二点钟，郁郁而归，坐的是一路的最后一次电车"④（从他的休闲经历中可以看出当时社会生活的休闲空间、时间、交通工具等）。吴宓日记记载 "（1929 年）七月十日　星期三……7～9 乘人力车电车入城……访王鸿韶真吾。10～11 偕韶乘汽车韶自有者。至上海银行中国旅行社西皮市。购赴上海三等通车票，二十五元三角五分。始知南行车系星期二、四、六之日开行。"⑤ 从吴宓的叙述中，我们可以知道，上海银行中国旅行社在北京设有分社，北京人南行可以到此购票。而当时到上海的车票票价，从北京南行长途汽车的开行规律等有一个大概的了解。

其次，反映出现代时间对城市空间的占据。上海夜生活丰富，几乎可以彻

---

① 《吴宓日记（1928～1929）》，第 210 页。
② 《吴宓日记（1928～1929）》，第 95～120 页。
③ 《吴宓日记（1928～1929）》，第 211 页。
④ 《郁达夫自选文集：日记卷》，第 52 页。
⑤ 《吴宓日记（1928～1929）》，第 268～269 页。

152

夜游玩，北京夜生活在繁华方面略逊一筹。郁达夫等人经常彻夜玩耍，而除了大家熟知的上海是个不夜城，就像歌曲《夜上海》中唱的"夜上海　夜上海　你是个不夜城　华灯起　车声响　歌舞升平……"上海的"声、光、电、热"展现着上海作为当时中国最具现代性色彩的都市魅力，但是从郁达夫日记里看，1920年代的广州夜生活也是十分丰富，广州亦几乎是一座不夜城，深夜至次日凌晨，休闲场所仍然是热闹非凡。"（一九二六年十二月在广州）三日，晴，星期五，旧历十月二十九日。……这时候天又开始在下微雨，回学校终究是不成了，不得已就坐了洋车上陈塘的妓窟里去。午前一点多钟到了陈塘，穿来穿去走了许多狭斜的巷陌，下等的妓馆，都已闭门睡了。各处酒楼上，弦歌和打麻雀声争喧，真是好个销金的不夜之城。我隔雨望红楼，话既不通，钱又没有，只是在闹热的这一角腐颓空气里，闲跑乱走……"①

从上面可以看出，民国时期的城市，至少是大城市已经为现代性所统治，人们强烈感受到现代时间理念的影响，即不再以自然的白天黑夜作为完全的或惟一的活动参照系数。"日出而作，日落而息"的传统作息观念完全被打破了，原来死气沉沉的黑夜，已经被现代性改造成了生机盎然的"准白昼"！日常时间观念也已经完全纳入现代时间范畴，夜晚已经是好多人工作或消遣的黄金时间。而出游也要遵守现代交通的规则，如客车的时刻制度已经具体到分秒。坐火车也好，乘汽车也罢，乃至城市中的电车都要求人们头脑中要有现代时间观念，要守时，分秒不差才能达成自己的目的。

最后，可以从侧面看到民国时期知识分子与政府的关系。从郁达夫日记中描述接受官方资助的旅行心态描写来看，民国时期的知识分子对政府至少是在心态上有疏离感。郁达夫在1934年3月28日的日记中写道："……昨日得上海信，知此次同游黄山者，还有四五位朋友，膳食旅费，由建设厅负担，沿路陪伴者，由公路局派往，奉宪游山，虽难免不贻——山灵忽地开言道：'小的青山见老爷！'——之讥，然而路远山深，像我等不要之人无产之众，要想做一度壮游，也颇非易事。更何况脚力不健，体力不佳，无徐霞客之胆量，无阮步兵之猖狂，若语堂、光旦等辈，则无非借一点官力不行了。"

在传统的中国社会，知识分子（士大夫阶级）是社会的中心，是帝国王权制度和社会宗法制度相互联系的中枢和纽带，通过科举制度"出则为官，入则为绅"，作为社会的精英，他们对国家的认同是毫无疑问的。但是进入近

---

① 《郁达夫自选文集：日记卷》，第34页。

代社会以来，特别是民国时期，知识分子因为知识结构、知识空间特别是出路的变化，逐渐与国家疏离，这一群体渐渐被边缘化。郁达夫的一番话不但是他自身心态的写照，也是当时相当一部分知识分子心态的写照。从近代以前知识分子与政权的紧密联系，到现在对政府的疏离与背弃，实在是展现了知识分子社会地位与心态变化的历程。

民国时期上海人的休闲生活

第七章

民国时期上海人的休闲生活
—— 以1927～1937年的《申报》广告为中心的考察

民国时期的上海已经是一个消费性的国际大都市，休闲娱乐生活因为受了西方的深刻影响较之其他城市更为摩登和丰富多彩。有人慨叹："……现在中国人的玩乐，已如西方的文明，花样翻新，除了玩山，玩水，踏青，赏花，还有跳舞，电影，以及一切更新奇的消遣。"（1935.4.12）① 休闲已经成为市民生活的重要组成部分。研究上海社会生活的论文与著作中对休闲生活的内容多有涉及，但是专门研究并不多见，而相关论述也多以对部分休闲空间或方式的描述为主，缺乏全面深入的分析和探讨。报纸是现代社会的重要传媒，其中登载的广告占相当大的篇幅，而《申报》作为民国时期最大的一份商业性报纸，其广告所占比例更高。"这些广告不仅具有商业的意义，亦反映出该社会的具体生活与价值取向。"② 据笔者观察，此一时期《申报》中与休闲相关的广告数量相当可观，而且《申报》的主要行销地就是上海，这就为通过广告透视当时上海人的休闲生活提供了可能。况且广告对社会生活的生动反映可以补其他文本之不足，从而使我们对当时上海人的休闲生活有一个更全面的了解。另外，因为近现代中国社会的许多变迁多是从上海开始的，通过对上海人休闲生活的分析也可以为我们了解近代以来中国在西方文化冲击下所发生的变迁提供一个窗口。1927～1937年上海经历了一个相对稳定和繁荣的时期，这正是休闲生活得以正常进行的基本条件，因此笔者选择这一时期的《申报》广告作为考察对象。

一、民国时期上海人休闲活动的类型

从休闲学的角度看，《申报》广告中展现的上海人的休闲活动可谓多姿

---

① 括号内为引文所在《申报》日期，下同。
② 黄克武：《从〈申报〉医药广告看民初上海的医疗文化与社会生活，1912～1926》，（台湾）《中央研究院近代史研究所集刊》，第17期下册（1988年12月）。

多彩。

其中最为普遍的是观赏类休闲。此类休闲数量众多，方式多样，如观看电影、戏曲、舞蹈、马戏、魔术等的表演；观看运动会的竞技比赛；观赏美术、花卉、国货等各种展览会；还有读书、看报等。20世纪20~30年代的《申报》上，电影和游艺场的广告可谓铺天盖地，每天都有数页之多，这从一个侧面反映出当时上海人看电影及进游艺场休闲的普遍。对当时看电影盛况的描述屡见不鲜，有报道称："大中华百合影片公司之古装历史片'美人计'自在新中央大戏院开映以来，连日三日三夜无场不上下客满，退出者日有数百人，男女外宾赴该院参观是片者亦甚众，均赞美不止……"（1927.9.24）综合性的休闲空间——游艺场更是因为能满足各种人的休闲要求而生意兴隆。如《申报》广告上频繁出现的"荣记大世界"，在里面可以观赏京剧、申曲、滑稽戏、绍兴文戏、话剧、电影、舞蹈、魔术等等应有尽有。每逢运动会，前往观看比赛的也是不少。据称："每当秋冬之际，海上举行足球联合比赛，热闹异常，当比赛之时，足球场畔人山人海，盛极一时，足见海上居民对于足球之热实有足多者……"（1927.9.14）。还有参观各种展览会的消息也常见诸报端。伦敦中国艺术国际展览会在上海举行的预展三星期内就吸引了数万人前来参观。意大利画家乍浦列聂的绘画展览会十日内往观者达数千人。此外，还有苏联的版画展览会等等。到公园游览也成了市民休闲的重要活动。据统计，1933年4月上海公园游人总数实达259168人。（1933.5.18）兆丰公园游人数4月30日计有22294人。（1933.5.3）

体能类休闲可明显体现出西式休闲对上海人的影响，如打网球、游泳、划船、打高尔夫球等，而也有一些人练国术（武术）健身。据统计，上海市一体育场2月份开放28日，前来锻炼的人达到29787人，其中男子部有18750人，妇孺部有7690人，运动项目包括：球类、田径赛、器械、游戏等。国术部有3397人。平均每天就有1064人到场练习。（1929.3.2）华福麦乳精的广告称："夏季运动以网球最为流行故华福麦乳精亦最为畅销，因天气炎热，运动疲乏，饮此一杯，精神百倍。"（1930.6.1）高尔夫球场也大做广告："夏天晚上最有味之运动，天晴了　天晴了，请到上海最精美之小考而夫球场玩玩小考而夫。"（1931.8.8）可见网球和高尔夫球在当时的上海很受青睐。其他如游泳池广告："傲视远东　凌驾一切之游泳池，人工造波浪赶装工竣，今晨六时正式开放。"还有跑冰场广告："神仙世界　上海唯一跑冰场，应时运动，体育强身。"（1932.10.29）等等在《申报》中比比皆是，显示着当时上海人运动休闲的兴盛。

旅游类休闲能使人身心愉悦，如到钱塘江观潮、乘汽车兜风、租车到市郊纳凉、乘水上汽车游玩等。到钱塘江观潮是上海人的一大休闲活动。有人称："浙江之潮，雄伟奇观甲天下，虽洋海之大，无以及奇怪也。故每届秋令潮汛，往观者不远千里而来。铁路特有观潮专车之增，轮船汽车莫不加班，而仍有车满舟塞后至者失望。其盛况固无与论也……"（1927.9.16）上海冠生园食品公司广告也有反映："每届观潮之时期，游客极众，但尝感途中谋一食品非易，旅次得有精洁与适合胃口者诚助兴不少也……"（1927.9.11）而乘汽车兜风纳凉也是夏天上海人的一大休闲盛事。《申报》中写道："沪埠中西仕女，每于夏季之夜，多乘坐汽车至吴淞炮台湾一带，兜风纳凉……"（1928.9.1）坐游艇与家人或好友同乐同样是沪上一大休闲乐事。一则名为"逍遥游！"的水上汽车出租广告称："……坐水上汽车 泛遊申江，正当行出色。有好友，有情侣，有亲爱的家人眷属，借此欢聚同乐，高尚！风雅！安逸！多么逍遥自在。"（1928.9.2）当时上海市民到码头游玩的也很多，以至有人因为游人太多而被挤落水的报道。（1928.9.8）

赌博类休闲中国古已有之，可是在民国时期的上海却是西式的玩法更吸引大家。如参与赌赛马、跑狗、回力球等比赛。关于赛马的广告最多，如江湾赛马、上海赛马、引翔乡赛马等；还有关于赌跑狗和回力球比赛的广告。此类活动最初完全是西方人的休闲方式，近代以来传入上海的租界，开始也仅为外国人所喜好，后来逐渐为中国人所接受，到了民国时期，这类活动早已成为上海人普遍的休闲活动之一。有人说，"老上海赛马是万人空巷的体育娱乐项目，也是最受欢迎的体育活动。"① 有学者更是直接把赛马、跑狗、回力球作为上海现代性的象征。②

竞争类休闲虽然有竞争的性质，但娱乐是其本质。如参加业余体育比赛、下围棋等。《申报》上"市一场业余网球昨赛"之类的消息甚多。而也不时有民众业余运动会举行，如一则相关的广告称："……凡本市人民除学生及以体育为职业者外，皆得择田径赛或国术中之所能者报名参加运动。"（1932.10.15）这种排除专业运动员的比赛是属于休闲娱乐性质的。

---

① 高福进：《"洋娱乐"的流入——近代上海的文化娱乐业》，第105页，上海人民出版社2003年版。

② 李欧梵：《上海摩登——一种新都市文化在中国（1930~1945）》，第5~6页，北京大学出版社2001年版。

还有带有交际性质的休闲，如宴请、到舞厅跳舞、约朋友一块喝茶、喝咖啡等。宴请是进行交际的一种手段。名伶尚小云等从北方来沪"为联络各界起见"，"假福州路倚虹楼设筵，欢宴各界"。（1927.9.16）而到场的有400多人，除报馆记者、票友等外，时任国民党中央宣传部驻沪办事处委员兼市党部执行委员的陈德征也被请到。一些知识分子也在城南公园为自己即将到法国留学的朋友饯行，席间还各自献艺。（1928.9.11）舞厅更是人们交际休闲的好去处。到了20世纪30年代，上海共有舞厅50多个，关于舞厅的广告非常丰富，大多是夸自己的舞厅装饰华丽、音乐悦耳、地板光滑、舞女婀娜等。大和舞厅的广告称："时代舞厅，摩登铺陈，独具匠心，美哉轮换，夸金阙玉堂之贵，怡乎心目，占人间天上之春。舞女婀娜矫健，音乐铿锵悦耳，地板全新光滑，饮料精美上等，并于每晚表演欧美各种最新舞蹈，以佐客兴，爱舞士女曷兴乎来，不胜欢迎之至……"（1932.10.29）还有"百花艳舞大会"，"茶舞大会"，"时装跳舞"等等不胜枚举。进入舞厅进行休闲的"既有达官贵人、豪商巨贾，也有风流少年、闺阁小姐。"年龄上也跨度很大"不但是摩登女郎，惨绿少年，而白发盈头，长袍马褂的老头儿，也很多很多。"① 约朋友一边喝茶或喝咖啡，一边进行思想交流，甚至只是打发时光，这是知识分子普遍的休闲方式。

学习型休闲包括学习跳舞、绘画、钢琴、口琴等。《申报》上教习跳舞的广告非常丰富，诸如"著名跳舞学校教授各种新式舞厅跳舞，如却尔斯顿舞、唐哥舞、狐步舞、华尔寺舞……"（1927.9.8），"欲成交际花、跳舞家须到沪上最早设立的中华日夜跳舞研究会来……名媛闺秀、绅士的聚集处，并且是交际花、跳舞家制造所……"（1931.8.9）等等。教练跳舞学校之多，反映了当时学习跳舞风气之盛。其他学习绘画、钢琴、口琴等的广告也是每天都能在《申报》中看到。这既反映了当时上海人业余爱好的广泛以及都市生活的丰富多彩，也是现代都市生活对人们多方面素质要求的产物。

节日、纪念类休闲有照相留念，庆祝节日、纪念日的活动等。到照相馆照相留做纪念是当时的时尚，上海摩登美术照相馆的广告中提到："近来各界人士喜摄美术照者日众，而照相馆之设立亦风起云涌……"（1932.10.15）孙中山诞辰纪念，也成为到首都旅游的机会。1934年，一则名为"总理诞辰谒陵并观光首都"的广告声称："今年 总理诞辰适值星期

---

① 蔡丰明：《上海都市民俗》，第288页，学林出版社2001年版。

一,各界人士正可利用星期六及星期日休假之便,组织团体前往南京谒陵兼事观光首都,游览名胜……"(1934.11.3)其他如庆祝儿童节,甚至西方的节日如圣诞节、复活节等都有休闲活动举行。这类休闲活动不但体现了现代西方文明对上海人的强烈影响,而且也有现代民族国家进行意识形态控制的影子。

家庭型休闲是最为温馨的。如在家中听收音机、唱机、园艺;在家庭内打扑克牌、夫妻谈心等。收音机成为上海许多家庭的娱乐必需品,开洛收音机的广告称:"开洛无线电话收音机,乃最高尚之家庭娱乐品。及时购备,早享耳福。不但节省无谓消费且可增进家庭幸福。"(1927.9.13)而有广告宣称:"园艺在个人家庭中是正当之娱乐",可以"增高群众之健康,促其对于自然的兴味与艺术之欣赏……"(1927.9.8)家庭成员在家中玩扑克牌或其他游艺的场景在广告中也时常见到。

二、休闲活动的承办者以及承办目的

从《申报》广告中可以看到,休闲活动的承办者来源复杂,处在不同的社会地位,加之当时社会环境和自然环境的影响,休闲活动的承办目的也是多种多样。

其中较多的是公司或个人创办休闲产业,举办休闲活动,赚取商业利润。如投资创办电影院、大世界、舞厅等休闲娱乐场所,在报纸上做广告欢迎市民到这些场所休闲,就是为了赚取商业利润。遵循市场原则创办赢利性企业,这是现代商业社会的一个重要特征,因而也是上海步入现代社会的重要表征。一些公司或协会为了自己的团体筹集资金或为宣传自己而举办一些休闲项目,应算是其商业运作的一种手段而已。如电影协会为筹募经费举行游艺大会。"上海电影界游艺大会,男女明星非常大会串售资悉充电影公会经费"(1927.9.1)老九纶绸缎局为宣传自己的形象,在广播电台播出有趣节目。"南京路老九纶至诚服务,颇得社会好评。今日起为欢娱主顾起见,延聘电台上从未有过之新节目,以增兴趣。"(1934.11.21)

党派、社会团体及个人为助学、助赈等慈善事业或为抗日等筹款。这种公益性活动在《申报》中也很多,反映了这一时期社会力量的活跃以及他们对当时社会生活的深度参与。国民党为助学筹款开游艺会,"国民党上海第四区第二分部,为筹募成人义务学校基金期间,假定闸北蒙古路更新舞台开游艺会……"（1927.9.30）。社会知名人士为赈灾筹款，出面组织演出活动。蒋伯器、黄金荣、杜月笙、张啸林、王晓籁等人为筹款赈济广东的自然灾害，发起在共舞台举行戏剧演出。还有社会团体为慈善事业募捐组织休闲娱乐活动，"中华妇女节制协会为上海妇孺教养院筹募款项，决于十日（星期六）及十一日（星期日）下午二时半，假座北河南路天后宫桥市商会举行慈善游艺大会……"（1934.11.9）娱乐团体为抗日捐献的也不少，一则"圣爱娜花园"的广告称："……本花园为赞助航空救国起见，定于本月二十四日（星期三）将该日全部收入悉数捐为航空救国基金"。（1933.5.18）当然，一些团体或个人进行慈善活动也不排除是为提高自己社会声望的可能性，但客观上对社会起了积极作用。为抗日募捐反映了时局日趋紧张；助赈活动的活跃正反映了这段时期自然灾害的频繁。

此时的上海市政府也施行建立休闲场所，举办休闲活动等措施，这是现代国家履行管理社会职能的表现，体现当时政府的施政理念。如政府把设立公园作为市政建设的重要内容，很重要的原因是"民国政府通过公园向民众灌输现代观念与意识，这使公园实际兼具社会政治教育空间的功能。"① 社会局为作为社会弱势群体的贫苦工人设立专门的休闲场所——工友俱乐部，是为了"供给正当娱乐而提高其工作兴趣，俾工人精神生活得以改良。"（1928.9.6）而市政府设立上海广播电台，是出于贯彻市政府"普及民众教育"方针的需要。其节目一方面要"为各界听众谋高尚娱乐"，另一方面也要"能使听众增长种种常识。"②

三、休闲活动的受众

广告中所宣扬的休闲商品价格结合当时上海人的收入来看，休闲活动的受众具有普遍性和全面性。无论是"由官僚、士绅、买办、民族资产阶级中地位、身份、收入显赫者所构成的上层"，还是"由小商人、小企业家、小店主、职员、知识分子、自由职业者等构成的中层以及由工人、苦力等构成的下层"③，各个收入阶层的人都能找到自己的休闲场所。在上海，即使是最贫穷

---

① 陈蕴茜：《论清末民国旅游娱乐空间的变化》，《史林》2004 年第 5 期。
② 《上海市年鉴 1937 年（下）》第 166 页，中华书局 1937 年版。
③ 连连：《1949 年前的上海中产阶层》，周晓虹，《中国中产阶层调查》第 327 页，社会科学文献出版社 2005 年版。

的工人也有能力到公共休闲娱乐场所消费。比方说大世界这种综合性的休闲场所，票价极为低廉，据调查，游客还是以中下层市民为主，最多的是商人，其次是工人。标榜"提倡普及民众娱乐"的荣记大世界门票为小洋两角。即使是年收入最低的 200~300 元的工人家庭，也有每年 0.63 元的文化娱乐支出，相当于四口之家每人听一次地方戏，逛一次大世界，或看一次电影。尽管少的可怜，在当时已"远胜于国内的各地的劳工阶级，即欧美日本诸国，亦不多让。"而一些文化技术程度较高的行业如邮电、金融系统的工人在这方面更为突出。邮政工人自办刊物《大众》与补习夜校，组织雁群话剧团、雁鸣歌咏团等。① 其他中上阶层就更不必说。

　　当然，休闲受众的主体还是中等收入的市民阶层。中等阶层人员的职业、地位、收入等虽然差别很大，但他们一般都受过较高的教育，具有某种专门的技能，并因此拥有一个体面的工作，收入水平大多在维持基本生活之上，不像下层阶级收入大多维持在生存消费之间。诚如时人所言："……一个孙头的代价，在跳舞场上是五分钟的代价可以花去的，但是在穷人的袋里或整个月后还舍不得滚进米店的钱柜……"（1933.5.3）

　　家庭中娱乐常备品唱机便宜的也要十几元，一则唱机销售广告中说道："手提回音机，单法条每隻只售十八元九角，双法条隻每只售念二元五角。"（1927.9.13）收音机对一般市民来说也是奢侈品，一则收音机售卖广告中称："各种收音机。大小具备，价格自数十元起以至一千数百元不等。"（1927.9.13）伦敦中国艺术展览会　上海预展会的门票要二元。卡尔登影戏院的票价最少一元，高的要五元，包厢更是要二三十元。而根据国民政府工商部对工人生活的统计调查，1928~1929 年上海产业工人中的男工平均月工资为 15.8 元，女工月工资平均为 12.5 元。这样的工资收入，扣除一家人的基本开销，很难成为广告中宣传的休闲消费的主力军。

　　与一般工人相比，中产阶层的市民一般收入较高，能够维持中等或中等以上的生活水准。在 1935 年，有人认为，只有每个月赚 500 块钱的人的生活中，才应该包括一台收音机。② 公务员、大中学教师、中级职员、工程师、编辑等月收入达到一百元以上者，可以住两三间房子，还能雇佣女佣。其职业和收入

---

　　① 忻平：《从上海发现历史——现代化进程中的上海人及其社会生活（1927~1937）》，第 336 页，上海人民出版社 1996 年版。
　　② 洪深：《大饭店》，《良友画报》1935 年 11 月，第 111 期。

往往优于一般大众，并因此确立了中产阶层的社会地位和生活方式：他们中的许多人喜欢穿西装、吃西餐、进咖啡馆、看电影、举办新式婚礼，追求生活的时尚与品味。对在外商公司、洋行做事的职员以及部分家庭经济条件较好的学生来说，看美国影片往往是作为一种与众不同的生活方式的表现，作为赶时髦的谈资；而放映美国影片的电影院也较为讲究，如规定职员必须穿着整齐，容貌整洁，忠于职守，会用英文，甚至不能吃带味的东西，不能喝酒等。① 上文提到的进入各种艺术展览空间参观的，也多是属于中产阶级的文化界人士，一则是因为收入问题，而更重要的原因是欣赏口味问题。在一则"美术联合会展期两天"的报道中提到"美术展览会假俭德储蓄会开会，逐日参观，人数甚为拥挤，文艺界同人郁达夫、徐渭南、徐调孚、邵洵美、马宗融等昨到会参观……"（1927.9.13）。当时就有人认为，"跑马、跑狗、回力球这类运动……民众在下注观赛的过程中，获得相当大的乐趣……更多是中产阶级寻求公余闲暇的消遣"② 中产阶层的价值取向、行为方式和消费观念对整个上海社会的发展都具有导引作用，是广告的最可能的受众。上层阶级虽然有能力进行奢侈的休闲消费，但毕竟人数有限。因此有相当规模的中产阶层（20 世纪 30 年代已接近 20 万人）是种种休闲消费的主体，也是报纸广告所宣扬的休闲活动的主要受众。

休闲场所在登载的广告语言中也常常把自己描述为具有中产阶级生活情调的地方，从而把中产阶层作为自己吸引的主要消费对象。一个名为"江湾叶家花园"的综合休闲去处在广告中声称："为海上名流特辟一幽雅消遣所在，园林幽胜 绝后空前 是大观园的脱胎……设备高尚 娱乐应有尽有。可以跳舞以怡情，可看电影而消遣 可以跑驴而活泼精神 可以荡浆而纾怀逸情或拍球于草地或垂钓于河边。乐事赏心 雅人深至。"（1931.8.14）而收音机、唱机等也在广告中被描述为中产阶级休闲生活的工具，如一则唱机广告中写道："夏日如年，暑热无聊，试携手提胜利原唱唱机一具，约三、五友人同至野外或海滨。迎风开唱，其宏大之声调、激越之清音，至为悦耳娱听，有不觉欢欣起舞者矣。"（1929.8.5）

---

① 汪朝光：《早期上海的电影业与上海的现代化进程》，《档案与史学》2003 年第 3 期。
② 张宁：《是运动还是赌博？：跑狗论述与现代上海的成型，1927～1933》，（台湾）《中央研究院近代史研究所集刊》，第 42 期（2003 年 12 月）。

四、休闲活动的特点

到了20世纪20~30年代,上海自晚清以来西方文化的浸润已达近百年之久;租界华界并存的城市格局仍然存在;1937年以前,上海特别是租界维持着长期的相对和平。这些都为上海人休闲活动的进行提供了不可多得的条件,从而使这一时期上海人的休闲活动呈现出诸多特点。

休闲活动的最大特点是丰富与多元。广告中提到的上海人的休闲生活可谓丰富多彩,这既包括休闲种类的丰富性,也包括休闲内容的多元。光是大世界中的休闲项目就有几十种,可谓"中西兼有,新旧杂陈"。而休闲内容也是参差不齐,既有宣扬高尚娱乐的休闲,如一个休闲场所称:"……是清幽绝俗的消遣地　乃高尚名贵之娱乐场　适应市政需要　提倡高尚娱乐。"(1931.8.15)也有带色情内容的庸俗化休闲,如恩派亚大戏院的广告称:"双管齐下　影片与歌舞同看,今天特聘歌舞界之新军登台表演,同时并映全部有声国产歌舞巨片　春风少女歌舞团　春情挑动　春心拽摇　春色撩人　春意荡漾　加映全部有声歌唱对白艳舞巨片　健美运动……并请方振萍女士表演艳舞。"(1935.4.25)与内地相比,上海人休闲生活的丰富性更加明显,诚如时人所言:"上海社会的豪华程度,超出其他社会,因此,一般富有者可以把他们的钱所易得的生活上的享受,更其高出其他社会的富有者,如内地的富有者有了钱,未必就有汽车来坐,未必就有各种新奇的游艺……等等来给你看,……必需要踏到上海这般的豪华社会,方才有直接享受这种豪华生活的可能"。①

追求新奇是上海人休闲活动的明显特点。上海人喜欢出风头、时髦,在休闲活动中追求新奇。喝咖啡、开派对、上舞厅、听新戏、看电影是一种摩登;游公园、荡马路、逛新式商店也是一种摩登……这是一种生活方式,又是一种生活情趣。虽然摩登时髦的形式与内容不同,不同阶层、地位的追求的摩登目标各异,但向新之心却是共同的。② 这在广告中也时有反映。明园抓住游客心理,在广告中大做新奇的文章,称:"(娱乐)特点甚多不克尽述……奇　逍遥艇载刺你活跃的情绪!……趣　跑驴场　陶冶你愉快的身心……异　惊人戏

---

①　徐国桢:《上海生活》第6页,世界书局1933年版。
②　忻平:《从上海发现历史——现代化进程中的上海人及其社会生活(1927~1937)》,第366页,上海人民出版社1996年。

身体的现代转型

奇在难测的神秘里！畅游一周眼花缭乱　中西合璧之游艺　千奇百怪之机器。"（1931.8.1）其他如先施公司屋顶乐园有"生了五支脚　露出雌雄性"的怪兽广告；"往马迪看飞机去"的广告等都是以新奇来吸引顾客。

现代文明与殖民主义的杂糅，新旧休闲方式的兼容并蓄是上海人休闲活动的最重要特点。由于上海近代以来特殊的历史和政治格局，休闲活动中的殖民主义特点也是明显的。就拿最为普遍的现代休闲空间——公园来说，由于租界公园长期以来不允许中国人进入，遂成为西方殖民主义的一个象征。直到1928年纳税外人年会才通过《公园开放案》，同年6月1日，外滩、虹口、兆丰公园对华人开放，但是法国公园等仍然禁止华人入内。① 有人认为，"跑马活动自始至终都反映了西洋人对于中国人的歧视和排斥，是充满着殖民色彩的文体娱乐项目。"② 而租界中的俱乐部、电影院、咖啡馆、跑马场等休闲好去处，在中国人的眼中不但是西方物质文明的具体象征，而且是标志着西方霸权的建筑。③ 但不可否认的是，到了民国时期，上海开埠已近一百年，特别是租界生活方式向人们展现了现代文明，使上海人的生活观念发生根本性的变化。从休闲场所广告对休闲内容的说明中，我们可以看到，上海人特别是新一代的城市居民，追求西式的娱乐项目和休闲方式已经成为一种时尚；而传统的娱乐项目如看戏、听书等也仍有一定的市场。这体现了上海休闲文化兼容并蓄的特点。

休闲的文化性与世俗性结合的特点。20世纪20～30年代，上海商业的繁荣，"一市三治"的市政特点，租界相对宽松的政治环境使上海成为文化人汇聚的地方，也繁荣了上海的文化事业，提高了上海人的休闲品味。各种文化艺术展览会不胜枚举，京剧这种受文人欢迎的高雅剧种在上海也很流行。而更明显的是，《良友》等休闲杂志的畅销，小报的流行一时，这既说明上海人文化休闲的繁荣，又说明市民的文化休闲的世俗化特征。其他休闲活动也是如此，"尽管'此乐只有天上有'的霓裳羽衣舞'尽善尽美，至高至雅'，但在上海

---

① 陈蕴茜：《日常生活中殖民主义与民族主义的冲突——以中国近代公园为中心的考察》，《南京大学学报（哲社版）》，2005年第5期。
② 高福进：《"洋娱乐"的流入——近代上海的文化娱乐业》，第103页，上海人民出版社2003年版。
③ 李欧梵：《上海摩登——一种新都市文化在中国（1930～1945）》，第6页，北京大学出版社2001年版。

却远不如哄闹的滑稽戏与浅白入俗的越剧、申曲有人缘。"① 这是一个商业社会的特征。

休闲生活是社会生活的重要组成部分，而"作为中国的缩影，上海的历史相当程度上代表了近现代中国的历史。"② 因此，研究民国时期上海人的休闲生活对于我们了解民国时期城市的社会生活和现代化发展里程具有重要意义，对现在的城市建设也有重要的借鉴意义。而休闲娱乐广告和人们的休闲生活是一个互动的过程。时人的休闲生活方式通过休闲广告得以体现，休闲广告也在持续制造着现代性的图景，在广告的诱导下，人们不断追求新的休闲生活。

---

① 忻平：《从上海发现历史——现代化进程中的上海人及其社会生活（1927~1937）》，第450页。
② 忻平：《从上海发现历史——现代化进程中的上海人及其社会生活（1927~1937）》，第3页。

余论：

近代中国身体与西方的差异

由以上论述可以知道，在近现代史上中国人的身体经历了现代性的洗礼，中国人特别是大都市中的市民已经在一定程度上实现了由帝国的臣民到民族国家的公民的转变（不仅是形式上的由于革命而带来的社会身份的变化，更主要的是思想上的转变。）但是，不可否认，中国近现代史上的身体经历的现代性与西方相比有多方面的差异，这是我们在研究这段历史时必须注意的。笔者认为至少可以从以下几方面考虑：

一、起源的不同。西方的现代性来自工业革命后社会的自然转型。而对中国来说，现代性是在帝国主义列强用武力强迫打开中国大门的情况下，在对西式生活的观察学习中，随着对西方认识的逐渐加深，循序渐进地进行着的。有人对此进行了分析认为，现代性中国的情况与皮科威茨所说的西欧的情况不同，处在现代化过程中的中国人除了"对社会的现代转型感到威胁和困惑，"或因未来的不确定而焦虑不安的同时，也对现代化这一西方舶来品充满了新奇感。对当时的中国人来说，"现代"与"西方"是紧密相连的两个概念，现代化既是必然的，又是令人神往的。必然是因为中国需要自强，以避免亡国的命运；令人神往是因为现代化生活所带来的新鲜感觉和异国风情。蒸汽船、火车、电报、摩天大楼，甚至外国人用以威胁中国生存的炮舰和火枪，都给中国人留下了深刻的印象。许多人真心地，怀着好奇和兴奋欢迎这现代化时代的到来。[①]

二、近代中国的身体所具有的过渡性、转型和新旧杂陈的特点。正是因为中国的现代性是由于外力的作用开始的，所以在社会的诸多方面有很多的不协调的地方：一方面是大城市中已经开始的大工业生产、交通和西式的娱乐方式甚至是社会制度变化等方面给身体带来的现代性，令人感到现代社会的来临；

[①] 娄进：《追寻现代性：民国上海言情文化的历史解读》，《史林》2006 年第 4 期。

近代中国身体与西方的差异

另一方面却是社会发展的极度不均衡,地区差异、阶层差异过大,旧的生活方式、思维方式仍然左右着相当一部分人的行为。有人对民国时期新式婚礼的状况进行了总结,笔者认为,其中的规律性可以适用于当时社会生活的其他方面。作者写道:民国时期是中国社会发生剧烈变动的时期。……如果将民国时期的婚姻礼俗与前清时代作一比较的话,就会清楚地发现,民国时期婚姻礼俗的变化还是非常剧烈的。文明结婚、集团婚礼等新式婚姻礼俗出现了,并逐渐流行起来,本身就是对旧式的婚俗婚礼的极大冲击。当然,因新式婚礼的冲击,民国时期的婚姻礼仪及它所表现的婚姻观念已经发生了微妙的变化。这些变化,因为各种因素的制约,在全国又呈现出极大的不平衡性。有些地方变革剧烈,新式婚姻礼俗占了主导地位,而有些地方却根本没有受到太多的西式风俗的影响。大体上说,汉族地区的变化大于少数民族地区;沿海地区的变化大于内陆地区的变化;东南各省的变化大于西北各省的变化;文化先进地区的变化大于落后地区的变化;大中城市的变化大于广大乡镇的变化;上层社会的变化大于基层社会的变化;受过教育和教育程度高的民众的变化大于没有受过教育或教育程度较低的民众。"新旧并呈、中西杂糅、多元发展",成为民国时期婚姻仪礼嬗变的主要特征。①

在这个新旧过渡的时代,对身体的欣赏旨趣,也是"新旧并呈,中西杂糅"。就拿当时重要的休闲方式——戏剧来说,无论新剧旧剧都受到欢迎,呈现共存共生的特点。时人在报纸上发表文章中谈到这种现象的形成:

在观众方面,从前也有这种成见,迷信旧剧的人,总以为话剧是不值一看的;崇拜话剧的人,也以为旧剧是没有生命的艺术,现在事实已经证明这种成见已经慢慢地在消除中。譬如说中国旅行剧团这次公演的几个戏,像"茶花女""少奶奶的扇子""梅萝香"等剧,原来都是在外国戏剧文学中很著名的作品,我们总以为只有对于新文学有相当修养的观众才能够理解,才能够欣赏;然而,据戏院售票人的报告,每场的观众,十分之八九都不见得便是关心文学或艺术的人,他们从前多是爱看旧剧,对于话剧是没有十分信仰的,而他们现在渐渐地也习惯于走进演话剧的戏院里来。这可以见话剧也同旧剧一样可以给观众娱乐,只要表演的技巧好,内容动人,剧话也一样受人欢迎。至于旧剧,她的历史很长久,她的种种技巧很优美,在一般观众的

---

① 左玉河:《由"文明结婚"到"集团结婚"——从婚姻仪式看民国婚俗的变化》,薛君度、刘志琴:《近代中国社会生活与观念变迁》,第234~235页。

心目中，早也根深蒂固地被承认是一种娱乐的对象，虽然她的内容不免违反时代，对于人生没有多大益处，但是我们也不能因噎废食，去排斥她，去打倒她。我们正应该利用她的技巧，她已有的潜势力去作一点对于社会人群有利的工作，到那时候，旧剧和话剧是相辅而行，异途同归，他们之间还能有什么争执呢？①

三、近代中国身体具有现代性的殖民主义特征。这是观察和研究近代中国无法回避的一个问题。在炮舰威逼下的租界的建立，外国公司的特权，路矿的建设和开采，甚至在一些新式休闲空间（舞厅、电影院、公园等）里中国人被当作"二等公民"的歧视性规定等现象都在昭示着当时现代性的殖民主义特征。关于这方面的研究和讨论也是非常丰富的，在此不再赘述。

四、在近代中国，本来在西方作为身体放松身心的娱乐休闲活动，却被赋予了多重含义，特别是作为富国强民的手段，负有重大的民族责任。这是中国近现代史上的特殊国家形势决定的，也是近代以来身体被国家更加严密控制的表现。例如，现代休闲空间——公园，在清末，有士绅主张在地方自治中应该建公园，"以活泼人民之精神"，"启迪社会之知识"。② 国民党政府在官方文件中把公园定位为培养民众"三民主义精神"和社会公德，"陶冶民众情感"的社会教育空间。③ 对于体育运动的提倡同样是如此。在近代中国，作为锻炼身体的体育运动从来就不仅仅是个人的休闲行为，它先是作为军国民教育的一部分，后来又成为"御侮图强"的重要工具。在面临日本的大举入侵，民族危难的时刻，它和民族国家的命运被紧密地联系在一起：

一、提倡体育，并劝导民众一致严格锻炼体魄

……故今后应一致严格锻炼体魄，以提倡尚武精神，凡在设有体育场地方，应尽力诱掖民众从事运动或练习国术，其尚无体育场之所，亟应指导民众随地练习，务使人人具有金刚不坏之身，则精神盛旺，民族长存，御侮图强其余事耳。④

行文至此，本书已经接近尾声。笔者想说明的是，之所以写作这样一本专著源于笔者平时的一些看法：近代社会经历资本主义是一种现代性的表现，身

---

① 彦祥：《话剧与旧剧》，《北洋画报》1935年7月7日。
② 李维清：《上海乡土志：第八十三课·地方自治之缺点》，上海易制堂本1907年版。
③ 《三民主义教育实施原则》，《第一次中国教育年鉴（1934）》，第17页，（台）传记文学出版社1971年版。
④ 《民众教育月刊》第3卷第10期（抗日救国专号），第11~12页。

体更是不例外。中国近代以来，身体经历着现代性的洗礼，尽管有这样那样的复杂情况，但进步是主流。身体逐步具有世界视野，成为适应现代社会的身体。当然，这个过程是漫长的，直到现在身体还是在这条道路上曲折而行。只有在与世界接轨的过程中，不断进行调适和制度化建设，身体才能越来越摆脱束缚，走向真正的自由。身体的现代化的完成是中国一切现代化建设的根本，否则，仅仅盖起大片摩天大楼，建设大量工厂等，仍然只是一种"中体西用"思维的延续，难以真正地实现中国的富强之梦。

参考文献

一、档案及档案资料汇编

1. 国民政府经济部档案，四（2）260 卷，中国第二历史档案馆藏。
2. 国民政府档案，一（2）1604 卷，中国第二历史档案馆藏。
3. 南京市档案馆藏有关南京市政府秘书处、卫生局、社会局、教育局、公安局、工务局等档案。

二、文献资料

（一）1949 年以前

1. （清）秋瑾：《秋瑾集》，上海中华书局 1960 年版。
2. 兰陵忧患生：《京华百二竹枝词》，北京益森公司 1910 年版。
3. （清）傅兰雅：《格致汇编》第三年夏，上海格致书室 1880 年版。
4. 《湖北学生界》第 3 期，1903 年 3 月 29 日。
5. 《广播无线电台年刊》，1929 年 12 月。
6. 南京社会局编印：《南京社会》1~3 册，1928~1931 年。
7. 《民众周报》（南京）第 20~53 期，国立第四中山大学通俗教育馆印行。
8. 叶楚伧、柳诒徵主编：《首都志》（上下册）上海正中书局 1935 年版。
9. 《电信法令汇编》（上册），第三类，交通部电信总局 1937 年编印。
10. 《民国丛书》第五编第 69 辑，商务印书馆 1937 年版。
11. 《新青年》，第五卷。
12. 《南京临时政府公报》第 27 号。
13. 《申报》1912~1937 年。
14. 《大公报》1912~1937 年。
15. 《北洋画报》1926~1937 年。
16. 《北平晨报》1927~1937 年。
17. 《时报》1927~1937 年。
18. 《新华画报》第 6 期（1934 年 6 月 5 日）。
19. 《联华画报》第 1 卷第 25 期（1933 年 6 月 11 日）

（二）1949 年以后

1. 陈真、姚洛合编：《中国近代工业史资料》，三联书店 1961 年版。

2. 徐雪筠等译编：《上海近代社会发展概况（1882～1931）——＜海关十年报告＞编译》，上海社会科学院出版社 1985 年版。

3. 丁世良：《中国地方志民俗资料汇编·华东卷》，书目文献出版社 1995 年版。

4. 北京市政协文史资料委员会选编：《北京文史资料精华——艺林沧桑》，北京出版社 2000 年版。

5. 北京市政协文史资料委员会选编：《北京文史资料精华——梨园往事》，北京出版社 2000 年版。

6. 武汉市政协文史资料研究委员会：《武汉文史资料》1985 年第 4 辑，1985 年。

7. 上海市政协文史资料委员会编：《戏曲精英（上）》上海文史资料选辑第六十一辑，上海人民出版社 1989 年版。

8. 上海市政协文史资料委员会编：《戏曲精英（下）》上海文史资料选辑第六十二辑，上海人民出版社 1989 年版。

9. 《胡适日记全编》，安徽教育出版社 2001 年版。

10. 《吴宓日记》，北京三联书店 1998 年版。

11. 常君实主编《郁达夫自选文集：日记卷》，青海人民出版社 1998 年版。

12. 赵帝江、姚锡佩编《柔石日记》，山西教育出版社 1998 年版

13. 《鲁迅日记》（共两卷），人民文学出版社 1976 年版

三、著作（以作者姓氏的字母排序）

1. 阿英：《晚清文艺报刊述略》，古典文艺出版社 1958 年版。

2. 包亚明：《上海酒吧——空间、消费与想像》，江苏人民出版社 2001 年版。

3. 包亚明：《后现性与地理学的政治》，上海教育出版社 2001 年版。

4. 包亚明：《现代性与空间的生产》，上海教育出版社 2003 年版。

5. 包亚明：《后大都市与文化研究》，上海教育出版社 2005 年版。

6. 蔡利民：《苏州民俗》，苏州大学出版社 2000 年版。

7. 蔡玉洗：《南京情调》，江苏文艺出版社 2000 年版。

8. 陈伯熙：《上海风土杂记》，上海信托有限公司编辑部 1932 年。

9. 陈国庆：《中国近代社会转型研究》，社会科学文献出版社 2005 年版。

10. 陈鲁直：《民闲论》，中国经济出版社 2005 年版。

11. 陈明远：《文化人的经济生活》，文汇出版社 2005 年版。

12. 陈明远：《知识分子与人民币时代》，文汇出版社 2006 年版。

13. 陈平原：《闲情乐事》，复旦大学出版社 2005 年版。

14. 陈平原、王德威：《北京：都市现象与文化记忆》，北京大学出版社 2005 年版。

15. 陈无我:《老上海三十年见闻录》,上海书店出版社1997年版。

16. 陈子善:《夜上海》,经济日报出版社2003年版。

17. 程德培:《良友随笔(1926~1945)》,上海社会科学院出版社2004年版。

18. 程德培:《良友小说(1926~1945)》(上、下),上海社会科学院出版社2004年版。

19. 程德培:《良友散文(1926~1946)》,上海社会科学院出版社2004年版。

20. 崔欣、孙瑞祥:《大众文化与传播研究》,天津人民出版社2005年版。

21. 邓云乡:《鲁迅与北京风土》,文史资料出版社1982年版。

22. 董修甲:《市政新论》,商务印书馆1924年版。

23. 杜恂诚:《民族资本主义与旧中国政府(1840~1937)》,上海社会科学院出版社1991年版。

24. 风笑天:《中国城市居民生活质量研究》,华中理工大学出版社1998年版。

25. 高福进:《"洋娱乐"的流入——近代上海的文化娱乐业》,上海人民出版社2003年版。

26. 高小康:《狂欢世纪——娱乐文化与现代生活方式》,河南人民出版社1998年版。

27. 高宣扬:《流行文化社会学》,中国人民出版社2006年版。

28. 戈春源:《吴地娱乐文化》,中央编译出版社1996年版。

29. 葛红兵、宋耕:《身体政治》,上海三联书店2005年版。

30. 龚斌:《中国人的休闲》,上海古籍出版社1998年版。

31. 龚书锋:《社会变革与文化趋向》,北京师范大学出版社2005年版。

32. 顾准:《顾准自述》,中国青年出版社2002年版。

33. 郭文友:《千秋饮恨——郁达夫年谱长编》,四川人民出版社1996年版。

34. 郭于华:《仪式与社会变迁》,社会科学文献出版社2000年版。

35. 《汉语大词典》,汉语大词典出版社1988年版。

36. 何一民:《近代中国城市发展与社会变迁(1840~1949)》,科学出版社2004年版。

37. 胡春惠:《亚洲研究》第五十三期,香港珠海书院亚洲研究中心2006年出版。

38. 胡大平:《崇高的暧昧——作为现代生活方式的休闲》,江苏人民出版社2002年版。

39. 胡蝶口述:《胡蝶回忆录》,北京新华出版社1987年版。

40. 胡根喜:《老上海》,学林出版社2001年版。

41. 胡平生:《抗战前十年间的上海娱乐社会(1927~1937)——以影剧为中心的探索》,(台)学生书局2002年版。

42. 胡朴安:《中华全国风俗志》,中州古籍出版社1990年版。

43. 胡适:《四十自述》,安徽教育出版社1999年版。

参考文献

44. 胡适：《丁文江的传记》，安徽教育出版社1999年版。

45. 黄东兰：《身体、心性、权力》，浙江人民出版社2005年版。

46. 黄金麟：《历史、身体、国家：近代中国的身体形成（1895～1937）》，（台）联经出版事业公司2001年版。

47. 黄巧灵：《休闲改变中国》，上海人民出版社2005年版。

48. 黄维钧：《阮玲玉传》，北方妇女儿童出版社1986年版。

49. 黄应贵：《空间、力与社会》，（台）中央研究院民族学研究所，1995年。

50. 黄应贵：《时间、历史与记忆》，（台）中央研究院民族学研究所，1999年。

51. 黄育馥：《京剧·跷和中国的性别关系（1902～1937）》，北京三联书店1998年版。

52. 黄远庸：《远生遗著》卷三，北京：商务印书馆1984年版。

53. 黄志伟：《中国近代广告》，学林出版社2004年版。

54. 贾亭、纪恩选编《茅盾散文（一）》，中国广播电视出版社1995年版。

55. 姜晋：《百年观前》，苏州大学出版社1999年版。

56. 景跃进：《政治空间的转换》，中国社会科学出版社2004年版。

57. 李长莉、左玉河：《近代中国的城市与乡村》，社会科学文献出版社2006年版。

58. 李长莉：《中国人的生活方式：从传统到近代》，四川人民出版社2008年版。

59. 李康化：《漫话老上海知识阶层》，上海人民出版社2003年版。

60. 李明伟：《清末民初：中国城市社会阶层研究》，社会科学文献出版社2005年版。

61. 李培林等：《中国社会分层》，社会科学文献出版社2004年版。

62. 李培林、覃方明：《社会学理论与经验》（第二辑），社会科学文献出版社2005年版。

63. 李少兵等：《节日节庆》，中国文史出版社2005年版。

64. 李少兵：《民国时期的西式风俗文化》，北京师范大学出版社1994年版。

65. 李天纲：《人文上海——市民的空间》，上海教育出版社2004年版。

66. 吕绍理：《水螺响起：日治时期台湾社会的生活作息》，（台）远流出版公司1998年版。

67. 李孝悌：《恋恋红尘：中国的城市、欲望与生活》，（台）一方出版有限公司2002年版。

68. 李仲广、卢昌崇：《基础休闲学》，社会科学文献出版社2004年版。

69. 林清山：《休闲活动的理论与实务》，（台）辅仁大学出版社1985年版。

70. 林升栋：《中国近现代经典广告创意评析》，东南大学出版社2005年版。

71. 刘建美：《百年中国社会图谱》，四川人民出版社2003年版。

72. 刘文英：《中国古代的时空观念》，南开大学出版社2000年版。

73. 刘新平：《休闲中国》，中国工人出版社2002年版。

74. 刘徐州：《趣谈中国戏楼》，百花文艺出版社2004年版。
75. 刘杨体：《流变中的流体》，中国文联出版公司1997年版。
76. 刘业雄：《春花秋月何时了——盘点上海时尚》，上海人民出版社2005年版。
77. 刘志琴：《近代中国社会文化变迁录》，浙江人民出版社1998年版。
78. 鲁海：《青岛旧事》，青岛出版社2003年版。
79. 陆汉文：《现代性与生活世界的变迁》，社会科学文献出版社2005年版。
80. 陆弘石：《中国电影史（1905～1949）》，文化艺术出版社2005年版。
81. 卢群：《千年阊门》，苏州大学出版社2000年版。
82. 陆杨、王毅：《大众文化研究》，上海三联书店2001年版。
83. 陆仰渊等：《民国社会经济史》，中国经济出版社1991年版。
84. 罗澍伟：《近代天津城市史》，中国社会科学出版社1993年版。
85. 罗岗：《帝国、都市与现代性》，江苏人民出版社2006年版。
86. 罗任玲：《名人的休闲生活》，（台）幼狮文化事业公司1996年版。
87. 罗苏文：《沪滨闲影》，上海辞书出版社2004年版。
88. 罗苏文：《女性与近代中国社会》，上海人民出版社1996年版。
89. 《社会学家茶座》第九辑，山东人民出版社2004年版。
90. 《社会学家茶座》第十辑，山东人民出版社2005年版。
91. 马惠娣：《休闲：人类美丽的精神家园》，中国经济出版社2004年版。
92. 马惠娣：走向人文关怀的休闲经济，中国经济出版社2004年版。
93. 马惠娣、张景安：中国公众休闲状况调查，中国经济出版社2004年版。
94. 马杰伟：《酒吧工厂——南中国城市文化研究》，江苏人民出版社2006年版。
95. 马军：《1948年：上海舞潮案——对一起民国女性集体暴力抗议事件的研究》，上海古籍出版社2005年版。
96. 孟兆臣：《中国近代小报史》，社会科学文献出版社2005年版。
97. 梅绍武等：《梅兰芳自述》，中华书局2005年版。
98. 穆木、李辉：《美女攻略》，东方出版社2004年版。
99. 乔志强：《中国近代社会史》，人民出版社1992年版。
100. 阮浩耕：《茶馆风景》，浙江摄影出版社2003年版。
101. 《上海革命文化大事记（1919～1937）》，上海书店出版社1995年版。
102. 沈奕斐：《被建构的女性》，上海人民出版社2005年版
103. 施福康：《上海社会大观》，上海书店出版社2000年版。
104. 史全生：《中华民国文化》，南京出版社2005年版。
105. 苏国勋：《社会理论的知识学建构》，上海三联书店2005年版。
106. 孙江：《事件·记忆·叙述》，浙江人民出版社2004年版。

107. 孙晋云、钱晓华：《吃喝玩乐在民国》，江苏文艺出版社2004年版。
108. 孙燕京：《晚清社会风尚研究》，中国人民大学出版社2002年版。
109. 孙中山：《孙中山全集》第2卷，中华书局1982年版。
110. 谭帆：《优伶：古代演员悲欢录》，上海百家出版社2002年版。
111. 唐力行：《国家、地方、民众的互动与社会变迁》，商务印书馆2004年版。
112. 唐振常：《近代上海繁华录》，商务印书馆国际有限公司1993年版。
113. 陶东风：《文化研究》第1辑，天津社会科学院出版社2000年版。
114. 陶东风：《文化研究》第2辑，天津社会科学院出版社2001年版。
115. 田翠琴：《农民闲暇》，社会科学文献出版社2005年版。
116. 天津社会科学院历史研究所：《城市史研究》第19辑，天津社会科学出版社2000年版。
117. 佟新：《社会性别的研究导论》，北京大学出版社2005年版。
118. 汪民安：《身体的文化政治学》，河南大学出版社2004年版。
119. 汪民安：《现代性》，广西师范大学出版社2005年版。
120. 汪民安：《身体、空间与后现代性》，江苏人民出版社2006年版。
121. 汪民安，陈永国：《后身体文化、权力和生命政治学》，吉林人民出版社2003年版。
122. 汪民安　陈永国　张云鹏：《现代性基本读本（上、下）》，河南大学出版社2005年版。
123. 王铭铭：《社会人类学与中国研究》，北京三联书店1997年版。
124. 王铭铭：《西方人类学思潮十讲》，广西师范大学出版社2005年版。
125. 王琪延：《休闲经济》，中国人民大学出版社2005年版。
126. 王儒年：《欲望的想像：1920~1930年代＜申报＞广告的文化史研究》，上海人民出版社2007年版。
127. 王淑良：《中国旅游史（上册）》，旅游教育出版社1998年版。
128. 王文英：《城市语境与大众文化》，上海人民出版社2004年。
129. 王雅林：《城市休闲》，社会科学文献出版社2003年版。
130. 小田：《苏州史记（近现代）》，苏州大学出版社1999年版。
131. 忻平：《从上海发现历史——现代化进程中的上海人及其社会生活（1927~1937）》，上海人民出版社1996年版。
132. 熊月之：《上海的外国人（1842~1949）》，上海古籍出版社2003年版。
133. 徐安琪：《社会文化变迁中的性别研究》，上海社会科学院出版社2005年版。
134. 徐迟：《江南小镇》，作家出版社1993年版。
135. 许纪霖：《20世纪中国知识分子史论》，新星出版社2005年版。

136. 徐明宏：《休闲城市》，东南大学出版社 2004 年版。
137. 薛君度、刘志琴：《近代中国社会生活与观念变迁》，中国社会科学出版社 2001 年版。
138. 严昌洪：《西俗东渐记——中国近代社会风俗的演变》，湖南人民出版社 1991 年版。
139. 严昌洪：《20 世纪中国社会生活变迁史》，人民出版社 2007 年版。
140. 杨东平：《城市季风：北京和上海的文化精神》，北京新兴出版社 2006 年版。
141. 杨魁：《消费文化——从现代到后现代》，中国社会科学出版社 2003 年版。
142. 杨念群：《中层理论》，江西教育出版社 2001 年版。
143. 杨念群：《空间·记忆·社会转型》，上海人民出版社 2001 年版。
144. 杨念群：《再造"病人"——中西医冲突下的空间政治（1832～1985）》，中国人民大学出版社 2006 年版。
145. 杨念群、黄兴涛、毛丹：《新史学》（上、下册），中国人民大学出版社 2003 年版。
146. 杨儒宾、何乏笔：《身体与社会》，（台）唐山出版社 2004 年版。
147. 姚建平：《消费认同》，社会科学文献出版社 2006 年版。
148. 姚克明：《海上洋泾浜》，学林出版社 2004 年版。
149. 叶圣陶：《叶圣陶文集》第 1 卷，江苏教育出版社 1987 年版。
150. 叶中强：《从想像到现场——都市文化的社会性生态研究》，学林出版社 2005 年版。
150. 由国庆：《再见老广告》，百花文艺出版社 2004 年版。
151. 于光远：《论普遍有闲的社会》，中国经济出版社 2004 年版。
152. 翟学伟：《中国人行动的逻辑》，社会科学文献出版社 2001 年版。
153. 张凤阳：《现代性的谱系》，南京大学出版社 2004 年版。
154. 章开沅、罗福惠：《比较中的审视：中国早期现代化研究》，浙江人民出版社 1993 年版。
155. 张庆军等：《百年娱乐变迁》，江苏美术出版社 2002 年版。
156. 张伟：《纸上观影录》，百花文艺出版社 2005 年版。
157. 赵立彬：《民族立场与现代追求》，北京三联书店 2005 年版。
158. 赵世瑜：《狂欢与日常》，北京三联书店 2002 年版。
159. 赵维江：《熟悉的陌生人：传统文化中的女性审美》，河北人民出版社 2001 年版。
160. 赵玉明：《中国现代广播简史》，中国广播电视出版社 1987 年版。
161. 郑永福、吕美颐：《近代中国妇女生活》，河南人民出版社 1993 年版。
162. 仲富兰：《图说中国百年社会生活变迁（1840～1949）（礼仪·乡情·宗教）》，

学林出版社2001年版。

163. 仲富兰：《图说中国百年社会生活变迁（1840~1949（文体·教育·卫生））》，学林出版社2001年版。

164. 仲富兰：《图说中国百年社会生活变迁（1840~1949）（服饰·饮食·民居）》，学林出版社2001年版。

165. 仲富兰：《图说中国百年社会生活变迁（1840~1949）（市井·行旅·商贸）》，学林出版社2001年版。

166. 中共中央编译局：《马克思恩格斯选集》第2卷，人民出版社1995年版。

167. 中央文化工作会：《中国国民党与经济建设》上册，1984年。

168. 中共中央编译局：《马克思恩格斯选集》第4卷，人民出版社1972年版。

169. 中国图书编译馆编：《上海春秋》，香港南天书业公司，1968年，2卷。

170. 周积明：《中国社会史论》（上、下册），湖北教育出版社2000年版。

171. 周明之：《胡适与中国现代知识分子的选择》，广西师范大学出版社2005年版。

172. 周庆华：《身体权力学》，（台）弘智文化事业有限公司2005年版。

173. 周汝昌：《曹雪芹传》。天津：百花文艺出版社2003年版。

174. 周伟：《变迁：101年中国社会生活全印象》，光明日报出版社2003年版。

175. 周晓虹：《中国中产阶层调查》，社会科学文献出版社2005年版。

176. 周怡：《解读社会：文化与结构的路径》，社会科学文献出版社2004年版。

177. 周芷颖：《新成都》，复兴书局1943年版。

178. （美）爱德华·W·苏贾：《后现代地理学》，商务印书馆2004年版。

179. （美）安东尼·奥罗姆：《城市的世界——对地点的比较分析和历史分析》，上海人民出版社2005年版。

180. （美）本尼迪克特·安德森：《想像的共同体》，上海人民出版社2005年版。

181. （美）伯格：《通俗文化、媒介和日常生活中的叙事》，南京大学出版社2000年版。

182. （美）C. 赖特·米尔斯：《白领——美国的中产阶级》，浙江人民出版社1987年版。

183. （美）戴安娜·克兰：《文化与生产：媒体与都市艺术》，译林出版社2001年版。

184. （美）大卫·理斯曼等：《孤独的人群》，南京大学出版社2002年版。

185. （美）戴慧思：《中国都市消费革命》，社会科学文献出版社2006年版。

186. （美）杜赞奇：《从民族国家拯救历史》，社会科学文献出版社2003年版。

187. （美）E. A. 罗斯：《变化中的中国人》，时事出版社1998年版。

188. （美）Edward W. Soja：《第三空间：去往洛杉矶和其他真实和想像地方的旅程》，上海教育出版社2005年版。

189. （美）凡勃伦：《有闲阶级论》，商务印书馆 2004 年版。

190. （美）贺萧：《危险的愉悦：20 世纪上海的娼妓问题与现代性》，江苏人民出版社 2003 年版。

191. （美）黄宗智：《中国乡村研究》（第三辑），社会科学文献出版社 2005 年版。

192. （美）杰克逊·李尔斯：《丰裕的寓言——美国广告文化史》，上海人民出版 2005 年版。

193. （美）卡拉·亨德森：《女性休闲——女性主义的视角》，云南人民出版社 2000 年版。

194. （美）凯特·米利特：《性的政治》，社会科学文献出版社 1991 年版。

195. （美）理查·桑内特：《肉体与石头：西方文明中的人类身体与城市》，（台）麦田出版 2003 年版。

196. （美）李欧梵：《上海摩登——一种新都市文化在中国（1930~1945）》，北京大学出版社 2001 年版。

197. （美）李欧梵：《现代性的追求》，北京三联书店 2000 年版。

198. （美）李欧梵：《都市漫游者 - 文化观察》，广西师范大学出版社 2003 年版。

199. （美）林南：《社会资本》，上海人民出版社 2005 年版。

200. （美）林语堂：《中国人》，学林出版社 2000 年版。

201. （美）林语堂：《生活的艺术》，陕西师范大学出版社 2003 年版。

202. （美）流心：《自我的他性》，上海人民出版社 2005 年版。

203. （美）卢汉超：《霓红灯外》，上海古籍出版社 2004 年版。

204. （美）罗威廉：《汉口：一个中国城市的商业和社会（1796~1889）》，中国人民大学出版社 2005 年版。

205. （美）马歇尔·伯曼：《一切坚固的东西都烟消云散了：现代性体验》，商务印书馆 2003 年版。

206. （美）明恩溥：《中国人的素质》，学林出版社 2001 年版。

207. （美）尼尔·波兹曼：《娱乐至死》，广西师范大学出版社 2004 年版。

208. （美）史蒂文·达克：《日常关系的社会心理学》，上海三联书店 2005 年版。

209. （美）泰勒·考恩：《商业文化礼赞》，北京商务印书馆 2005 年版。

210. （美）托马斯 R. 阿特金斯：《西方电影中的性问题》，中国电影出版社 1998 年版。

211. （美）王晴佳：《后现代与历史学》，山东大学出版社 2003 年版。

212. （美）王笛：《街头文化：成都公共空间、下层民众与地方政治》，中国人民大学出版社 2006 年版。

213. （美）杨联升：《国史探微》，辽宁教育出版社 1998 年版。

214. （英）约翰·费斯克：《解读大众文化》，南京大学出版社2001年版。

215. （美）约翰·霍尔等：《文化：社会学的视野》，商务印书馆2004年版。

216. （美）约翰·凯利：《走向自由——休闲社会学新论》，云南人民出版社2000年版。

217. （英）阿兰·巴纳德：《人类学历史与理论》，华夏出版社2006年版。

218. （英）埃里克·霍布思鲍姆：《民族与民族主义》，上海人民出版社2006年版。

219. （英）安东尼·吉登斯：《社会学》，北京大学出版社2003年版。

220. （英）巴特·穆尔·吉尔伯特：《后殖民理论：语境、实践、政治》，南京出版社2001年版。

221. （英）布莱恩·特纳：《身体与社会》，沈阳：春风文艺出版社2000年版。

222. （英）戴维·弗里斯比：《现代性的碎片：齐美尔、卡拉考尔和本雅名作品中的现代性理论》，北京商务印书馆2003年版。

223. （英）戴维·莫利：《电视、受众与文化研究》，新华出版社2005年版。

224. （英）弗兰克·莫特：《消费文化——20世纪后期英国男性气质和社会空间》，南京大学出版社2001年版。

225. （英）弗兰克斯·彭茨：《剑桥年度主题讲座 空间》，华夏出版社2006年版。

226. （英）里德伯斯：《剑桥年度主题讲座 时间》，华夏出版社2006年版。

227. （英）罗伯特·莱顿：《他者的眼光——人类学理论入门》，华夏出版社2005年版。

228. （英）罗杰·西尔弗斯通：《电视与日常生活》，江苏人民出版社2004年版。

229. （英）迈克·费瑟斯通：《消费文化与后现代主义》，译林出版社2000年版。

230. （英）奈杰尔·拉波特，乔安娜·奥弗林：《社会文化人类学的关键概念》，华夏出版社2005年版。

231. （英）齐格蒙特·鲍曼：《流动的现代性》，上海三联书店2002年版。

232. （英）乔安妮·恩特维斯特尔：《时髦的身体》，广西师范大学出版社2005年版。

233. （英）斯图尔特·霍尔：《表征——文化表象与意指实践》，商务印书馆2003年版。

234. （英）汤普森：《意识形态与现代文化》，译林出版社2005年版。

235. （英）西莉亚·卢瑞：《消费文化》，南京大学出版社2003年版。

236. （英）肖恩·斯威尼：《剑桥年度主题讲座 身体》，华夏出版社2006年版。

237. （法）埃米尔·涂尔干：《社会分工论》，北京三联书店2000年版。

238. （法）安克强：《1927～1937年的上海市政权、地方性和现代化》，上海古籍出版社2004年版。

239. （法）安克强：《上海妓女——19至20世纪中国的卖淫与性》，上海古籍出版社

2004 年版。

240. （法）安娜·马丁·菲吉耶：《浪漫主义者的生活（1820～1848）》，山东画报出版社 2005 年版。

241. （法）波德莱尔：《波德莱尔美学论文选》，广西师范大学出版社 2002 年版。

242. （法）吉尔·德拉诺瓦：《民族与民族主义》，北京三联书店 2005 年版。

243. （法）罗歇·苏：《休闲》，商务印书馆 1996 年版。

244. （法）马塞尔·毛斯：《社会学与人类学》上海译文出版社 2003 年版。

245. （法）米歇尔·福柯：《规训与惩罚》，北京三联书店 2003 年版。

246. （法）米歇尔·福柯：《知识考古学》，北京三联书店 2004 年版。

247. （法）莫里斯·哈布瓦赫：《论集体记忆》，上海人民出版社 2002 年版。

248. （法）尼古拉·埃尔潘：《消费社会学》，社会科学文献出版社 2005 年版。

249. （法）让·波德里亚：《消费社会》，南京大学出版社 2000 年版。

250. （法）伊夫·格拉夫梅耶尔：《城市社会学》，天津人民出版社 2005 年版。

251. （德）马克斯·韦伯：《新教伦理与资本主义精神》，陕西师范大学出版社 2006 年版。

252. （德）尤瑟夫·皮柏：《闲暇：文化的基础》，（台）立绪文化事业有限公司 2003 年版。

253. （德）皮柏：《节庆、休闲与文化》，北京三联书店 1991 年版。

254. （德）西美尔：《金钱、性别、现代生活风格》，上海学林出版社 2000 年版。

255. （瑞士）冯铁等：《走近中国——瑞士人在华见闻录》，东方出版中心 2000 年版。

256. （波兰）弗·滋纳涅茨基：《知识人的社会角色》，译林出版社 2000 年版。

257. David. Landes. , Revolution In Time：Clocks and the Making of the Modern World，Cambridge，Massachusetts，The Belknap Press of Harvard University Press，2000.

258. Henrietta Harrison. , The Making of the Republican Citizen：Political Ceremonies and Symbols in China 1911～1929，New York，Oxford University Press，2000.

四、论文（按作者姓名汉语拼音排序）

1. 陈江：《明代中晚期的礼仪之变及其社会内涵——以江南地区为考察中心》，《史林》2006 年第 1 期。

2. 陈晶晶：《近代广州城市活动的公共场所——公园》，《中山大学学报论丛》2000 年第 3 期。

3. 陈科峰：《西方节日的文化底蕴与跨文化交际》，《成都大学学报（社科版）》2005 年第 4 期。

4. 陈来生：《古代中国人的旅游性格》，《史林》2004 年第 4 期。

5. 陈永祥：《中国共产党与中国电影文化运动》，《安徽史学》2005 年第 6 期。

6. 陈永祥、罗素敏：《女演员的兴起与清末民初上海社会观念的变化》，《民国档案》2005年第1期。

7. 陈蕴茜：《论清末民国旅游娱乐空间的变化——以公园为中心的考察》，《史林》2004年第5期。

8. 陈蕴茜：《时间、仪式纬度中的总理纪念周》，《开放时代》2005年第4期。

9. 陈蕴茜：《日常生活中殖民主义与民族主义的冲突——以中国近代公园为中心的考察》，《南京大学学报》（哲学·人文科学·社会科学）2005年第5期。

10. 陈蕴茜：《空间重组与孙中山崇拜——以民国时期中山公园为中心的考察》，《史林》2006年第1期。

11. 丁贤勇：《新式交通与生活中的时间——以近代江南为例》，《史林》2005年第4期。

12. 冯珠娣、汪民安：《日常生活、身体、政治》，《社会学研究》2004年第1期。

13. 傅才武：《民国地方政府管理近代文化娱乐业的探索——以汉口为中心》，《华中师范大学学报》（人文社会科学版）2005年第3期。

14. 高丙中：《民族国家的时间管理——中国节假日制度的问题及其解决之道》，《开放时代》2005年第1期。

15. 葛涛：《电波中的唱片之声——论民国时期上海广播唱片的社会境遇》，《史林》2005年第5期。

16. 葛涛：《声音记录下的社会变迁——20世纪初叶至1937年的上海唱片业》，《史林》2004年第6期。

17. 葛涛：《照相与清末民初上海社会生活》，《史林》2003年第4期。

18. 耿云志：《世界化与个性主义——现代化的两个重要趋势》，《学术探索》2005年第4期。

19. 龚浩群：《民族国家的历史时间——简析当代泰国的节日体系》，《开放时代》2005年第3期。

20. 何益忠：《近代中国早期的城市交通与社会冲突——以上海为例》，《史林》2005年第4期。

21. 胡宝芳：《简析辛亥革命中的〈大陆报〉——1911年10月12~31日》，《史林》2002年增刊。

22. 黄国信等：《历史人类学与近代区域社会史研究》，《近代史研究》2006年第5期。

23. 黄克武：《从〈申报〉医药广告看民初上海的医疗文化与社会生活，1912~1926》，台湾《中央研究院近代史研究所集刊》第17期。

25. 贾鸿雁：《略论民国时期旅游的近代化》，《社会科学家》2004年第2期。

26. 姜玢：《凝视现代性：三四十年代上海电影文化与好莱坞因素》，《史林》2002年第 3 期。

27. 姜进：《追寻现代性：民国上海言情文化的历史解读》，《史林》2006 年第 4 期。

28. 江中：《身体：以军营新兵训练为例》，《社会学研究》2004 年第 3 期。

29. 李德英：《公园里的社会冲突——以近代成都城市公园为例》，《史林》2003 年第 1 期。

30. 李少兵：《民国风俗西化的几个问题》，《史学月刊》1994 年第 4 期。

31. 李少兵：《1927～1937 年的北京娱乐文化——官方、民间因素与新时尚的形成》，《历史档案》2005 年第 1 期。

32. 李文海等：《"中国近代史上的民族主义"笔谈》，《史学月刊》2006 年第 6 期。

33. 李翔海等：《"中国近代史上的民族主义"笔谈》（二），史学月刊 2006 年第 7 期。

34. 李孝悌：《民初的戏剧改良论》，（台）《中央研究院近代史研究所集刊》第 22 期下。

35. 李映涛：《民国时期内地城市工人生活研究——以成都为例》，《中华文化论坛》，2005 年第 4 期。

36. 连连：《20 世纪前期上海中产阶级的发展模式与群体特征》，《浙江学刊》2004 年第 4 期。

37. 连连：《大众文化的现代性及其内在矛盾探讨》，《浙江社会科学》2000 年第 5 期。

38. 连连：《大众文化消费与我国文化产业发展探讨》，《福建论坛》2000 年第 6 期。

39. 连连：《试论我国大众文化产生的原因及其特征》，《江海学刊》1999 年第 4 期。

40. 连连：《试析大众消费时代城市空间的文化意义》，《浙江社会科学》2003 年第 3 期。

41. 刘强、刘正刚：《粤人在近代上海的文化活动》，《史林》2005 年第 4 期。

42. 柳素平：《晚明名妓的气质与形象及其文化透视》，《史学月刊》2006 年第 4 期。

43. 楼嘉军：《20 世纪 30 年代上海文化地图解读——城市娱乐区布局模式及其特点初探》，《史林》2005 年第 5 期。

44. 李红霞：《唐代隐逸文化兴盛成因的社会学阐释》，《史学月刊》2005 年第 2 期。

45. 李恭忠：《"总理纪念周"与民国政治文化》，《福建论坛·人文社会科学版》2006 年第 1 期。

46. 刘海岩：《电车、公共交通与近代天津城市发展》，《史林》2006 年第 3 期。

47. 罗苏文：《晚清上海租界的公共娱乐区（1860～1872）》，《档案与史学》2002 年第 1 期。

48. 罗玲：《民国时期南京的社会风尚》，《民国档案》1997 年第 3 期。

49. 彭刚：《叙事、虚构与历史——海登·怀特与当代西方历史哲学的转型》，《历史研究》2006 年第 3 期。

50. 沈松桥：《振大汉之天声——民族英雄系谱与晚清的国族想像》，（台）《中央研究院近代史研究所集刊》第33期。

51. 宋钻友：《粤剧在旧上海的演出》，《史林》1994年第1期。

52. 汪朝光：《三十年代初期的国民党电影检查制度》，《电影艺术》1997年第3期。

53. 汪朝光：《民国年间美国电影在华市场研究》，《电影艺术》1998年第2期。

54. 汪朝光：《好莱坞的沉浮——民国年间美国电影在华境遇研究》，《美国研究》1998年第2期。

55. 汪朝光：《上海繁华梦——1949年前中国最大城市的美国电影》，《电影艺术》1999年第2期。

56. 汪朝光：《民国电影检查制度之滥觞》，《近代史研究》2001年第3期。

57. 汪朝光：《早期上海电影业与上海的现代化进程》，《档案与史学》2003年第3期。

58. 汪朝光：《检查、控制与导向——上海市电影检查委员会研究》，《近代史研究》2004年第6期。

59. 王笛等：《"多元文化视野下的中国近代社会史研究"笔谈》，《史学月刊》2006年第5期。

60. 王娟：《清末民初北京地区的社会变迁与慈善组织的转型》，《史学月刊》2006年第2期。

61. 温启宝：《从邸报到现代新闻事业》，《新华文摘》1993年第1期。

62. 忻平：《无奈与抗拒：20～30年代上海转型时期的社会问题》，《学术月刊》1998年第12期。

63. 王加华：《社会节奏与自然节律的契合——近代江南地区的农事活动与乡村娱乐》，《史学月刊》2006年第3期。

64. 王跃生：《民国时期婚姻行为研究》，《近代史研究》2006年第2期。

65. 巫仁恕：《明清之际江南时事剧的发展及其所反映的社会心态》，（台）《中央研究院近代史研究所集刊》第31期。

66. 吴太昌：《略论中国封建社会经济结构对资本主义发展的影响》，《中国经济史研究》1990年第1期。

67. 吴效马：《民国时期风俗文化现代转型的路径》，《晋阳学刊》2004年第2期。

68. 小田：《漫画：在何种意义上成为社会史素材——以丰子恺漫画为对象的分析》，《近代史研究》2006年第1期。

69. 行龙：《二十年中国近代社会史研究之反思》，《近代史研究》2006年第1期。

70. 熊月之：《晚清上海私园开放与公共空间的拓展》，《学术月刊》1998年第8期。

71. 熊月之：《开放与调适：上海开埠初期混杂型社会形成》，《学术月刊》2005年第7期。

183

72. 熊月之：《上海城市精神述论》，《史林》2003 年第 5 期。

73. 熊月之等：《上海城市社会生活史笔谈》，《史林》2002 年第 4 期。

74. 许慧琦：《训政时期的北平女招待（1928～1937）——关于都市消费与女性职业的探讨》，（台）《中央研究院近代史研究所集刊》第 48 期。

75. 许纪霖：《近代中国的公共领域：形态、功能与自我理解》，《史林》2003 年第 2 期。

76. 许纪霖、王儒年：《近代上海消费主义意识形态之建构》，《学术月刊》2005 年第 4 期。

77. 徐剑雄：《近代上海的京剧票友、票房（1911～1949）》，《史林》2006 年第 4 期。

78. 杨国强：《二十世纪初年知识人所志士化与近代化》，《史林》2002 年增刊。

79. 杨乐等：《浅析中国近代租界花园——以津、沪两地为例》，《北京林业大学学报》（社会科学版）2003 年第 1 期。

80. 叶中强：《游走于城市空间，晚清民初上海文人的公共交往》，《史林》2006 年第 4 期。

81. 游鉴明：《近代华东地区的女球员（1927～1937）：以报刊杂志为主的讨论》，（台）《中央研究院近代史研究所集刊》第 32 期。

82. 张济顺：《转型与延续：文化消费与上海基层社会对西方的反应（20 世纪 50 年代至 60 年代早期）》，《史林》2006 年第 3 期。

83. 张敏：《晚清新型文化人生活研究——以王韬为例》，《史林》2000 年第 2 期。

84. 张宁：《是运动还是赌博？：跑狗论述与现代上海的成型，1927～33》，（台）《中央研究院近代史研究所集刊》第 42 期。

85. 张旭鹏：《后现代、现代性重建与中国的现代性问题》，《史学月刊》2006 年第 5 期。

86. 张玉法：《20 世纪前半期的中国社会变迁（1900～1949）》，《史学月刊》2006 年第 3 期。

87. 赵楠：《十九世纪中叶上海城市生活——以〈上海新报〉为视点》，《史林》2004 年第 1 期。

88. 郑震：《论身体》，《社会学研究》2003 年第 1 期。

89. 周保巍：《奢侈与文明——休谟对商业社会"合法性"的辩护》，《史林》2006 年第 2 期。

90. 周巍：《明末清初至 20 世纪 30 年代江南"女弹词"研究——以苏州、上海为中心》，《史林》2006 年第 1 期。

91. 周武：《开放传统与上海城市的命运》，《史林》2003 年第 5 期。

92. 周学军：《试论近代上海文化之特征》，《史林》1996 年第 1 期。

93. 左玉河：《从"改正朔"到"废旧历"——阳历及其节日在民国时期的演变》，《民间文化论坛》2005 年第 2 期。

94. 左玉河：《跳舞与礼教：1927 年天津禁舞风波》，《河北学刊》2005 年第 5 期。

95. 左玉河：《评民初立法上的二元社会》，《近代史研究》2002 年第 3 期。

96. （美）Martin King Whyte：《中国城市家庭生活的变迁与连续性》，《开放时代》2005 年第 3 期。

97. （美）R·威尔逊：《商业社会中的高雅文化和通俗文化》，《国外社会科学》，1990 年第 8 期。

98. （美）王笛：《二十世纪初的茶馆与中国城市社会生活——以成都为例》，《历史研究》2001 年第 5 期。

99. （美）汪利平：《杭州旅游业和城市空间变迁》，《史林》2005 年第 5 期。

100. （日）菊池敏夫：《战时上海的百货公司与商业文化》，《史林》2006 年第 2 期。

101. （日）岩间一弘：《1940 年前后上海职员阶层的生活状况》，《史林》2003 年第 4 期。

102. （韩）河世凤：《解读〈申报〉广告：1905～1919 年》，《史林》2002 年增刊。

后　记

本书是在我的博士论文的基础上修改完成的。时光荏苒，转眼间博士毕业已经两年，在南京大学度过的三年紧张而充实的学习生活还是历历在目。南京大学是一所百年名校，具有浓厚的学术氛围和良好的学习条件，我为能在这里学习和生活过而感到荣幸。三年来，在众多师长、同学和朋友的帮助和督促下，我获得了很大的进步，学习生活中的点点滴滴也渐渐成为了一个个美好的回忆。

我的博士论文得以顺利完成，首先要感谢我的导师陈红民教授。陈老师也是我的硕士导师，屈指算来，我直接受教于陈老师门下也已有六载时光。六年在整个人生中可能不算是太长的时间，可是在人生学习与工作的黄金时期，六年却是一个相当长的时间了！虽然弟子不肖，但陈老师严谨的治学态度，深厚的学问功底在不知不觉中影响了我，而陈老师在为人处世方面对我的谆谆教导，也使我获益匪浅，可以说是陈老师把我引入了学术的殿堂。博士论文在选题、立意和资料收集方面陈老师更是付出了很多心血，没有陈老师的鼓励，也许我已经知难而退，放弃这个选题了！每每想起陈老师在台湾或国外访学时，在紧张的行程安排中，仍然抽时间逛书店为我的论文搜集了不少资料，真是使人热泪盈眶。我只能在这里表达自己对陈老师最诚挚的谢意。

南京大学中华民国史研究中心的张宪文老师、崔之清老师、陈谦平老师、朱庆葆老师、申晓云老师、张生老师、李玉老师、曹大臣老师以及北京师范大学的朱汉国教授、中国第二历史档案馆的马振犊研究员、曹必宏研究员、南京师范大学的经盛鸿教授等或者在论文开题报告、论文答辩时提出了许多宝贵意见或者对论文进行了中肯的评阅，这些对论文的写作和修改起到了重要的作用，在此一并表示感谢。

南京大学中华民国史研究中心的陈蕴茜老师对我的博士论文写作帮助很大。我曾经慕名旁听过陈老师开的选修课，获益良多。我还借阅了不少陈老师搜集的国内外相关研究资料，博士论文的写作提纲也曾经得到陈老师的指教。陈老师本人治学态度的认真，对学术研究趋向的准确把握，乃至她对晚辈求教时和蔼的态度，都使我印象深刻。在此对陈老师谨表最诚挚的感谢。

2005年秋天，美国得克萨斯大学历史系的王笛教授来南京大学中美文化交流中心访学，我有幸拜访了王教授，就博士论文的写作与他进行了探讨，王教授提出了许多中肯的建议，对论文写作的帮助良多，在此表示感谢。

众多学长、同学和朋友的支持和帮助也是我的博士论文能够顺利完成的重要条件。师兄刘孟信、肖如平，师姐文庠、刘云虹、侯凤云等都在学习或生活中给予了很多帮助。同学徐树英、刘大禹、丁兆东、靳道亮、茅升等在共同度过的三年时光中给我了许多帮助和支持。谭备战、张祖龑、方勇、魏兵兵、朱明轩、马超俊、刘真等各位师弟师妹给予了许多鼓励和支持。对于他们的无私帮助在此表示由衷的感谢。

另外，我要特别感谢我的家人。我刚进南京大学读博时，女儿小榕刚出生三个月，到毕业时女儿已经三岁了！我作为父亲没有尽到抚养之责。而年迈的双亲也还要为了我的小家庭而操劳和奔波。作为丈夫、父亲和儿子，这几年实在是欠家里人太多！尤其要感谢妻子唐顺英女士，她不但要完成自己的教学与科研工作，还独自承担了家庭的重担，默默支持我完成学业；她还是我学习上的良师益友，对我帮助很大。可以说没有她们在背后的支持和帮助，我很难顺利完成学业。

最后，感谢教育部高等学校社会科学发展研究中心和光明日报出版社对本书出版给予的资助与支持。